# 为了忘却的记录

## Literary and Art Criticism：A Memento

陈恒汉　著

电子科技大学出版社

**图书在版编目（CIP）数据**

为了忘却的记录／陈恒汉著．—成都：电子科技大学出版社，2014.3

ISBN 978-7-5647-2115-2

Ⅰ.①为… Ⅱ.①陈… Ⅲ.①语言学—文集②文艺评论—文集 Ⅳ.①H0-53②I06-53

中国版本图书馆 CIP 数据核字（2013）第 300971 号

**为了忘却的记录**

**陈恒汉　著**

出　　版：电子科技大学出版社(成都市一环路东一段 159 号电子信息产业大厦 邮编:610051)

策划编辑：陈松明

责任编辑：谭炜麟

主　　页：www.uestcp.com.cn

电子邮箱：uestcp@uestcp.com.cn

发　　行：新华书店经销

印　　刷：三河市天润建兴印务有限公司

成品尺寸：170mm×240mm　　印张 17.25　　字数 255 千字

版　　次：2014 年 3 月第一版

印　　次：2014 年 3 月第一次印刷

书　　号：ISBN 978—7—5647—2115—2

定　　价：52.00 元

# 前言

写，还是不写？你为什么要写作？写作的出发点和归宿又是什么？这样的问题的严肃性，丝毫不差于那个著名的“哈姆雷特问题”。说到文艺批评，我有时候不怎么爱说话，偶尔在某些场合甚至严重到近乎“失语”，因为我常常对旁人整天津津乐道的那种“可谈”的话题没什么兴趣。我想，我应该不是很迟钝的人，相反，那种想洞察人世的念头比别人有过之而无不及，并由此我有了很多各种各样的感触，有些话或思想似乎变得非用文字写出来不可。我觉得自己对这个世界的反馈，需要借由一个渠道疏通出来。

我们这个时代信息繁杂，知识丰富，但也充斥着泡沫和假象，有思想的作者越来越少了。究其原因，一方面可能和科研体制有关，学科分类越来越细，研究也大多是课题制，各人自扫门前雪，导致很多研究变得视野狭窄。20世纪初的那一代学者，可谓是空前绝后，他们当中有很多人是通儒大家，能诗会文，古今中外，触类旁通。也许只有饱学之士才能融会贯通，才能在文化碰撞中产生思想，才能写出优美的文字，正如马歇尔·普鲁斯特所言：“大家之作只是伟大思想的残骸”。我也很怀念自己思想萌芽的那个年代，各种思潮汹涌，新意层出不穷，文艺批评也因此精彩纷呈，很多学者不仅在本专业发言，也在跨专业的领域发言，推动了文化和学术的繁荣。

我常常在读完一些书后掩卷长叹，这个世界好作品真不少呀，这个世界的破文章也何其多哦，在读了外语知晓了不少西方文化后，回过头来反观自身就变成了深刻的反思。有时候想想，我吸收了东西方文化，读了这么多大师的著述，自己却都不写点，这似乎有点自私。因为跟很多著作等身的学者相比，我也一样若有所思，也有一些微不足道的思想和还算“可读”的学术文章，不拿出来交流就有点浪费了。转眼间整整三打的春秋就这么碌碌无为地过去了，应该是到了做点事情的时候了。在我二十多岁的那些日子，我曾长久地喜欢一件事情，那就是悄悄地写诗写歌，直到后来做了一番总结并主动告别那个梦为止。如今，我似乎又是在做什么回顾了，我是个爱追忆的人，对过去的纠结几乎使我的日子停滞不前，我必须通过整理文字来走出三十岁以后的这五六年，以便更好地走向未来，这个必要性是如此之大，足以掩盖我开篇时那些微不足道的疑问。

这些文章断断续续地写了很久，开始整理它们却是在2007年的某个上午，当时我萌生了归结旧作的念头，我想我不能再犹豫了，我这些年写下的杂七杂八的东西，整理起来足足可以弄好几本书了，不妨先弄一些来打包成书，并贴上自己的标签。这个念头一发而不可收拾，于是我翻找那些散落于抽屉柜子里关于语言文化和艺术的评论文稿，包括那些语言文学和翻译的心得体会、对文化建构的观点看法、文坛现象来袭时的激扬文字、对某些艺术作品的共鸣或批判等等，似乎也积累了不少。对于文艺批评，我没有一直坚持，但也从未放弃，我用它们来延续过去歌和诗的感觉，希望由它们引导自己的兴趣走向更宽阔辽远的境界。那些走过的日子，我把一些“有感而发”的语段随手记在各种文本上，现在整理封存，似乎只是想对过去作一个深情的回顾并借此来骚扰一下自己的平淡，也让自己重新回到那种意气风发的日子，英国历史学家汤因比在其著作《历史研究》里是这样解释的：“如果在我们思想里的是一种心理上的完美境界，那么我们就必须再叫一个演员出场，让一个批评家来提出几个疑问以便让思想再度活动；叫一个对头来注入一点痛苦、不满、恐惧或憎恶，以便感情再度敏锐化；这就是《创世纪》里蛇的工作，《浮士德》里梅菲斯特尔的工作……”

本书收录的文艺评论作品，主要包括文学批评、语言和翻译研究、文化评论、思想随笔及学术小品等，研究视野涵盖多个学科，从语言文学专业延伸到文化交流、音乐艺术等领域。全书主要内容分为五辑，第一辑为

“文学自由谈”，对文学、文坛的某些现象，从一个文化研究者的角度展开评论；第二辑为“从语言到翻译”，主要包括语言研究、外语教学测试和翻译理论实践的一些经验总结；第三辑为“文教哲思录”，主要针对文化教育等现实情况，阐述了对社会文明、文化比较等的一些直观感受和哲理思考；第四辑为“听听那些声音”，则是用文化的视野对流行音乐等进行了一些比较深入而有广度的赏析和品评；最后一辑为“言词的冲动”，是一些谈论写作与艺术创造的文章，侧重于在字词的审美活动中传递一点思考的成果。

我的很多文章的篇目也许都会让人想起一些歌名或歌词，书名或诗句，实际上只是想借用感性来表达理性而已，我所要表达的也不一定与它们相关，无非是借个起点抒发一下罢了。这是我长期从事英文教学和外语研究后对我所钟爱的汉字表达的回归，是一次我想让别人快速进入我的隐性思想的敞开，也是一次我试图便捷地到达他者的内心世界的试探，我知道这很难，因为我首先要征服的就是自己，一个在我看来很难缠的角色。我想起了自己曾经改过的一句破碎的诗：

让我再次渡过所有的倾听注视
这一次
评委，首先就是挑剔的我自己

我们最终只能活在爱我们的人的心中，我们的魅力只能绽放在欣赏我们的人的眼里，我们的文字也只能烙印在和我们灵魂共舞过的志趣相投的人的记忆里，然而我们却常常不能交给那些亲爱的人一个百分之一百的自己，甚至连偶尔推心置腹一会儿的机会都没有，总有一些话来不及说，总有一些感想没能倾诉，总有一些情绪不好意思流露，总有一些作品没时间共鸣一下，也许真的到了该坐下来好好探讨的时候了。当熟悉的一切也开始渐渐陌生的时候，谁又能一成不变地将一种感觉永远地据为己有呢？

一切，尤其是思考和写作，都是我咎由自取，又乐此不疲。

# 目　录

## 第一辑　文学自由谈



## 第二辑　从语言到翻译

## 第三辑　文教哲思录

## 第四辑　听听那些声音



## 第五辑　言词的冲动

## 为了忘却的记录

# 第一辑

# 文学自由谈

# 鲁迅这个人及其他

根据《青年周末》（2007 年 8 月 16 日）的报道说，北京 9 区县的高中语文课本大换血，新的当代作品大量涌现，而不少传统经典篇目则淡出视野。金庸武侠小说《雪山飞狐》替掉鲁迅的《阿 Q 正传》，海子诗歌《面朝大海，春暖花开》则替掉《孔雀东南飞》……高中语文课本大换血，收录当代作家名篇，注入现代元素，显示了编者的魄力和决心，这是难能可贵的，可撤下鲁迅的传世代表作《阿 Q 正传》，让“阿 Q”第二次死在“胡一刀”的手下，就有待商榷了：阿 Q 真该退出历史舞台了吗？

对于鲁迅，我一直认为，作为一个完整的人，他应该不会如同我小时候从有限的几篇课文里老师在谈到鲁迅作品时所解读的那样——被简单的一厢情愿的三言两语所概括。我一直希望能带着自己的感觉和足够的耐心去细细地品读一个完整的鲁迅，以求对这样的一个人的心路历程的最大程度的把握。直到多年之后一个无所事事的下午，我在整理父亲的旧书橱时留取了几本鲁迅的作品。透过那些朴素的装帧和蒙尘的文字，我依然读到了一颗炙热的扑扑跳动的青春之心，而这和时下的很多文章明显不同的是鲁迅所发散出的深刻的睿智和良知。正如鲁迅对他的学生所说的：“我的作品，太黑暗了，因为我常觉得唯‘黑暗与虚无’乃是‘实有’，却偏要向这作绝望的抗战，所以很多偏激的声音。”而我一直觉得，这样的声音也正是我们现在这个文坛乃至整个社会所缺少的。

因此，我觉得鲁迅可贵的地方就在于他那思考之后的表达，那是一个真正觉醒着的人面对痛苦、艰难、无助、孤独、无奈和自强的生动写照。同时我相信，鲁迅一定是被曲解甚深的。在我幼小时我就知道他是一个勇敢的“战士”，骂过梁实秋等人，后来上大学后才知道梁实秋这个赫赫有名的“乏走狗”居然是个学贯中西的文学大家，而且自己居然一点也不讨厌他。那时我所萌生的关于宽容、关于民主的粗浅认识也教会了我不应该就此对鲁迅有什么排斥，因为鲁迅的精神世界不是一般人可以比拟的。只不过我觉得自己过早地接触那些选文，结果却不是被误导就是被片面化。对鲁迅作品的信手翻读更让我认为，鲁迅是没有必要被一些人捧成遥遥领先的最勇猛无前的先锋，也没有必要被另一些人刻意打入冷宫忽略而过的。

鲁迅自己也说过：“以为倘要完全的书，天下配活的人也就有限。”作为一个杰出的人，一个学贯中西的文学家思想家革命家，鲁迅依然有着他的局限性，比如某些文字有点偏激和专断。我们也许应该走出从鲁迅的一两篇文章断定一个完整的他的误区，像他这样的智者对国民劣根性的批判也许并不是为了要让民众觉得灰心丧气，只不过他在批评战斗的同时没有明确地提出如何建设，往往是电闪雷鸣地照耀了满目的疮痍，对如何解决这些却着墨不多，这可能是他被曲解的最重要的原因。当然如果他真的是那样的四平八稳面面俱到反而会扼杀了自己，也不能成为一个鲜明的鲁迅了。所以说，透过鲁迅的作品，我看到的更多的还是隐藏在辛辣讽刺和批判后面的激情和快感，那是这个上世纪最痛苦的灵魂的唯一解脱方式，也是他在内心的期望和热情在遭受现实残酷打击之后最有力的回击。甚至有些言论到现在读来仍然气魄非凡生机勃勃，比如他谈到“拿来主义”的时候，比如他说青年应该少读甚至不读中国书，而多读外国书，因为即便是颓唐，也是活人的颓唐……

鲁迅文字的犀利和刻薄，是为了启蒙民众，灌输现代思想，希望国民自强自立，国家繁荣昌盛，本意并不坏。他的“立人”思想和“改造国民性”的主张，正是基于对奴性的透彻认识与高度批判之上，在顽固的历史传统面前，在整体的愚昧前面，个人的力量委实过于渺小，不得已只好用这种矫枉过正的方式，来打破铁屋子，唤醒民众的自主意识。他的目光之

“毒”，言语之犀利，对于奴性的透视和批揭，在中国近代史上谓为第一人，绝不为过。

因此，笔者认为，启蒙运动在中国仍未取得完满成功。既然如此，冒然删除鲁迅的代表作，换成了白日梦式的风花雪月或刀光剑影，就有借此达到一些人个人意图的嫌疑和利益居心，他们试图通过在文字中消灭阿Q，多半就是想做得出位些从而达到了一种炒作。也许我们可以在保留鲁迅的同时，加入些许不同的声音，但说到删除鲁迅，则为时尚早，毕竟鲁迅文字留下来的意义和必要性都太大了，我们这样的民族至今还无法承受失去它们。

# 丧失或颠覆的意象

我常常可以在网络上看到很有意思的新闻，根据报道：曾主演过《婉君》、《青青河边草》等多部琼瑶剧的童星金铭，近日在一档选秀节目《超级明星》中担任评委，但再现荧屏的金铭浓妆艳抹，不仅长胖了不少，而且装扮很浓艳。跟以前可爱、清纯的小婉君、小草等形象相比，判若两人。据一张截屏的图片显示，金铭身穿红色低胸上衣，发型是爆炸的卷卷头，脸上的眼影妆和口红也很浓，没有了以前的清纯，不仔细看的话，完全看不出她和曾经的小金铭是同一个人。很多观众大为失望，在网上发帖表示不太习惯。后来有记者几经辗转，终于联系到金铭本人，对于她在节目中的形象所引起的议论，电话中的金铭显得并不在意：“嘴巴长在别人身上，别人怎么说，我都没办法。”至于为什么要这样打扮，她先是对记者称：“你在电视上看到我什么样子，现实生活中我就是什么样子。”后来又改口称，其实那是出于节目需要，“如果不化浓妆的话，屏幕上出现的脸就会像白纸一样。”对于变胖的问题，金铭称：“是摄像机角度的问题，自己还不至于那么胖”……

按下这个让人读起来觉得有点好玩的新闻不表，另外讲点似乎不大相关的事。

石头在我的故乡随处可见，因此我也本能地对石头有一种天然的爱，特别是那些古老的粗糙的质朴的石雕，更是让我心动不已。有一天我特地回到故乡，为的是要从雕刻的角度再次体验石头的魅力。应该说，我本来就是个很喜欢不时地去乡村转转的人，沿着孩提时的路往回走，那一次感受却颇为复杂。随着公路的铺设，故乡的村子也大了，都慢慢往外延伸，靠近公路的两边的新房子却让我感到毫无美感可言，不光是盖得杂乱无章，而且很多是粗俗的大红大粉的颜色，俗气外表的瓷砖贴得花里花哨，房子没半点个性，一律是四平八稳大而不当，甚至连大门上都毫无例外的刻着“××衍派”的字样。应该说，大家的确都比以前富了，不单是一座座“气派”的楼房立在乡村，房间里也配了轰鸣的音响在唱着最新的流行歌……

当时我听到的是周杰伦的《千里之外》，里面的费玉清让我不禁想起了诸如《送你一把泥土》、《外婆的澎湖湾》之类的老掉牙的歌，但我知道自己肯定是听不到了。随着工艺的渐渐发展，石头雕刻的技术也越来越发达，原来的那种石头房子更是没人盖了，动不动就钢筋水泥，偶尔用到石头的地方，也都被切成光滑的石板材，原先那种靠工匠慢慢用手工雕琢出来的东西都看不见了。一圈转下来没什么收获，我没能看到石头的杰作，心情很是郁闷。后来我去老房子那一带走了走，原来逐渐被废弃的旧村庄在我眼里开始散发一种迷人的魅力。老屋一带渐渐没了人烟，好不容易才能找出当年走过的小路和落脚的地方，才二三十年，岁月改变了太多，也改变了家园，但不变的却是我那种依旧眷恋的情怀。

正如诗人奥登所注意到的“人的音乐想象力似乎都毫不例外地来源于他的早期经验”，我发现那里充满了祖辈的精致与手艺，我的艺术想象力也由此衍生，当时我在找寻心目中最美的一堵墙时，竟然把眼光落在以前生产队所建造的“牛棚”上，整面墙都是用石头整齐又凌乱地砌成的，经历了不少岁月的风淘雨洗，在金黄柔和的夕照之下，散发着迷人的光辉，那种艺术美让我心魄都为之震撼。用看惯了水泥墙的眼光看去，充满了古朴和真实，别有一番风味。而同样是墙，那些随意堆砌粗制滥造的已经颓然倒下，土墙上爬满了青藤，荒草漫长，只剩下沧桑和荒凉以及因着绿色而油然而生的另一种美。

在故乡游走，每每看到一座丑陋的房子，一个难看的大门，我都会觉得很生气。所有乡土的、精致的、淳朴的、艺术的东西都不见了。更让我悲愤难忍的是，很多农家都似乎少了一位勤快的女主人，他们的房门口都缺少收拾，堆满了杂物、农具、建筑废料等，狗的饭碗、尿桶之类的东西随意地摆在门口，养鸡养鸭也不好好给它们盖个窝，村里人用捡来的被城里人遗弃的红条幅在门口空地上围起简单的窝，家禽就住在广告或口号包成的圈里，不伦不类的。田里的稻草人也不如以前精致，好象身上也看不到稻草了，村里人都变聪明了，往往随便地用塑料废木头等套上破衣服，这是新时代的“稻草人”，从审美的角度看当然没半点艺术感，不过据说鸟儿似乎更害怕这些俗艳的东西。这也许就是现在乡村的普遍面目，我想起在网上看到的一个更“搞笑”的新闻，不妨引用一下：

> 10月1日，笔者在江西鹰潭市四青镇高桥村一片种满芝麻、绿豆、白菜等庄稼的菜地里，看到不少塑料模特正在菜地里“站岗”。菜地的主人说，地里的庄稼经常有野兔、成群的麻雀光顾，糟蹋庄稼。于是他就从附近的垃圾堆里拣来这些缺胳膊少腿的“美女帅哥”摆在地里为庄稼“站岗”。自从有了“美女帅哥”守菜地，麻雀、野兔们都不敢再来了……

这个报道的旁边还配着一张照片，一个时装店里的常见的那种塑料美女模型，一丝不挂赤裸裸地斜靠在田埂上，好家伙，真够绝的。我想，别说小鸟小田鼠之类的，连我看了都有点害怕。

现在应该可以回到我开头说的新闻了吧，我想，那些表示不太习惯的网友，可能面临的是和我看到故乡的新农村时那种同样的心情。那么，干脆也学我去老屋转转那样，要看金铭很容易，还是找出老片子温习一下，回到“青青的河边”去和“婉君”一起看好了。我很怀念何其芳早期诗歌里的那些意象，“寒塘”、“家雀”、“积霜的瓦”、“回声的高墙”、“牛背上的笛声”、“龙钟的木梯”、“燕子”、“绿杨”、“夜的浓黑”……准确的说，上世纪三十年代的乡村中国的这些随处可见的景象，在一册薄薄的《预言》里，造就了我认为的迄今为止汉字写作史上一个温情脉脉的奇迹，那是语言和感官相会时一次让人喘不过气来的拥抱。诗人曾经用他的青春颠覆过我的青春，使得我在回忆中也染上了不可救药的“温郁”柔情。如此说来，今天的诗人无法诞生杰作也可以说得过去了，借口信手就来，他们面对的是日新月异面目全非的乡村意象，怎么能从心智的源头上获得抒情的提示和激发呢？

# 诗人的虚伪

看过不少诗人的人生故事和回忆录，以及他人的叙说，诗人给人的一种感觉似乎总是有点不太类似常人。诗人该是什么样的人呢？这是我不时都会产生的疑问。

我上中学的时候诗人都是偶像，像现在的明星一样被追捧，曾听过舒婷和陈仲义的讲座，夫妻俩一个写诗，一个搞诗评，当时的讲座让年小的我大开眼界，我在懵懂中也写下了最初的几首诗，记得当时还受到身兼省作协会员的语文老师的赞扬，从此对中文兴趣浓厚，也与诗歌结下不解之缘。当时班上学习好的同学里面，也有几个所谓的“诗人”榜样，学校的文学报也经常扶持新人，那是一个诗歌无比容光的年代，也在我们的心上种下了最初的启蒙的种子。印象深刻的还有那个时代另外一个很著名的诗人——北岛，他在诗里写了很多错位的语词，并由此收获了声名（后来更一发不可收拾，诗也越做越晦涩难懂），于是切切实实产生了一批追随者，以至于在我诗歌启蒙年代有好长的一段时间，我都错误地以为诗歌必须是那样做的。上了大学之后，因为选择了读英语专业，接触汉字诗歌开始变少了，但偶尔留意到了学校里的一个诗歌协会，叫“南方诗社”，也接触了一些写诗歌的同学，给我的感觉都还不错。比如我隔壁宿舍就住着一个很低调的“诗人”（即后来混出点名气来的漳州诗人“壁虎”），记得他好象是因为某个写农事的诗获奖而留下的美名，为人踏踏实实的很朴实。当时，他的一首诗还被我们当时演唱组的一个同学拿来谱了曲，在同学之间传唱。

诗人何人？在我所接触和认识的诗人里，好像大都很实在、友善、随和、谦虚、淳朴，做事虔诚认真，行为单纯善良。很长一段时间我都认为，诗人就应该是热爱语言热爱生活的人，他们耐得住寂寞，愿意沉淀在最底层，不为物欲和名利所动，并且想象力丰富，对美和艺术有感觉。他们必须抵达一种诗界的平静，如莲花出淤泥般的美丽和芬芳，以平凡、朴素、救赎之心做诗，让真诚呈现在作品里，而且要锻造一种不与小人为伍的高尚品质。众所周知，几乎在每个人的一生中，都曾有过一段多愁善感的诗意盎然的岁月，那些青春期敏感纤细的心灵，有着真善美的精神底色，迷惘执着的深情在诗歌里找到了最好的寄托，也只有诗歌才能够表达出那些少男少女们最初的感应，才足以诉说他们满腹的心思。因此，没有一辈子的诗人，如果有的话也只能是那些英年早逝的人。所谓银须皓发的诗人，其实是有点不够纯粹的。不虚伪的诗人，一旦成熟，对文艺规律的洞察多了，就一定很少写诗，这种文艺的转变是必然的。而成熟的诗人再写诗，恰好容易造就一种功利的虚伪。

我们也往往以为，能创造像诗歌这么美好东西的人，他们的人格也应该是美的，与沽名钓誉、圆滑奸诈、八面玲珑等等负面的形容词无关。这种印象或观感本也无可厚非，但随着接触面的越来越广，我逐渐意识到自己犯的一个严重错误，即把作品和人等同起来。而事实往往是这样的：诗和诗人是可以脱离的，很卑劣的诗人也可以作出貌似高尚的诗，而一个道德的楷模却往往是对诗一窍不通，诗是唯一的不可理喻和无法解析的东西。一个“做诗”平平的人或许可以是生活中做人的典范，而一个写出杰作的诗人也许在做人方面却是值得商榷的。正如现在人们考证，伟大的爱因斯坦在生活上其实并不伟大，这样的现象其实早就被诗人或评论家注意到了，所以诗人庞德说：“我对朋友的邪恶一点兴趣也没有，只对他们的才华感兴趣。”而诗评家布罗茨基则说：“倘若一个人的作品出色而为人可怕，我必定是第一个去证实其可怕的人。”我想，他们的说法代表了各自的立场，“诗人”这个本应神圣的称号，其实是被各种各样的鱼龙混杂的人在享用着，而且这样的人会越来越多，使得“诗人”良莠不齐众神狂欢，正如诗歌一样，也走过了单纯的青春期，到了一个乱糟糟的中年甚至是老年的岁月。

说诗人是虚伪的，是因为诗人的虚伪包裹着一层闪光的真诚的外壳，在这层具有保护作用的真诚外壳的掩盖下，藏着诗人的不为人知的灵魂，单靠诗人个人力量几乎无法摆脱，因而时常陷入形形色色的谬误之中。曾经很是为那些凄美的诗词感动，感动诗人们有那样细腻的感情，但是在看了一些书之后才知道，那些凄美的诗词背后，掩藏的可能是一颗令人不齿的“诗心”。我有和所谓的诗人打过交道，很多人的为人处世让我觉得很反感，一次又一次地颠覆了我对“诗人”的观感。

有一次，我在一个网上的视频文件看到这样一个镜头：在一个颁奖晚会上，当台上的杨坤在演唱一首歌曲时，台下的孙楠等人则在手舞足蹈地捧场，跟着唱，只有朴树一动不动，面无表情，和周围的人形成了一种鲜明的对照。朴树戴着头巾，那种刻意地凸显格格不入或与众不同，成就了诗人的一种虚伪。我倒不是说朴树也应该和其他人一样在那里嚷叫喊唱，实际上我是蛮欣赏他这样的“酷”和个性的，我只是借这个来做一个类比，并想进一步说明，朴树在《白桦林》、《那些花儿》等歌里所唱出来的“朴素”，其实就是另外一种朴素，一种装出来的朴素，这种“朴素”和刻意，在诗人中比比皆是。

# 诗之异化及其闹剧

我想，如果我愿意，其实是可以再多写点诗歌的，它们点缀了我在文字探索之旅的枯燥和乏味。对我而言，诗歌首先就意味着青春期的忧伤，那种只有青春期才有的忧伤和抑郁的吟唱。有一天回首往事，突然发现自己的青春大限已到，似乎就要进入无聊的中年了。我想，未来的日子诗意应该会越来越少，快乐肤浅的日子也会越来越多。但这种对诗的热爱和尊重之情，如同年少时的初衷，却始终不改。

我也接触过一些当代中国诗人的作品，可能是我才疏学浅，思维保守，读过之后，除了为数不多的佳作之外，我无法获得一种最基本的“审美快感”。这倒不是我不懂得审美，至少在“审美”范畴上，我的眼界还不算太狭窄，比如接触英语诗歌多了就知道，除了常态美之外，还有怪诞美、诡异美、残缺美、病态美，甚至由丑转化成的美。现代汉语诗歌的“诗意”最重要，但这种“诗意”有时候会因为不同的人不同的理解而被异化。因此，我们可以看到，有些诗人在堆砌起来的文字里自怨自艾，或者用很做作晦涩的汉字语词营造着一种令人难以忍受的丑陋意境；有些诗人为了突破自己，在创作的里程里，摈弃了那种充满温情的诗歌风格，变得青面獠牙随时想砍人一刀；有些诗人愤世嫉俗，抛却了自己的传统，去盲目地模仿国外的某些诗歌流派并沾沾自喜；有些诗人由于阅历相对丰富，眼界比较开阔，接触到了原汁原味西方怪诞诗歌，因此磨练出一种不伦不类的幽默风格……

最近一段时间以来，关于女诗”赵丽华及其诗歌的种种新闻似乎也开始平静了下来，在我看来这是个挺有意思的闹剧。如果她没有把作品放到网上，那么她本人可以带着读者对“诗人”梦幻般的印象，互不相扰，平静一生，如同两条心平气和地相处的平行线，在各自的世界里彼此遥望，让对方继续活在自己的想象里。我看了一下赵丽华的博客，才明白她是不甘寂寞的，很显然她不是一个闷家伙，也难怪很多人会有这样的反应：“Wa Kao，原来诗还可以这样写!”没受过诗歌鉴赏培训的人更是会读得很郁闷，感觉脑子都进水了。我的看法是，把“梨花体”、“口水诗”作为一种流派尚可，正如赵的优秀之作也不少，有的诗也的确闪烁着幽默和女性的光芒，让人忍不住想跟她“打情骂俏”一下。这里引用一下同样很“酸”的余光中的话：“诗歌口语和大众化的问题很早就存在了，清代的黄遵宪早就在讨论这点了。我觉得口语化是可以的，口语能让诗的语言变得活跃，但因为口语同时又是很粗糙的，所以需要对其进行选择，并不是张口就能出诗的。”当网上掀起了戏仿赵丽华诗作的狂潮以后，这些诗是好是坏都已经不重要了。这种心态可以理解，那些同样可以写出很好的甚至有过之而无不及的“梨花诗”的网友，遇到“大诗人”，那种感觉有点好奇和紧张，也有点嫉妒和敌意，这是很自然的。凭什么人家是大诗人而自己要当个无名网虫，因此，一场恶搞就在所难免，而且真的比一下，那些网友的作品似乎也不差。赵丽华和民众之间的不幸遭遇，就是某一类诗歌与世俗的不幸遭遇，如同一个爱出点风头的女子，碰到一群郁闷的正想找点什么茬的无聊鬼，在网络的掩盖下当然骂声一片，而对双方而言，似乎都很受用。

无独有偶，一位自称为诗人的苏非舒先生在捍卫赵丽华的“梨花”作品讨论会上毅然脱掉了身上所有的衣服让在座的目瞪口呆，并以被警方带去拘留十天的结局（有点小题大做了）草草收场。隔了不久，这位老兄又忍不住了，在北京朝阳 798 艺术区内以 100 元每斤的价格兜售自己创作的诗歌，新闻报道上说当天总共卖出了 20 多斤，据说诗人想要以这种方式来唤醒人民大众对诗歌的尊重、对诗人的尊重。当时我看到这则新闻的第一个反应就是，这下越来越有看头了，哈哈。估计很多评论家又要忍不住唏嘘一阵了：诗歌作为最“高级”的文学，居然沦落至与白菜萝卜一样来论斤按两出售，真是世风日下人心不古呵！在某种程度上，做诗与做人是密不可分的，我连拜读这个“裸体诗人”更多作品的欲望都没有了，我知道诗人本身的异化肯定也反映了诗歌本身的异化。诚然，每个诗人在探求自我突破和思索的过程中，或许都有可能进入一种类似“走火入魔”的歧途或误区。正因为如此，我理解 Emily Dickenson 与 Christina Rossetti 为什么终身没嫁，理解海子为什么在铁轨上摊开自己的身体，理解为什么顾城去了烟波浩淼的激流岛刀耕火种，而车尔尼雪夫斯基则把小屋像一顶破帽一样扔在冰天雪地的西伯利亚。我想，和他们的贡献比起来，那么一点小小的怪异或不可理喻都是可以接受的，应该得到尊重和宽容。但动不动就来个“芙蓉”式的亮相、裸身、论斤卖诗就实在没那个必要了，是不折不扣的作秀和炒作。

我常想，中国的古典诗歌，从汉乐府，到唐诗、宋词、元曲等，一脉相承，但到了现代诗歌，一个巨大的断层产生了，对西方的借用和对传统的抛弃，字数、韵脚、格律等等限制都被抽掉，诗歌自由得只能靠“诗意”来维持了。然而，假如没有这种说不清道不明的无法言说的“诗意”，几乎看不出现代汉语诗歌更多的价值，这也许正是爱“语出惊人”的少年韩寒所谓的“现代汉语诗歌没有什么存在的必要”，或者是“北大醉侠”孔庆东在他的博客里那个委婉的说法：“诗已经是进入了晚年”。当然，对诗人而言，也许可以自我安慰，“不是什么人都可以对诗歌说三道四/不是什么人都可以对诗人品头论足”（引自赵丽华诗《让世界充满蠢货》），有的诗人指责大众不懂理解或欣赏水平的堕落，其实在不知不觉中堕落的恰恰是自己做诗的能力，以及做人的格调。即便如此，我还是相信，在文学永恒的传统和价值中，很多东西是不因时空变迁而改变的。即使在我们这个浮躁而商业化的时代，好的诗歌也是永远不会被埋没。大众的接受度，仍然是一个检验诗歌的公平法官，例如，宋词曾经就是纯粹的填词作曲的世俗文化，与现在被大众传唱的流行歌曲有着异曲同工之妙。

诗的异化及其闹剧有时候真的会摧毁一个“朝圣者的灵魂”，长久的一段时间以来，“写诗”一词也让我在提到的时候觉得有点不好意思，甚至是一件我有意无意去回避的尴尬事。特别是当有关诗的闹剧层出不穷，怪诞的事件繁杂并陈，更是需要我们保持一颗清醒、简单和淳朴的“诗心”的时候。

# 我眼里的诗歌

诗歌是什么？这个问题见仁见智，几乎不可能有统一的答案，依然记得大学四年级时学习《英诗欣赏》的课程，入门章节是关于诗的定义的讨论，教材作者罗列了十来个名家的定义，角度不一，观点各异。即便到了现在，十多年过去了，却依然对诗歌保持着一份年少时的初衷，当我写这些文字谈谈我眼里的诗歌时，自己仍然没有一个确定的答案，有的只是读诗写诗的体会和不断变化更新的理解。我本不想多谈诗，因为觉得研究不深，但看到很多自以为是的垃圾文字都被吹捧和膜拜而流行开来，因此我也应该让我对诗歌的看法呈现出来，以供有共同看法者探讨。

诗歌最早的本意和“歌”有关，它是很多民族最初的母语文学形式，是人类心灵最初始最素简的吟唱，从我国的《诗经》到英国的叙事歌谣(English Ballads)，无不表达了人类质朴的感情和真纯的心愿。诗歌让我们感受到的是混沌初开的自然的美，是善良真挚的人性的美。一个人如果不读诗，对一首好诗若没有感觉，那他也无法感受丰富的人生中那些纤细的触动，甚至是对人生也失去了感觉。有人说过，诗歌是给潜在的诗人读的。在我看来，在一个诗歌倍受诟病，被曲解被误读被边缘化的时代，能主动接触诗歌的读者也许不是文字的诗人，但一定是生活的诗人。

我很喜欢读汉字诗歌，因为那种只有在母语里才能体会的诗意来得毫不费劲，但诗意有时候是超语言的，对我而言，好的诗歌往往可以带来一种阅读的快感，当我读纪伯伦或泰戈尔的经典之作时，常常会为里面那种歌唱式的倾诉而折服，我甚至可以感受到里面所蕴涵的优美的旋律、柔和的抒发以及发自内心的震颤。难怪美国的意象派诗人庞德（Eraza Pound）在读到《吉檀迦利》时感叹说：“集子中的一百首诗全都可以演唱，曲调和歌词浑然一体。看来，东方的音乐远比我们的音乐更善于做到这一点……值得一提的最易懂的东西是即兴的光辉的短句。……这种深邃的宁静的精神压倒了一切，我们突然发现了自己的新希腊。像是平稳感回到文艺复兴以前的欧洲一样，它使我感到，一个寂静的感觉来到我们机械的轰鸣声中……”。同样的，富有诗意的汉语象形文字诗歌也有这样的音乐性和抒情，在我读过的诗歌作品中，何其芳早期的诗歌就是一个典型的范例，虽然写《预言》的时候才十九岁，但那些作品却是用汉字表达温情与感性的巅峰之作，曾经让我读得感同身受，浑身起鸡皮疙瘩。

小说是用来说事的，它的基本单位是段落，句与句之间的联系，是靠因果逻辑来推动的。而诗的基本单位是语词，诗句之间的联系和推动，更多的是靠着意象、节奏和乐感，然后以分行文字的视觉形象进入读者的眼里乃至内心深处。如果说小说类似一座楼房，那诗歌就类似入口处的小品或类似园林中的亭子、凉台，中文诗歌，尤其是古诗词，本身也能呈现一种文字的美感，从而变成一座座“纸上的建筑”，而英文诗歌则主要是通过对“格律”或“韵”的要求，使诗和其他文体区别开来。诗是诗人在偶然的心血来潮中所成就，作为诗意和语言的浪漫邂逅，诗歌是诗人心中的诗情被语言点燃后那个闪亮的瞬间，是诗人在缪斯的引导下闯入多彩的语言王国所遭遇的字词和情绪所共舞出来的晕眩，是作为作者的诗人和作为读诗的人的读者的内心的一次亲密接触。节奏、乐感和意象等要素，是诗歌最重要的黏合剂和调味品。从这个意义上讲，诗人写诗和歌者唱歌是共通的，诗意往往能引发歌唱，两者都是触动感官和感觉的，不需要作者去解释，诗人和歌手的情绪在读者或听众那里弥漫，更多靠的是他们的悟性或共鸣。因此，诗所要凸显的音乐感，无意中应了沃尔特·佩特（Walter Pater）的一句话：“一切的艺术都意欲进入音乐的状态”。正如音乐一样，诗也跨越了语言的障碍，以直接的方式引起听者的共鸣，打动人们的心，从而被称为世界的语言，而诗的音乐性就是它的诗意，一个好的诗意同样能引起不同语言背景的人无限的感慨和遐想。

诗的创作往往是自然的，不可预先设定的，需要的是一种“有感而发”，一种情不自禁不吐不快的必要性，类似艾米莉·迪金森所切身感受到的“仿佛头盖骨被掀掉的感觉”。诗是我们日常生活中偶然被拔高的情绪，反映到文字上就是一种语言的出轨。诗歌写作所需要的技术问题不多，往往，很多的技术训练反而会束缚了它，正如我初为人师的时候曾经要求学生用英文写日记，没有什么限定，让他们自由发挥，他们都写得很真诚，我也从而目睹了他们成长的困惑，目睹了他们情感的萌动。有一次在改一个学生的英文作文时，我在那些词句不通或奇异的搭配中，反而读出了一种诗意，以我当时的理解，我甚至怀疑诗歌和一个人的语言造诣有必然的联系。不妨来看下面两首和 Night 这一主题有关的中国学生英文诗歌习作：

1

Does night have many an eye
And why does she often cry?
Sometimes I see her tears
Shed on the morning—glories' leaves.

2

In the stillness of the night,
I saw seven stars bright.
Silently singing a sober song,
I found where I did belong.

我想，这样的作品感情之真挚，语言之质朴，诗意之鲜明，视角和意象之独特，出人意料。这可能类似一种现象，有时候我们觉得一个受过很多音乐理论教育的人写的歌并不好听，学院派的作品往往都是一些中规中矩的旋律，而一个富有人文精神和敏锐度的门外汉，也许他带着激情喊出的声音却更能打动人。诗人写完一首诗后，首先成为自己的读者，然后假定有一群思想境界、悟性习气等都差不多的读者，诗人试图通过搭一座桥，让他们也享受自己感受过的激动、诗意甚至癫狂。诗人歌唱的是他自己的某种独特的心境，甚至是一种一去不复返的感悟，那种心境甚至对诗人自己而言，也是不可复制或解说的。正如诗人卡尔·森德伯格也曾坦言："我曾写过一些连我自己都不明白的诗歌。"

诗歌进入音乐，进入建筑，甚至也许可以进入一个梦。当我们把写诗和做梦连到一起时，不是指描述真实的梦，更多的是梦想或白日梦这样的含义。因为真正的梦，例如一个老太太在睡醒过来时复述她那个多梦的没什么效率的睡眠一样，是没什么意义的。也许我真地做过一个这样的美梦或噩梦，但我对那种描述毫无兴趣。诗歌的梦也许更接近于梦想或白日梦，在这样的梦中，诗人其实是在长久地"梦游"，而享受这种难得的经验，是诗人的特权，也是在诗人的梦游中所找到的作为同路人的读者的特权。

# 另一种声音：华人的英文书写

偶然读一些海外华人学者的著作，如张纯如、谭恩美等的文学作品，或者叶维廉、夏志清、王德威等所写的论文，常常会有一种新的文化感受，在看他们作品的过程中我发现一个有趣的现象，那就是汉语和英语之间的相互影响。有时候，我也觉得中国的文学写作为文造情的东西很多，可能跟思维方式有关，而反观那些海外华人的英语写作文风，没有繁文缛节，没有废话，非常干净，而且由于底色是东方的元素，形成了非常有意思的现象。我想，这与他们移居西方以后接受了西方文化的影响有关，特别是在西方学坛接触到源于不同思维模式、审美视角的各种方法论，将其投射到自己的文学创作，从而在人们原有言说的基础上有了新的发现，进而形成了“另一种声音”。

在海外华人文学界，林语堂的文学创作，无论是质量、成就，还是产生的影响等方面，至今仍是一个难以逾越的高峰。1935 年，林语堂用英语写作，9 月在美国获得满堂彩的《吾国吾民》，一开始就引起美国著名作家赛珍珠的惊叹，被认为是一部“伟大的作品”，几近成为西方人了解中国的必读书目。1936 年初，在美国社会大获成功后，他接到了夏威夷大学的邀请函，便携全家远走他乡，开始了长达 30 年的侨居和写作生涯。林语堂在美的文学创作，主要是向西方社会介绍中国。他致力于叙述和描摹中国传统文化理念、中国现代社会及生活和中国人的生存方式和人格，将中华文化呈现给世界。《吾国吾民》是一部全面介绍中国社会和文化状况的小品文集。从这本书中，我们可以读到的首先是林语堂爱“吾国吾民”的情感出发点，他以一个现代中国作家的身份，客观、理性，并不无激赏地向西方社会揭开了中国及其文化的那层神秘的面纱，在一定程度上更正和消除了当年美国传教士史密斯所写的《中国人气质》对中国社会、文化和中国人面貌的隔靴搔痒式的片面性的介绍，而带来的西方社会对中国及其国民的误读。

历史上曾有人就《吾国吾民》，攻击林语堂出卖民族利益，其实有些不符实际。表现在林语堂即使用英文进行创作，并在美国出版、发行的书中，仍然表述着一个中国作家的感情和态度。继《吾国吾民》的成功之后，他在美国还陆续创作了《孔子的智慧》、《老子的智慧》及《中国与印度的智慧》。这些哲学小品文，充满了理论的机趣和学术的价值，着力于向西方社会介绍中国社会、中华文明和传统哲学，将博大精深的中国优秀文化理念，作为人类文化发展进程中的有机组成部分，进行传播和说明，这是中西文化交流史上的一件拓荒性的工作。加拿大卡加利大学梁丽芳教授曾经以美国和加拿大的华人文学为例，认为“华人即使入了外国国籍，说外国语言，写外国文字，世代居住在外国，他们仍然是炎黄子孙，即便是美加土生华裔作家用英语写成的作品，成为居住国畅销书和大学教科书，这些作品也被认为是属于边缘性的族裔创作”。我想，只有热爱自己的文化并且充满自信的中国人，才能写出像《生活的艺术》那样，既有真挚的情感，又充溢着智慧和文化气韵的书；只有贯穿着现代文化的精髓，且有与读者的人生相贴近、相吻合的视角，并借以舒解生命与情感重荷的幽默、明快的语言，才能打动西方读者的心神。从这些创作中，我们已经可以窥见到林语堂在美国华人作家中的大师级魅力。

海外的华裔作家大多是华人的第二、三代子女，他们虽然在外国出生、成长，受的也是西方教育，但由于家庭和族群的影响，由于他们所处的语言环境复杂，母语的使用受到种种压力，在他们用英文所写的作品中，在那些西方语境的中国故事里，也不无我们民族文化的某些影子，这是一种心灵的存在和来自最深处的爱，有助于更多的人来关注中国，走近我们的文化。毕竟，在西方的主流社会中，真正懂汉语的人不多，有的海外华文作品写得很好，却难以得到主流社会的关注，必须通过翻译，而翻译本身对原作往往会有这样或那样的误读和疏离。因此，已经掌握了英语的华人作家，在用汉语写作的同时，也能用非母语去写作，与居住国的主流文化对话。现在美国的一些华裔作家用英语写作的小说已受到该国主流社会的关注，有的还成了排行榜很热门的著作，比如汤亭亭、谭恩美等人的小说。

当然，我们也可以看到另外一种现象，有的海外华人不愿承认自己是中国人，某些人甚至以自己的族裔背景为耻，患上了人们通常所说的“香蕉综合症”或“黄皮白心综合症”，这是指海外华人在追求与主流社会同化的过程中一种自我迷失的状态。具体表现之一，就是对母国传统、文化、习俗的盲目否定。谭恩美也曾经历过类似的心路历程，在她的小说中就详细地描述过这种综合症的起源和症状。

# 流派、集会与评论

我一直认为诗是给那些能够感受到“诗意”的读者（即所谓的“潜在的诗人”）去体会和玩味的。如果按照“诗意”这种衡量标准，有些不是诗的文字（比如古龙后期的武侠小说的某些句段）也可以成为诗，而有些号称诗歌的分行文字反而不能叫做诗，顶多只能算是少男少女的临别赠言或垃圾情绪来的时候的抒发感叹罢了。这种看法一直主宰着我读诗和写诗，即使是在看了许多关于诗歌评论的著作之后，我的这个观点依然没有改变。

说到诗的流派，我们不能忽略那些时期，例如20世纪六七十年代的我国台湾新诗，80年代的朦胧诗潮，90年代初的“汪国真”热，等等。因此，要划分的话，我就是属于那种不拘形式的，以诗意为最高追求的那派人。而如今，当各种各样的诗歌主张，五花八门的诗歌派别都出现在“诗江湖”上想一统天下的时候，无论是网络论坛还是诗歌集会，到处充满了拉帮结派和竞相模仿的团体，我更为我自己作为一个什么派别也不是的局外人而沾沾自喜。

我认为，诗不应当被作为一个集会的理由，诗不是流行歌曲，没有一个可以让人聚在一起High的理由。因为即使再好再有乐感的诗，除非已经被谱了曲，否则都注定是无声的，诗是靠文字取胜的。而集会必然牵涉到诗的朗诵，持有这样的观点的人也许可以借用那个著名的“诗是没有翻译出来的那部分”的论断推出——诗歌就是没有被朗诵出来的那部分，比如，诗人于坚是这样说的："诗歌乃是沉思默想的产物，写作是无声的。如果诗歌是自然的，那么朗诵就是做作，哗众取宠是必然的，朗诵，就是对诗歌的很不高明的谋杀。"（摘自于坚文章《朗诵》）。无论如何，我想他都是在强调诗的不可言说，"诗意"乃是一种安静的东西，那些所谓的背诵更是违背了诗的本意，在我看来，诗是直接用来放在感觉里的东西。早在1978年，罗伯特·海因·莱恩也曾不无揶揄地说："在公众场合读自己写的诗的人可能还有其他讨厌的习惯……"因此，诗歌一旦成了集会的理由，就难免在集会上被朗诵，流于炒作或做秀。诗歌，最好还是经由文字直指读者的内心，是诗人和读者之间一次静悄悄的约会。

至于说到诗的评论，我们很少看到诗人在谈论诗歌，倒是不写诗的人评论了一家又一家，这也许可以理解，因为诗人写诗大都是出自一种"诗意"，而"诗意"的产生又似乎是不可言说的，它有点类似一种冥冥的召唤，经不起理性的分析。我自己也写过一些诗歌或其他文字，但不太注意理论也不关注别人是怎么评论的，因为我觉得和作品的探索相比，理论和品评都永远是滞后的，这有点类似语言和语法的关系，永远没有一套可以限制语言发展的语法（语法应该是什么呢？我书架上有本书的名字可以很好地回答这个问题：《语法是一首温情的歌》）。我害怕自己变成一个批评者，而不是创造者。在我们这样的世界，批评家有很多，任何人都可以在吸收了不同的评论后加以提炼，写出不错的评论文章来，但有创意的作者却寥寥无几。因此，看待诗歌似乎更可以极端点，任何的解释对诗都是一种多余，一切的谈论对诗都是一种累赘，因为诗意本身似乎很难琢磨，很难谈论。

也许我也可以写一段来做个简单的例子：首先，我引用一些令大家尊崇不已的诗人说过的句子，来说明诗歌创作是可以学习和人为产生的，比如"诗是来源于在内心平静时追忆起来的情感"（华滋华斯），"诗人无非就是在安静的环境中搜索枯肠，把一节一节的诗句完美地连接起来"（茨威格），接着我话锋一转，并提出了自己的看法，"不同的人对诗歌的理解肯定不大一样，我还是倍加推崇那种所谓的"神来之笔"说，即由于"诗意"而产生的那种瞬间的语词的冲动……"——这就是典型的诗的评论。

我想我上面举的这个关于诗歌评论的例子，就如我在这里谈论诗一样，都是很荒唐可笑的，干脆也不多说什么了，就像歌要靠着声音去感染他人那样，诗，还是让它凭着诗意去直指读者吧。

# 代价与收获：我看文学

在今天的中国，一个普遍的现实是：人们乐于诅咒文学，有人大言不惭地宣布："读文学作品对现代青年没有什么用!"，他大概是想用自己来代表所有的现代青年；也有人发表博文说："文学死了！一个互动的文本时代来了!"文中宣称2006年之后，过去经典意义上的作家与诗人都将不复存在，文学即使有人摆弄，也退化成文人间的一种交际工具。诸如此类的话一出，自然是语惊四座，文坛也为之小小地"轰动"，而我这里所关心的是，文学以及写作，需要付出什么代价呢？又能得到什么样的收获？

给自己提这样的问题，我首先想到的是《爱的代价》里的歌词，想到年少时的梦如同一朵永远不凋零的花，恒久地盛开在我内心的深处。那些少年时偷偷写的笔记、失败时的絮叨怨叹和成长时的感悟随想，正是我写作最早的萌芽，如今它已经悄悄地在我的心中长大成材，并想要穿破一种类似"温室"的狭小天地，和我一起去面对外头的风风雨雨。所以，我想文学首先是不问有没有用的，写作首先是不问要不要付出代价的，写作的出发点和功利无关，而是一种生命必要和需要。

我对所谓的"文学死了"不以为然，因为我知道文学有足够的智慧和耐心等到那些宣布它死了的人先死去，也有足够的从容等着世界真相被揭露的那一天。文学过早地洞悉了这一切，所以它悲悯为怀，甚至当许多强大的力量（包括文学刊物、出版商和文学奖在内），实际上都是在蔑视和摧毁文学的时候，文学依然显得沉默而羞涩、缓慢而柔软、天真而无辜、暗淡而积弱、甚至无还手之意。正因为如此，我们可以看到那么多真正在写的人，举个例子来说，美国的文学史本身就是一个巨大的传奇，从一生未嫁的迪金森，到海明威，隐居体验生活的，吸毒体验角色的，无奇不有，整个美国的文学史简直就是一卷不幸与辛酸的故事集。反观看似繁荣缤纷的文坛、文学史其实是有点令人失望的，很多文学作品显得特别单调乏味没有创意，而那些比较遥远的文字也大都思想狭窄。在我们周遭，有个性的作家太少了，他们始终四平八稳地做着“千古文章”，我们的文学史很长，却出不了那种一直埋头写却从不发表的诗人，出不了那种拒绝奖赏的作家，也出不了俄罗斯那种只懂得嫁给文学的女性，更不可能有拿起手枪对准自己的嘴巴扣动扳机的硬汉。大家都争着去发表，去领赏，甚至抄袭剽窃，整个文坛弥散着浮夸焦躁和急功近利的气氛。

有人说文学是“逃避”，有人说文学是“征服”，有人说文学是“苦闷的象征”，也有人说文学是“不幸的事业”，还有人说文学是“白日梦”。无论什么论调，似乎都是想回答关于代价和收获这样不可避免的问题。我也曾经这样痛苦的反问自己的文学创作，最后给自己做了一个定位：应该不带功利目的地去探究文学的真实面。既然是没有任何功利和目的地在做的一件事情，按道理来说应该是轻松和舒适的，但实际上进入真正的写作却让人有点沉沦。在我循着感觉埋头整理文字的日子里，我的内心变得丰富，意识变得警觉，并不可避免地陷自己于一种寂寞沉静的人生状态。我有意无意地拒绝追寻爱情可能带来的对我的孤独的救赎，自觉地推掉情义深重的好朋友对酌闲侃的邀约，有些本来可以发展的人际关系也因为我的“不作为”而告吹，我与周遭的生活若即若离，每天除了做好本职工作和锻炼身体之外，业余时间都坐在电脑前敲敲打打，那些不由自主的情绪低落、长时间对着屏幕而带来的视力下降、打球的消耗和熬夜带来的身体疲惫、以及莫名其妙的挫败感等都不请自来，我终于知道写作的真正代价并不是可以轻描淡写的，原先想从整理文字中获得点什么解脱的念头终于消失。

对我而言，写作变成了主动套下的枷锁，也是我调侃自嘲的词语，因为这是我本可以轻松惬意地享受，游玩兜风，乐趣无穷的日子。但我往往在质疑自己的同时很快地回答了自己，这个世界，生活蒸蒸日上的幸福人成千上万，但自甘沉浸在文学和写作里的人寥寥无几；这个世界开着车四处逍遥的人比比皆是，但肯埋下头来潜心做点事情的人没有几个，当自己的人生远远没达到万事了当的时候，人是不是都应该有所肩负呢？我想我只能等完成这些事情之后再来评说得与失，失却的东西似乎不胜枚举，亲情的疏落、爱的别离、不断蹉跎的青春、遥遥无期的家园、渐渐远去的歌，我不知道这样的写作态势会换来什么，也许最终只是一个幻灭的梦醒时分，但我已走在逐梦的路上，我身不由已……

我相信热爱文学创造文学阅读文学的都应该是一些思想丰富开阔而内心敏锐柔和的人，文学让他们的梦想互相心领神会和激动共鸣，让他们远隔千年也能一起悲欢，让他们生离死别还会相互怀念。而写作则让人变得强大而充实，远离空虚与无聊，让我们身无分文也能内心富足，让我们屈居底层也能灵魂高扬，让我们天各一方依然心犀相通，让我们身陷囹圄依然讴歌自由，让我们借由思考和精神延续了有限的肌体生命，这就是收获。正因为如此，文学一如既往地走着自己的路，它悄悄地跟有梦想的人讲述着狐狸和小王子；兴致勃勃地看唐吉柯德怎么大战风车；或者像那个享受自己光阴的土地测量员，在城堡外踱着步……在尘世热闹的洪流中，它借由那些用生命凝成的作品，呈现着尘世的美好与艰难，也诉说着我们心灵的明暗和悲喜，它悄悄地发出一些细微、快乐的声音，如同布罗茨基的那匹黑马，来我们当中寻找骑手，寻找它自己的听众与读者，它安然得很，而且自得其乐，一点也不在乎别人是怎么诅咒它的。

因此，关于文学的收获是难以表述的，最主要的就是，面对广大的物质生活，文学像一个清醒的局外人，是那个最早看见皇帝没穿衣服的孩子，提醒的是我们每个人这一生都仅能拥有一次的生命。文学和写作让人忘掉痛苦和不快，忘掉怨恨和愤怒，进入了一种比较高层次的探索。我甚至想过，一个作家，即使什么都丢失了也不必害怕，一无所有也无所谓，只要精神仍在，头脑仍在，仍然可以思考，写作的能力仍在，那是任何人都剥夺不了的财富。写作让人变得更加真诚，强大，而那种因为真正的追求所带来的充实，是上天赋予劳役之中的创造者最珍贵的恩赐。

我就是这样以己度人，我揣测那些真正的写作者，那些文学的爱好者，他们也肯定这样探索追问过，所以特地把这个关于“代价和收获”的文学观放在这里，作为一种写作意义的探索和交代。

# 第二辑

# 从语言到翻译

# 变体英语：谁说了算

英语的国际化打破了以英美英语为中心的格局，在全球范围内形成了带有地缘政治，经济，民族和文化特色的多种英语变体，每一种变体在语言的各个层面，如语音，词汇，句法等方面都或多或少地带有本土的特色。使用者不同地域和文化身份所带来的多元文化碰撞使得英语产生了诸多变化，变化的结果就是英语的多种区域变体，也造就了一个新名词——世界英语（World Englishes）的流行。英语在世界各地的本土特征越来越引起学术界的广泛关注，从而开辟了英语研究的新领域：英语变体（English varieties）的研究。

在世界英语的研究中最为广泛引用的三分法模式是 Kachru 的“三大同轴圈”（three concentric circles）。他按照历史发展、使用功能和语言特征等因素把英语分为核心圈（inner－circle English），外围圈（outer－circle English）和扩展圈（expanding－circle English）。核心圈主要指把英语作为母语（ENL，即 English as Native Language）的国家，如英国、美国、加拿大、澳大利亚、新西兰等，这些国家的英语是标准提供型的英语变体（norm－providing varieties）。外围圈指把英语作为第二语言或官方语言使用（ESL，即 English as Second Language）的国家，如菲律宾、新加坡、印度、巴基斯坦、孟加拉、肯尼亚、加纳、坦桑尼亚等，它们大部分是原英国的殖民地，其英语是标准发展型的英语变体（norm－developing varieties）。扩展圈指的是把英语作为外语来学习和使用（EFL，即

English as Foreign Language）的国家，如中国、日本、朝鲜、埃及、以色列等，它们的英语是标准依附型的英语变体（norm－dependent varieties）。

语言变体以及世界英语都是语言接触和语言融合的产物。由于我们生活在语言之中，同时又靠语言生活，在使用语言进行交流的过程中，会因其使用地域不同而产生不同的地域变体，甚至在标准英语变体的国家内部也存在着各个地区的具体特点。因此语言间的影响是复杂的，无法用简单的几个语言学术语加以概括。研究世界英语的产生和发展，应该从该区域的语言生态总体入手，考察历史，经济，政治和文化等多方面的因素。从“世界英语”的角度出发，英国和美国的标准英语其实也是英语变体的一种，全球化和本土化必须调和。因此，有些学者用glocal这一由global和local合成而来的词来说明英语的前景，即多元化的英语应该既是国际的，又是本土的。语言的可理解性和相互的宽容是统一的，前者是英语发展变化应遵循的规则，后者则是人们对待多元化英语的态度。随着英语的不断传播，它从多元文化中不断地吸取营养，展示着不同文化的意义和价值。意识形态，文化差异应该是英语多元化研究的重要方面。英语变体的研究也应更多地从社会语言学和跨文化交际的视角切入。

那么，作为一种目前实际上起着国际语言作用的语言，世界英语变体如此多样化，到底该由谁说了算呢？很显然，答案已经不能简单地停留在英国英语或美国英语上，因为作为沟通交流的国际语，英语的概念已经发生了变化，是不能由英国或美国说了算的。某些学者认为，英语的区域变体是英语全球化的尴尬，导致英语发生变异并且失去了光彩，某些英语变体和英美英语标准相差甚远，也未被受过良好英文教育的社会精英层所广泛接受。坚持一个标准的学者认为英语在分裂，水平在降低，各国的变体导致英语越来越让人听不懂，强烈呼吁以一个标准来保持英语的纯洁性。Quirk就是这一观点的代表人物之一。正因为如此，在菲律宾，鉴于很多国民的英语程度江河日下，马尼拉市政府发出一道“说英语”的政令，要求所有市立大学以英语作为授课媒介语，校警、校工都须以英语为沟通媒介，推行“英语能力强化方案”，以期待能促动学生提高英语水平；在马来西亚，政府为了促进竞争力，号召大家摈弃马来西亚英语，操一口流利的标准英语；在新加坡，政府每年都要发动“讲好英语运动”（Speak Good English），英美标准英语仍然是“好英语”的衡量尺度。

然而，另一部分学者却认为，英语变体是值得推崇的，它具有自己民族独特的语言特色和风格，符合本国国情，又能满足国家交际的需要，表达也亲切自如，捍卫本地的土英语，就是不讲一口标准的“纯正”英语。例如，东南亚英语变体被一些人当作相应的国家认同的标志，并且还是许多“二战”后出生的东南亚人的母语。其社会地位开始越来越受到重视，并且其独特的风格也成了许多语言学家和社会学家的研究对象。持多种标准的学者如 Kachru 则认为，英语的国际化后，对世界英语的研究应越来越注重对使用者的研究，把语言看成是特定的社会语言环境下的一个个活动。因此，语言学家必须重视各个国家和地区的英语使用者独特的文化身份在英语中的反映。这就是英语的本土特征，英语的本土化促进了英语的世界化，它不但不会使英语变质，反而会极大地丰富英语语言。

比较之下，笔者更认同 Graddol 在讨论英语的未来时的断言：“英语既是国际交流的工具，也是构建文化身份的基础。完成前者的功能需要相互明白和共同的标准，而后者则鼓励发展本土的语言形式和混合变体”。笔者认为，诚然英语教学的主要任务是让学生学会标准英语，但是这和尊重学生们说自己所在国的区域英语变体并不矛盾。目前的英语学习比较局限于对传统标准英语的学习，很多语法书也只局限在对英美标准变体的描写，而忽视了世界各地英语的变体，这实际上是否定了英语作为国际语言的价值。其实，英语的历史，讲述的就是多元文化相互接触的故事，英语的区域变体现象，实质上就是因国际化而产生的空间变异，是不可避免的。英语的未来不可能存在唯一的世界标准，英语似乎不是等同于“英国的语言”，更不会是由单个国家的谁说了算。

# 关于“双语”的冷思考

据《新消息报》（2007 年 11 月 7 日）的一篇报道，某大学附属中学从 10 月下旬开始，每周升国旗仪式都用汉语、英语两种语言举行，用汉语叙述一遍指令，再用英语复述一遍。该校教务处钟主任表示，使用双语举行升旗仪式，该校在全区是第一家。学校希望通过这种方式为学生创造自然的语言学习环境，也是对外语教学的一种探索和尝试。

国民意识的增强，依靠的是一种全方位的自信，包括了对自己文化的自信。我想，国家文化的庄严性毋庸置疑，它包含着丰富的民族元素，其中最能体现民族元素的就是用自己的语言展现民族风采，升国旗是一件非常庄重的事，理应说中文，以示对国旗的尊重。就是以一种仪式形态来让学生牢记“我是中国人”。如今，以“英汉双语”进行的升国旗仪式，算是一种值得作为学校卖点的双语教育，还是算是一种纯粹的爱国主义教育？先不说这种创造语言环境的效果，至少，这种所谓的“敢为天下先”的改革，首先失去的是国民意识和爱国主义教育的根本意义。

在双语教学中，从掌握汉语的水平说，学生的母语本是他的强势语言，外语则是他的弱势语言。双语教育以外语作为教学语言，其目的是扶持学生的弱势语言；但如果把外语的价值强调得过了头，则会在学生和家长的心理上挤压和剥蚀本族语的价值空间，那就背离了教育的宗旨。语言具有民族性和社会性，任何一个国家都把语言作为自己的立国之本，任何一个民族都把语言作为民族的象征、民族的符号、民族的旗帜和民族的灵魂。双语教育的模式和理念在我国，应该说充其量还是一个新生儿。我曾经受邀到一家国际幼儿园担任顾问，坦白说，他们所谓的“双语教学”，并不能称为真正意义上的双语教学，只是为了满足家长的需求罢了。记得有一次看到孩子们正准备吃饭，拿起调羹的时候，老师就要求他们用英语说出今天吃什么菜，如果说不出来就不准吃饭。我觉得小孩子学英语没必要提到这个高度，用强化的手段只会让孩子产生厌学的心理，不仅学不到东西，还会出现语言障碍，甚至影响幼儿未来的人格发展。

因此，作为受邀去指导的顾问和专家的我，不仅悲观地不加以认同，甚至认为小孩子没必要学英文，对那种“少儿英语”也产生了强大的疑问，幼儿双语教学如果没有发音标准的老师来教，对孩子的发音会造成很大的影响，将来很难改掉，这也许是很多望子成龙的家长在催促孩子“先走一步赢在起跑线上”时所没有料到的。应该说，我们目前很多所谓的“双语教育”，很多只是流于形式而已，甚至步入一种教育的误区，比如强调年纪越小越好、学语言必须先学文化（错在不区分对象地一概而论）、要求全学科覆盖（越全越好，甚至在语文教学中强调双语）等等，“用英汉双语”进行的升国旗仪式，显然已经沦为一种徒有其表的形式，抽去了“双语教学”的内核，脱离了扎实推进素质教育的根本目的，是不可取的，应该着力纠正。

实际上，我更关注的是，从语言学习的角度看，升国旗的那几个口令，能够让学生学到多少英语？升国旗的指令用英语复述，完全是画蛇添足。用英语复述指令既没有必要，也显得荒唐可笑。用有助于学英语作为借口来搪塞，更让人啼笑皆非。天天往学生的耳朵里灌那句升旗指令，即使学得滚瓜烂熟，又有多少用处呢？对于英语等外来文化，我们并不是要排斥它，甚至要很好地学习它，但是应当把它放到正常的位置上去。当下经济全球化正在向纵深处推进，这使得学习英语成为一件时髦的事。如果全球化意味的是经济一体化导致文化一体化，那将是灾难性的。这种全球化的经济发展带来的影响不仅仅是异文化之间，就连同文化之间都是警觉的。澳大利亚也曾担忧过英国文化对其文化的侵扰，加拿大很担心美国文化充斥本国，法国文化对英语文化的拼死抵抗更是有目共睹的。

在我所住的楼旁边就是附中的操场，每个星期一早上的课间时间，我都可以听到那些孩子在铿锵有力的汉语口令中把五星红旗高高地升了上去，我也得以在他们昂扬的斗志和自豪感的鼓舞下开始了每一周的为人民教育事业努力奋斗的征程。我很庆幸自己没有听到那不伦不类的英语口令，否则我一周的好心情可能会大打折扣。双语教育是有边界的，和“双语升国旗仪式”如出一辙的事例比比皆是，例如有的地方上语文课用英语，用英语唱国歌等等，在我看来，全都是瞎搞胡闹。用“双语升国旗仪式”升起来的这种所谓“全区第一”的自豪感，这种教育，是爱国教育的异化，更是双语教育的异化。

# 海外华社的翻译之妙

翻译本身不是件简单的事情，算是个系统的学术工程。无论是什么语言的互译，都得具备这两种语言过硬的语文基础和相应的文化背景知识。否则，就谈不上地道的翻译了。地道的翻译，强调的是“信”、“达”、“雅”三个标准。“信”就是翻译要尽可能地忠实原文，不能歪曲或篡改原文的意思。“达”就是要求译文言辞通达，逻辑上连贯顺畅。“雅”就是在“信”和“达”的基础上，追求译文的艺术性，达到学术和艺术的融合。

纵观菲律宾华社对当地人名、地名、风俗用语等的翻译，有很多令人赞赏的地方。赞赏的原因，就是因为翻译得不但得体，而且融入了很多智慧，尔后产生了不可言喻的妙处。拿菲律宾首府的名字翻译为例，我国是直接音译，通常都叫做“马尼拉”。菲律宾的华人则称之为“岷里拉”。表面上似乎一时也看不出这个翻译的精妙，那么试看菲华作协出版的文选集《岷湾晓唱》。“岷湾”指 Manila Bay，如果按照中国大陆式的译法，这本书名就得变成“马尼拉湾晓唱”或“马湾晓唱”。前者显得冗长，破坏了“岷湾”的简练和情调；后者的缩写又显得莫名其妙，完全没有“岷湾”二字来得有意蕴。不是吗？

再看 Pasay 的翻译。菲华人称作“巴西”。如果音译则成为“巴塞”。“巴”音在闽南语中接近“放”的音，意思是“拉”；“塞”这个音在闽南语中是“屎”的意思，如果直接音译就会让人误以为是“拉屎”，会让人感觉读得拗口不自在。菲律宾华社先把“Pasay”按照语音转换成闽南语，再依据闽南语的读音转译成中文，就变成“巴西”了。虽难免会与南美洲的巴西国混淆，但只要在菲律宾说，并加上个“市”，所有菲华人都知道。菲律宾华人多为闽南人，大多数译名多由经过闽南语再转译而来的。这是菲律宾华人翻译的特点，是菲律宾华人无形的财富，也是语言现象的一道独特的风景线。

在菲律宾，如果对语言留心的话还可以发现类似的地名译名还有“仙范”，“蜂雅斯兰”，“描戈律”，“怡朗”，“丹辘”等等。“仙范”是“San Juan”的译名，跟中文“圣胡安”的译法相比，是不是有点美国“三藩”的味道？“丹辘”则指 Tarlac 省和省府 Tarlac 市。按中文的译法是“打拉”，又俗气又怪异（怎么又“打”又“拉”了），根本比不上“丹辘”来得有艺术性。Bacolod（描戈律）是中部西黑省的首府，中文译作“巴各洛”，怎么听怎么觉得像某个古希腊的名词，或者类似中世纪欧洲的“巴洛克”、“哥特”之类的艺术流派，而不像地名了。再饶舌一下，以菲律宾的国语 Tagalog 为例，采用“塔加洛语”这个汉文译名的有杨聪荣（2001）、康福旅行社股份有限公司等，而采用“他加禄语”这个汉文译名的则有李林（2000）等，让人感觉有点不爽，因为别人加薪我没加薪……

因此，在海外华人圈走一走，不难发现我们的某些翻译的确有待推敲，同样是把外文翻译成汉语，我们或许可以借鉴台湾、港澳、新加坡以及东南亚华人社区的某些做法，在比较和权衡中找出最合适的方案。其实翻译的措辞用字，有时候真的需要再三斟酌，比如泰国前总理 Taksin，我们翻译成“他信”，我总感觉不太象个人名，听电视在做泰国连线报导时，海外华人似乎是称做“塔信”。又比如那个激发诗人叶芝写出那么多优秀诗篇的女性，其名字被翻译成很缺乏诗意的“毛德岗”。作为一个外语工作者，没翻译点什么似乎说不过去，有些翻译也的确需要有人一做再做才能趋向完美，比如以前我不明白为什么中文版的书名《简·爱》中间不加一点，以至于我直到上了大学英国文学课后才知道那不是“简单的爱”。另外有些中文翻译选字的推敲也容易产生很有意思的联想，比如美国的州名“明尼苏达”老是会让我想起苏打水，感觉应该是可口可乐的总部所在地，而“俄亥俄”则让我感觉那里肯定有一条大河，河滩上有一群纤夫在用力地拉着船，嘴里还喊着什么……

类似以上的翻译方面的差异不胜枚举，也许这样的差异凸显了语言的丰富多样，也造成了一些华人圈交流的不便。正确看待各地华人在翻译方面的差异，并从彼此的翻译中互相吸收合理优秀的成分。有些翻译其实融入了许多当地华人华侨的思考和智慧，上述粗浅的论述可以佐证。这些透露着智慧的曼妙的翻译，是“信”、“达”和“雅”的完美融合。只是我们还有待统一认识，做好译名的最后校订和统一工作，然后用标准确定下来，也给不懂汉语的外国学习者留下清晰和规范的印象。

# 回到母语

我们都会有想表达些什么的时候，特别对于一个不爱言辞的人来说，写作就成了一个很理想的表达手段。在不知不觉中，我从最早的诗歌词曲，到后来的散文、随笔、评论、小说等都或多或少地涉猎了一点。写诗写歌让我觉得很尽兴，那种让思维随着文字跳舞的感觉很享受；写散文随笔往往是随性而发，大都与心情有关，情绪好的时候比较流畅；而写评论似乎指向性很明确，写得好并得到共鸣的话，有点类似终于把一个人拉到自己战线的那种成就感；至于写小说就是我所不懂的事，对我来说就是弱项，除了基本的叙事结构之外，小说其实是在表达作者的想象和内心体验，但它“虚构”的特质又要求我不断的编故事，这不是我的拿手好戏，因为我不爱罗嗦繁杂，事无巨细的交代，偶尔为之，都会有一种被掏空的感觉。因此，在回归到母语表达的措词时，我的标准只剩下两个字：好读。

每个人都有自己用词的好恶，有时甚至没什么来由，比如“非典”一词最早出现的时候，也让我难以接受了好一阵子，我还特别讨厌快餐店用“大可”、“中可”、“小可”等字眼，来表示你买的可乐的大小杯，感觉听起来很不舒服，不过我觉得闽南话用“土豆”来称呼“花生”是蛮贴切的。也许这样的问题别人会觉得大可不必，于我却非同小可，这可能出自一种莫名其妙的心理，连我自己也觉得难理解。我是到最近才开始进入比较自觉的汉字写作的状态，长久的接触英文让我的汉语写作变得有点思路混乱，语感欠缺，有时候我不停地写，但老是不满意，于是我就删了重新写，然后又不满意又删除了，那么多洋洋洒洒的文字在一个鼠标点击之下消失也不觉得有什么不舍的，因为我做不到游刃有余地去用欧化的句式去驾驭文字（例如董桥的散文那样），我希望通过不断的练笔，能重新找回中文写作的能力，并通过学外语所获得的开阔视野来丰富汉语的表达，从这一点上说，学了外语反而使我回过头来更加珍爱汉语。同时，学外语可以让一个人站在另一种文化的角度，更全面地看待某些问题，用一种更新颖的文风来写作或欣赏，从而获得更客观的的角度来看待问题，这并不是所谓的“崇洋媚外”一棒子就可以打死的。

懂了外语再来用比较的眼光看汉语，有时候会有很有趣的发现，在我做了一些英汉语词源研究的论文之后，我有时候会对汉语产生一种很奇怪的感受，常常盯着某些汉字，越看越陌生，以至于当你把它们多写几次时甚至会发现不认识这个字了。据说日本传说里有一种以吃梦为生的兽叫“貘”，难怪这个字我看起来觉得很不舒服；又比如你看“疼痛”这个词，感觉真的好象有点疼；你看“晕”字多看一会，就会觉得真的晕了；你看“恨”字本身也好象有点咬牙切齿的样子；你读“橄榄”这个词的时候，就感觉好象嘴巴里真的含了一个橄榄一样（英文 Oliver 就达不到这个效果）；而写出“家园”一词，我会感觉到有个“家”的房子住着人，然后有个“园”四周都围了起来像个园子把外头的喧嚣隔了起来……

据说上世纪 50 年代初期，有人提议汉字拼音化以解除小学生识字的痛苦。语言学大师赵元任非常不以为然，戏写了《施氏食狮史》一文。全文如下：

> 石室诗士施氏，嗜狮，誓食十狮。施氏时时适市视狮。十时，适十狮适市。是时，适施氏适市。氏视是十狮，恃矢势，使是十狮逝世。氏拾是十狮尸，适石室。石室湿，氏使侍拭石室。石室拭，氏始试食是十狮。食时，始识是十狮，实十石狮尸。试释是事。

这篇文言作品共 92 字，每字的普通话发音都是 shi，阅读起来并没有问题，但当用拼音朗读时问题便出现了，不小心会把舌头都弄成习惯性弯曲，这是汉字同音字多的缘故。赵元任希望通过这篇文字，引证中文拉丁化所带来的荒谬，但我觉得用来说明汉语音调的区别也是一个很好的例证。能看懂却很难听懂，只用一个发音来叙述一件事，除了中文，怕是再无其他语言能够做到，而利用发音的特点形成的语言游戏几乎谈不上英汉互译。

对比是学习和研究语言的一个很重要的方法，汉语是声调语言（tone language），汉语的四声构成了发音的抑扬顿挫，产生了一种音乐的特征。同时，汉语基本上是单音节，在1300多个单字音节中，除去四声调特征以后，只有429个音节，但它们却可以组成数十万条词组；而很多欧洲语言是重音语言（intonation language），以英语为例，英语中约有1200个音节，单词多是多音节，有重音但没有四声，难怪外国人说学汉语好比学唱歌，总是掌握不了音调；由于语音的特性，汉语诗歌的格律为“平仄律”，而英语诗歌的格律为“轻重律”。我有过教一个意大利朋友汉语的经历，费了九牛二虎的劲，终于让他明白了汉语的音调区别，我想我要是告诉他有关音调的这样一个文章，他不彻底晕死彻底丧失学汉语的信心才怪。在弄清楚了汉语拼音的音调之后，很努力刻苦的他会了一些简单的口头表达，但在转入汉字学习的时候彻底卡了壳，他就是怎么努力也弄不清楚要怎样把那些拼音跟那些象形文字挂钩起来，看着我教他写的几个汉字，连我看了都感觉真的是昏头转向。

语言问题有时候走出了语言研究的狭窄范畴，变成社会的话题，比如凤凰卫视就在经常会在节目中对语言进行了不少关注。记得有一次，大概是胡野碧在辩论时干脆把它清楚地说了出来。还有一次“世纪大讲堂”请了一位学者李锐，他认为全球化的结果是让英语统治世界，而凤凰的老牌评论员阮次山在一次“大时代，小故事”中谈到汉语的思维速度比英语快，不知道他说的是普遍真理，还是个人的感想，因为我看他在访谈的时候说英语有时候也的确为他着急。在这里我也想补充一下自己的感想，中文在阅读效率（视觉）上的优势十分明显，英语靠的是个字母的排列组合，是线型的，而中文似乎是立体的，信息量很大，常常一页中文材料翻译成英文要好几页，更不用说古汉语了。另外，汉语是使用发音种类多的语言，比使用发音种类少的英语的思维速度快。一个具体的例子是赵元任曾经比较用英语和汉语背诵乘法口诀的速度，汉语使用了30秒，而英语使用了45秒。因此，如果两个人同时用英语和汉语来背诵的话，到了30秒的时候，汉语使用者一定想到了九九八十一，而英语使用者则一定到不了这里，说不定，他想到的仅仅是七七四十九。

语言学上认为外语是必须下工夫学习的（A native tongue is acquired, while a foreign language is learned），我一直想象如果自己是个宇宙人，在地球上众多的语言里，会用什么样的标准来看待这么多精彩纷呈的语言现象呢？当时我的一个深切的体会就是，假如我要在这个世界立足，注定要学会包括汉语在内两三门语言，母语是汉语是一件多么幸福的事情，它让我毫不费力地“得到”（acquire）了，而把较为简单的英文拿来“学到”（learn）。同样，英语专业的学第二外语，也似乎是为了让学生体会到学英语是多么幸福的一件事，因为相比之下，“二外”毕竟难多了。

也许每个语言都有它的魅力所在，对我而言，确切地说，相比汉语的声音，我更喜欢汉字本身，因为它们首先是“象形文字”的图形艺术，是我对汉字诗歌诗意的最直接感受。而返到对母语的感情，是一个语言学习者在多年的漂泊之后很自然的回归，那些来自母语的诗意，是我最初的出发之地也是我最后的立足之地。如果可以重新选择，我想我依然会做这样的选择，把工作献给传授外语ABC，在业余的时间回到母语，碰触我心爱的汉字，而不是整天都在中文里打转，从而始终保持着对它的热爱，就如同很多人往往都是小心翼翼地避开他们今生最爱的人一样。

# 你是不是该安静地走开

根据中新网 2007 年 8 月 21 日电，中国外交部当天在其官方网站发布《中国领事保护和协助指南（2007 年版）》，明确了驻外领事官员的职责，并列举了 19 种寻求领事保护的常见问题。《指南》里面有这样的一条引起了我的兴趣，照录如下："在公共场合要表现平静，不要大声说话，避免突出自己……"

这说明公共场所的喧哗已经成为一个被列入对外交往中迫切需要解决的问题了，也许我们身在其中感受不大，但这样的市井之声其实无处不在，比如人声鼎沸的菜市场，嘈杂喧闹的中餐厅，熙熙攘攘的商业区，车来车往的大马路等等，我经常在学校的教工餐厅吃饭，看到附小的孩子放学后在餐厅吃午餐，大都也是吵吵嚷嚷打打闹闹，很少见到独自安安静静坐着吃饭的，于是我进而想起了这样的一个问题，是不是国人天生喜欢声音？莫非我们对吵闹的确有很高的忍耐力？为什么在国际场合国人的嗓门特别大？首先我先往好的方面想，也许大声点的确不错，热闹而又突出，但我马上推翻了这种"往好的方面想"，在一个噪音越来越多的时代，机器的轰鸣，汽车的马达，城市的嘈杂，众声喧哗，我想"人声"还是不要再"锦上添花"了，分贝小点比较好。

我首先分析了一下，这个可能跟语言有关，也许汉语是适合大声地从嘴里"迸"出来，特别是碰到口才好点的北方人，那种感觉尤为强烈。普通话里面有很多字词都是以元音结尾，嘴巴保持在开口状态，比较适合大声喊出来，比如你呼唤自己的“妈妈”，嘴巴张着不放，要拉几拍都可以，但说英语的人必须在发完这个“Mum”就马上闭嘴；你可以吼着让别人“住口”，你可以很大声地吼出来，而用英文“Shut up”，在还没震住别人的时候你自己先得把嘴闭上……也许外语里的很多词让老外有劲没处使，想大声说也说不上，正如中国南方某些方言的细声细语，也许和很多字的发音是嘴巴闭合的韵尾有点关系。我们在很多介绍“希望工程”的短片里，都可以听到小学生在齐读课文时的音量，我认为这也是识字教育的一个误区，因为从识字的时候就叫孩子要大声吼，长大了更不用说了。其实我对汉字的感情一直是所有语言里最深的，我喜欢看它们静静的摆在那里，无穷的诗意。

后来我又仔细想，说话大声也许跟社会的习惯和氛围有关，很多领导讲话，都是口沫乱飞，也许这样才能使听者群情激扬，我们也听习惯了电视上的主持人，用着高八度的音量，吼呀叫呀地主持节目，报幕的时候声情并冒，估计我们在培养播音和主持人的时候就有练习音量这么一课，更不用说那些其他红白喜事等场合，喧哗声，喇叭声，吵闹声，哭啼声，声声入耳，其乐融融，公共场所也是熙熙攘攘，此起彼伏。不过仔细想想，我们也是有很沉默的时候，我初为人师时给国内生上课有些课堂活动需要学生配合或发言的时候大家都一声不吭，等到有人大胆地起来发言，底下也跟着发言了起来，真是令人气上加气，这就造成了一场恶性循环，讲话的人不得不加大音量，声音自然也提高了。也许这一点我们应该跟英语文化看齐，即“一个时间只有一个演讲者”（Only one speaker at a time）。我后来总结的也许可以供很多老师和要经常开会发话的人参考，那就是：在听众没有安静下来的时候，绝对没必要开口，否则你只有不停地把自己的声带往上撕扯。

最后我觉得“大声说话”跟文化的价值取向有关，这也是最要命的，想一想，汉语中有不少含有贬低“声音小”的成语俗语，除了“沉默是金”透露着某种中国人处世之道的狡猾之外，贬低的词语俯拾皆是，比如“低声下气”、“人微言轻”、“死一般的寂静”、“三棍子打不出一个闷屁”等等，类似这样的例子不一而足，而中国文化里似乎对声音大的东西有天生的崇拜，这也可以在一些习语里得到验证，比如“高歌猛进”、“锣鼓震天”、“爆竹一声除旧岁”、“久仰大名如雷贯耳”等等，餐厅闹哄哄的，你也可以说，这样才热闹嘛。先辈学者梁实秋认为“大声”的传统和汉民族的“农业文明”有关系，在一大片希望的田野上，打个招呼，不喊能行吗？但仔细想想也不对呀，国外地广人稀的地方多得是，怎么还是那么小声呢，况且我们不也有“大音稀声”吗？清代思想家龚自珍著名的诗句更是一语道破：“九州生气恃风雷，万马齐喑究可哀”，一动一静，一褒一贬，爱憎再也分明不过了。当大家都以大声为美的时候，那简直就没得救了。况且在中国这么大块的土地上，也真的没必要去救，没必要去营造安静的公共场所，只是得“入乡随俗”，在罗马的时候像罗马人一样做事，多了解一些文化差异的东西会好些。

国内的情况分析完了，我承认素质不高的人比比皆是，那么那些出国的人呢？在我看来有很大一部分是先富起来的“暴发户”，或者是不知用什么不光彩的方式做官的“高级人物”，和他们的孩子都成了“海外精英”，这些人在国内“拽”惯了，到哪里都觉得别人应该替他们考虑，但他们却代表了中国在世界面前树形象，想起来真是悲哀。一位中国驻法国记者根据亲身经历撰写了一篇报道，说有一次在巴黎卢浮宫，当各种肤色的游客屏气息声地观赏艺术作品时，忽然一句洪亮的中国话炸响：“蒙娜丽莎就在前面那个厅！快走啊！”紧接着，20多名中国人呼啸奔来。待奔至名画“蒙娜丽莎”所在展厅时，他们又蜂拥而上，把这幅画围了个里三层外三层，别的游客根本甭想靠近，我们的同胞一边相互招呼着，一边轮流与“蒙娜丽莎”合影。由于“动静”太大，最终引致博物馆管理人员的干预。又比如一个在新西兰的海外华人在博客上，写了这么一段感叹的话：

我昨天送女儿去上游泳课，在游泳池遇到了两位中国女人，30—40来岁，身材臃肿，肚子鼓鼓的，穿着游泳衣，翘着二郎腿，姿势极为不雅。最要命的是两人东家长西家短地大声聊天，声音比游泳教练的声音还大，旁若无人，真想上去揍她们两拳。这两个女人哪，怎么就不能优雅点？

上面的叙述发生在新西兰奥克兰市 Henderson 区 Westwave 游泳池，看来到了世界各地的同胞，仍有相当一部分人仍然保留了“礼仪之帮”的某些应该被扔掉的气质。张爱玲不是说了吗，培养一个贵族得三代。咱才开放 20 多年，所以那些“富不过三代”，有了一些钱就迫不及待地出国去的为中国人争光了，他们也许也学到了几句外文，但却忽略了一些基本的文化修养，这种更重要的东西往往会影响到国际交流，正如一个外国人用蹩脚的汉语跟你对谈你可能觉得很好玩，但假如他做了一个伤害你的风俗习惯或文化情感的事，你就会很难忍受一样。国人同胞之间以为大嗓门说话挺好，在国内吃得开，也许“大嗓门”会一直吼下去，只要大家不介意就好。但在异国他乡还是入乡随俗点，不知礼仪就有点过错了，也许你应该在想吆喝的时候，稍微照顾一下周遭的人使自己变柔和点，就像夜深人静时你想开音响，你似乎应该关小音量以免影响邻居的休息。至于光天化日的公共场所，你是不是该安静地走开，还是在那里勇敢地吼出来，你是要尊重他人表现你自己的气质，还是捍卫民族文化的某些东西表现你的自豪感，就看你怎么去理解了，那与我无关。

# 人造语言与机器翻译

当今人类的语言有几千种，由于语言分歧，严重阻碍了不同国家、不同民族之间的相互理解和交往。随着全球化进程的加快，语言障碍的问题就显得越来越突出，似乎采用一种国际语是克服语言障碍的最好办法。所谓“人造语言”（Artificial Language），是指人为地创造语言，并希望它变成通用的语言。自 2002 年 7 月开始，一批中国的国际语爱好者创立了中国的世界语言方案——大同语，这种语言在世界语的基础上，综合了英语和汉语的一些特点，放弃了名词的宾格，以句子中词语的顺序确定其地位，并以一批来自英语的词汇替换了世界语的部分基本词。此外，大同语取消了世界语加帽特殊字母，更适用于在电脑中输入。

这让我想起了在人类历史上，先后出现过的一些其他的人工语言方案，从最早的沃拉普克语（Volapuk），到 20 世纪的“西方人语”（Occidental）[①] 和“交际语”（Interlingua）[②]，都因为没有本民族的使用者而失去威信，成为试验品而“昙花一现”。德国人创造的沃拉普克语遭到失败带有点戏剧色彩，在 1889 年召开的一次沃拉普克语使用者国际会议上，当那些充满热情的支持者试图用这种语言来进行演讲时，却发现使用起来是那样的别扭和不顺当，连他们自己也彻底丧失了信心。不过，最早的人

① 指 Edgar de Wahl. 于 1922 年创造的人造语言。

② 指国际辅助语协会创制的人造语，也指 1908 年，G. Peano 创造的人造语言。

造语言尝试却鼓舞了人们去设计创造更好的方案，至今影响最大的还是世界语，它得到了国际上某种程度的承认。虽然世界语并不被认为是国际辅助语言的理想解决方案，然而没有别的辅助语言的使用人数达到世界语的使用人数。这是因为世界语是在印欧语系的基础上，按照一定的语言规律，经过研究整理而成，它的语音、词汇和语法的优点使得它比较容易推广，而且发明者柴门霍夫在公布世界语方案后多次声明，世界语不是他个人的，而是属于全人类的，易为大家所接受的“中立性”的语言，它不排斥、也不企图取代任何一种民族语，只是为人类在进行国际交往时提供一种国际性的辅助语。因此，在很多国家有许多世界语的热心者在积极宣传、推广并使用世界语，在国际上也建立了各种专业性的组织。

至于说其他的辅助语言，有的是基于世界语而发展起来的，在因特网上也有关于其他的辅助语言的信息。例如诺维亚语（Novial），又称诺维阿尔语。Novial 即 nov 新＋international 国际＋auxilary 辅助＋language 语言，所以其学名应为“新国际辅助语”。[①] 在结构上，诺维亚语处于比较自然的西方语和比较规则的世界语和伊多语之间的中间位置。此外，还有伊多语（Ido），成型中立语（Idiom Neutral），奥克西登塔语（即上文提到的 Occidental）等，有的则与世界语相距甚远，这些语言在二十世纪初时都曾流行过一段时间。因为世界语是最广为人知的人工辅助语言，很多人都忽略了其他的人工辅助语。特别是近年来一般人对它们的兴趣已经越来越减弱。自从第二次世界大战以来，对英语的研究和使用与日俱增，这一事实表明：目前，是英语而不是人造语言，最有希望成为通用语言。

中国古代有关于仓颉造字的传说，泰国语言的创立和成形，和一位国王的创造关系密切，也有人认为，印度尼西亚语在某种程度上就是一种“人造语言”，因为它是在 20 世纪 20 年代，由荷兰一位传教士综合了马来语、爪哇语等“造”出来的。现在已成为印尼的国语，使用人口超过一亿。因此，乐观主义者认为，随着全球化的加速发展，地球村迟早会实现世界大同。回到刚才所说的大同语，大同语主义认为，互联网和大同语，将成为推动世界大

---

① 它是由丹麦语言学家奥托·叶斯泊森（耶斯佩森）（O. Jespersen）于 1927 年创造的。

同的两个重要工具。问题是，泰语、印尼语等都是在一国之内推广，这很好办，要推广到全球，谈何容易？互联网解决了世界大同的技术障碍，而大同语将解决世界大同的语言障碍。听起来似乎很有道理，因为电脑互联网的出现，似乎曾经为世界语言的大同提供了一个契机，但语言的创造很显然跟不上文字输入法的创造。也有批评者认为大同语不仅并未解决世界语中的大部分问题，反而更加依赖英语了。我想，作为一种理想，固然很美好，但作为现实，我们不妨假设，如果世界大同是一个遥遥无期的奋斗目标，那用人造语言来达到一种“语言的大同”也就同样遥不可及。

既然如此，那似乎只有在翻译方面做文章了。在这里，我也想说一说很多人同样很热衷的机器翻译（MT，Machine Translation），即自动翻译，用计算机把一种自然语言翻译为另一种自然语言。被翻译的语言称为源语，译出的语言称为目标语。机器翻译不仅和人工智能研究关系密切，而且还涉及语言学研究（特别是应用语言学研究），是一种有一定代表性的计算机非数值应用研究。作为一项技术，它允许您用某种语言输入文本然后由计算机将其翻译为（从其自身的字典资源）另外一种语言。机器翻译过程和人翻译有某些类似之处，也要通过查词典、源语分析和目标语综合等几个阶段。机器翻译系统一般包括词典、语法分析、语义分析和转换与综合等 4 个子系统。机器翻译的特点是速度快，计算机能在较短的时间内“不知疲倦地”完成大量的文字翻译工作。

然而，机器翻译质量尚不理想，译文比较生硬呆板，许多译句让人不知所云，差错层出不穷。机器翻译只适用于翻译语法结构比较严谨、词汇含义比较明确的文献，例如科技文献。为保证机器翻译具有一定的质量，往往还需要人从旁协助，进行所谓的“译前加工”（源语句子输入计算机时，对机器难于处理的某些语言现象先由人提供一定的注释和解法）或“译后编辑”（对计算机翻译出来的译文由人再去校对和润色），甚至要求建立人机合作式的机器翻译系统，对计算机翻译过程中出现的疑难问题，随时由人提供解答。机器翻译似乎是一个遥不可及的目标。前苏联、美国都投入了巨大的力量，做了多年的研究，但他们都在上世纪 70 年代遇到了瓶颈——机器翻译的质量非常糟糕，甚至很多人把它当成一个笑话。

在互联网时代，一些搜索公司凭借其掌握的海量信息可以将机器翻译的准确度提升，因此搜索公司对发展多年成果不佳的机器翻译带来了一定程度的突破。在美国举行的一次机器翻译比赛中，Google 技压群芳，其机器翻译软件超过了 IBM 和学术机构的相关产品，在机器翻译测试中名列榜首。也许在 Google 的机器翻译中我们还可以看到了一些希望的端倪，但接着“雅虎中国”也推出了其机器翻译，类似的盲目跟风者还有百度的百度词典。当翻译工具被 Google 发挥到感觉是一个搜索引擎所必备时，浮躁的模仿者就出现了，他们当然没有静下心来好好研发自己的产品，尽快弄出一个和 Google 差不多能够蒙骗初级用户就行了，因此用起来总体感觉都不太好，效果也大打折扣，机器翻译的前景并不乐观。当然，与其单责备在互联网和教育科研等领域所弥漫着的浮躁之风，倒不如说机器翻译是一个无法逾越的瓶颈。

幸好机器翻译的目标不是完美的翻译，事实上没有计算机能够做到这一点，而是尽可能地向用户提供其阅读内容的大意。机器翻译的目标不是像人一样准确地翻译文本，而是向那些不会讲英语的计算机用户提供一个解决办法，将那些没有译文的软件翻译为他们自己的语言。尽管它并不能创造完美的翻译，机器翻译至少向那些不讲英语的用户提供了一些要点，让他们了解到底那上面写了些什么，这比没有任何翻译要强多了。应该说，机器翻译也是一种很好的探索，然而实践却证明机器翻译同样是一个“理想”成分很大的 idea，在我指导过的学生论文里，曾经见过非英语专业的学生用英语做论文，一般都是用汉语写好再翻译成英语，变成了一种很奇特的文章。方舟子在一个文章中举了个有趣的例子，近年来经常看到有人在网上贴出据称是在某地的超市、餐馆拍到的中英对照的招牌或菜单照片，“干货”、“干果”、“鱿鱼干”、“虾干炒白菜”等等名称，被翻译成英文时其中的“干”字都被译成了骂人的话“Fuck”，其真实性荒谬得令人怀疑。但有网友发现，许多刊登在国内学术期刊上的中文论文，其中的“真抓实干”、“干化学尿液分析”、“包干制”、“干密度”、“主干课程”等等名词中的“干”也都被翻译成了英语粗口。学过英文的人都知道，这个禁忌词是登不了大雅之堂的，主流媒体也避用，万不得已要提到它时也得用“Four—letter Word”或打叉来代替，而中国学术期刊之所以需要有英文标题、摘要和关键词，就是为了国际交流的，现在好了，论文上竟然出现这样的词。这个滑稽的现象甚至引起了国外语言学家、汉学家的注意，成了国际笑话。后来终于有汉学家找到了其原因：原来国内一款流行的中英文翻译软件一概把“干”翻译成了这个英语粗口词。显然，那些翻译超市招牌、菜单、论文的人，对英语是一点都不懂，所以才全盘相信、采用了蹩脚的机器翻译。[①]

在招牌、菜单中出现这种荒谬可笑的翻译，只不过是个莫名其妙的笑话，但是在论文中也这么“干”，就不仅仅是个笑话了。能写学术论文的人，都应该是受过高等教育，有一定英语水平的，考研、评职称英语也是必考的，英语水平何以如此低下，连本专业的术语也要借助于机器翻译，而且被机器翻译捉弄了也看不出来？说实话，我也害怕人家拿这样的一种东西来让我指正：就是某些翻译的材料，大概是用电脑软件翻译了一下，然后拿来请我纠正一下。这样的东西往往让我头大，不看还好，越看越糊涂，尤其是那些所谓的做得比较“好”的翻译，更是让人精神恍惚。实在需要的时候，我往往是把他所谓的需要修改的东西扔在一边，直接帮他翻译了。我有个朋友学的是社会学，最近和我一同翻译一本哲学著作，他也用机器翻译，不过都是为了获得可以省去打字的麻烦，关键词出来了就省得再打，但对我而言，这样的“译后编辑”所带来的混乱，比起打字来是得不偿失。

语言学上有个问题就是，为什么人可以无限地生成创意不同的句子？这个主宰人类语言的内在秘密要被识破，恐怕也和电脑统治人类时代来临的那天一样遥不可及。此外，人际交流是件非常不容易的事情，虽然很多工作都可以在互联网上完成，但是，机器和网络永远不能替代的就是人与人之间在情感、信任、关怀等方面的交流。我们可以用互联网来辅助人际间的交往，但不要让互联网成为一个虚拟的“牢笼”。因此，人造语言也好，机器翻译也好，还是让它们前景有限好了，要是真的很棒的话，我还有点担心呢，因为那样我们这些语言工作者岂不是要丢了饭碗了？呵呵。

① 参阅方舟子：怎能这么“干”论文 http://view.news.qq.com/a/20071221/000052.htm.

# 世界语言的尴尬

根据《三湘都市报》2007 年 8 月 27 日讯：今天，69 岁的长沙市民吴长盛老先生向本报反映，他是一名世界语爱好者，1979 年学习世界语至今，积攒下的相关书籍上千册，一直堆放在杂屋间，现在，他想把这些书捐出去，没想到四处碰壁……我想，他的尴尬也是世界语的尴尬——“我想把这些书放到图书馆去，不知道哪里可以接受”。

我想到自己最初接触到世界语的情形，当时看到有的同事在为了评职称考“二外”而选读世界语，于是也跟着拿来教材大致翻了一下，才略知一二。1887 年，波兰籍犹太人柴门霍夫（Zamenhof）以 Doktoro Esperanto（意为“希望者博士”）为笔名向世人公布了一套人工语言方案（Artificial Language），他希望人类能借助这种语言，达到民族间的相互了解，消除仇恨和战争，实现平等、博爱的人类大家庭，后来人们便把这套人工语言称为 Esperanto。由于它以民族中立性、逻辑严密性和科学性为前提，并吸取了印欧诸语言的优点而极易学习，所以被法国科学院誉为“逻辑和简化的杰作”。该套语言方案大约于 1906 年前后传入我国，当时被音译为“爱斯不难读”，也有叫“万国新语”的，以后有人借用日本人的意译称之为“世界语”，一直沿用至今。

接着文章开头的报道，1979 年，吴老先生偶然看到《参考消息》上的招生广告，立马产生了学习世界语的想法。当时他已经 42 岁，学习一门新语言的确有些困难，但他坚持了半年，每天花 1 个小时自学，后来就可以给别人上课了。从 1985 年开始，他还自费主编了杂志《老世界语者》，至今已有 36 期共计 180 余万字。每年还到全国各地参加世界语交流大会，虽然每次都是自掏腰包，但依然很开心。“我的生活因此变得好有韵味，每次参加会议，我和世界语的爱好者们一起讨论文化、经济、和谐社会，不管是哪国人，我们都能沟通，完全没有障碍……”吴老先生从世界语中收获了这么多的快乐，但他捐书的想法却一直未能实现，这令他很是“郁闷”。我想，类似他这样学习世界语经历的应该不止一个吧，从世界语诞生到现在，一百多年过去了，世界语并没有如热心人士所期盼的那样茁壮成长，在世界语言大家庭中，世界语仍然只是一个另类的“试管婴儿”。即便我自己也亲自学了一下想尝试一下“第三外语”的滋味，但后来不知道为什么也不怎么热衷了，大家应付完考试之后就对世界语不了了之，“三外”从此没消没息，很少被大家提及。

世界语是在印欧语系的基础上创造出来的一种人造语，吸收了西欧多种语言的共同性和合理因素，更加简化和规范化，科学性很强。世界语共有二十八个字母，书写形式以拉丁字母为基础，再加上六个带变音符号的字母，一个字母只发一个音，每个字母的音值始终不变，也没有不发音的字母，其语音和书写完全一致，每个词的重音固定在倒数第二个音节上，学会了二十八个字母和掌握了拼音规则以后，就可以读出和写出任何一个单词。其词汇尽量采用自然语言中的国际化部分，词根大部分来自印欧语系的各自然语言，其中大部分来自拉丁语族，少部分来自日耳曼语族和斯拉夫语族。世界语词汇的粘合性及前缀、后缀的使用，大大丰富了它的构词能力，而且也简单明了，减轻了人们记忆单词的负担。世界语的语法是在印欧语系的基础上加以提炼的，其基本语法规则只有十六条，但又相当灵活，因此比较容易掌握。

据说，现在世界语已传播到 120 多个国家。约有一千多万人掌握和使用这种语言，已被应用于政治、经济、科技、出版、文教、邮电、广播、交通、旅游和互联网等各个领域。国际世界语大会上，世界语是唯一的语言，这种不用翻译的国际会议证明了世界语是一种活语言。在国际生活中使用中立的世界语，从而使国际交往变得相对平等，表达理解等都很充分。但问题是，这么好的语言为什么没有真正渗透到我们的日常生活中并真正流行开来呢？通过华盛顿大学 Sidney S. Culbert 博士的研究，有1,600,000世界语使用者达到了相当的水平。这个研究是对世界上大多数的语言所进行的，并不仅仅是针对世界语的，所得的数字也只限于那些“专业精通”的世界语者人群中（拥有实际的除了问候和简单的词组以外的会话能力）。假设这个数字是正确的（因为该数字也被 Almanac World Book of Facts 和 Ethnologue 所引用），这就意味着世界人口中，只有大约0.03%的人使用着这种语言，迄今仍远没有达到创立者柴门霍夫的使它成为世界通用语的目标。此外，世界语也收到了很多批评的声音，特别是来自其他的辅助语言团体的批评，比方说，除了对欧洲语言的过分依赖和一大套的词素体系之外，它包含了六个在 ASCII 编码中没有的字母，这就给世界语在电脑上的输入带来了麻烦；带有男性主义色彩的词缀表达方式；过于自由的语序，等等。

我稍微想了一下，也许那些批评的声音都没点到核心，世界语没流行起来的原因其实不难回答。大概一个语言要流行起来，跟一个国家的语言政策息息相关，然而，遗憾的是，到目前为止，世界语仍然是一个民间的概念，还没有见到有哪一个国家的政府，立法在该国推广世界语，在全球化的今天，许多民族都在学习作为实际上的世界共同语言——英语的同时，也很自然地在捍卫自身的语言，大家都害怕自己的语言被边缘化，更没有一个民族会自愿地让自己的语言消失以便采用一种国际通用语，对世界语这一人工玩意当然更无暇兼顾了。这也许正是世界语的一块“软肋”，作为一种人工语言，使用世界语的人都是后天一个传一个学来的，而不是某个人天生就能在自然环境中使用，这就导致它的使用人口很有限。最致命的就是：世界语没有文化依托。众所周知，语言是文化的载体，英语的流行主要还在于它能携着英美文化在世界上招摇过市，当作为世界语载体的文化都不存在的时候，世界语要载什么呢？

# 四六级考试的国际思路

目前中国的英语教学存在着相当多的认识误区，表现之一就是大学英语四六级考试。随着新的《大学英语课程教学要求》的颁发，大学英语教学和考试的改革等具体工作终于被搬到台面，专家学者纷纷提出各自的看法。作为从事过大学英语和剑桥英语教学的老师，笔者认为改革应该从目前大学英语教学所存在的问题出发，分析比较四六级考试对教学的负面影响和剑桥英语考试对锻炼考生能力的正面促进，借鉴某些剑桥考试管理的经验，导入交际测试手段，从考试入手进行一系列的大学英语教学和考试的改革。

## 一、大学英语教学与考试所存在的问题

大学英语考试存在的问题对教学的负面影响是无须讳言的，首先表现在管理制度的不合理上。几百门课程，唯独把英语单独挑出来，全国不分地区不分情况全都采用统一考试，但事实上，由于各地经济、文化、科技发展不平衡，生源不同，外语教学水平也不同。各高校的情况也大相径庭，重点普通，沿海内陆，存在很大差异，搞“一刀切”的统考违背了“实事求是”的原则。更糟糕的是，这样的一个考试，在很多学校被挂钩到学位获取上，成为学生毕业的凭证和教师教学的评估标准，而且考试的作用也被夸大，成了很多用人单位招聘的基本条件。然而，荒唐的是很多拿了证书的毕业生却在求职的英文面试时张口结舌，这样形成的“怪圈”

一直在恶性循环着。其次，大学英语考试存在的问题还表现在试卷的设计上，这主要体现在考试的效度（Validity）不高，多项选择题的比重偏大。这是因为四六级考试与托福考试的命题弊病是一脉相承的，属于分立式测试（Discrete Point Test），答题有很强的机遇性，无论什么水平的考生都可能做出正确的选择。而且题型数量偏少，模式比较单一，在测试考生能力方面有所欠缺，尤其是口语，写作能力上测试的力度不够。由于四六级考试走的是以知识和结构为纲的老路子，随着考试的频频举行，考生已熟知试卷题型和测试要点，考出来的成绩所含“技巧”的比重不断增多，猜测成份增大，作弊容易，这就影响了考试的效度。此外，大学英语考试在实际操作过程中的误差也不容忽视。这表现在评分标准不够科学，包括批改作文过程中的“随意性”，主观题（翻译或简答）在改卷的过程中也失去了其应有的作用，而且这样的问题并不是个别存在的。

大学英语考试存在的问题对教学的负面作用最为症结的所在可以归纳为“应试教育”。根据调查，90%以上的高校都或多或少地存在着这一现象。为了追求通过率，放弃正常的教学，围绕试题打转，靠教试题汇编，投机取巧以便在考试中获取证书。英语教学只在语言知识方面下功夫，影响了学生语言能力的全面培养和发展。广大学生学习动机不纯，心态浮躁，急功近利，学风不够认真踏实，对锻炼能力的上课内容不感兴趣，也在巨大的心理压力和沉重的包袱下，产生严重的考试焦虑。此外，大学英语考试存在的问题不仅影响了基础英语的教学内容和方法，也冲击着英语的后续教学，使得专业英语的学习成了一句空话。

## 二、剑桥考试的管理系统与新《大学英语课程教学要求》

一般说来，我国现在的外语测试是沿袭了以托福为代表的美国学派的做法，基本上停留在心理测量与结构主义相结合的阶段。人们重视考试，但是对测试理论知之甚少。重视考试的评定和选择功能，却忽视了考试的反馈功能，颠倒了考试和教学的位置。要改变目前这一状况，需要各级学校，教育管理部门，专业考试研究人员，以及广大教师和学生对国外先进考试系统的认识和借鉴。由于笔者长期作为剑桥大学 ESOL 考试的考官，对剑桥的考试管理可以说是相当熟悉的。下面就对剑桥的考试管理系统作一简要说明。

英国剑桥大学是世界著名学府，历史悠久，实力十分雄厚。剑桥大学地方考试委员会 UCLES（University of Cambridge Local Examination Syndicate）是剑桥大学下属的一个部门，是世界公认的考试权威机构之一。其中剑桥在世界各地举行的 ESOL（English for Speakers of Other Languages）考试，为英语为非母语的人提供有关英语水平的权威证书，每年考生超过 100 万人。剑桥举办的考试和其他考试相比，有一些明显的不同点。首先，它们更加注重语言的实用性和实践性，内容力求真实。除了要了解考生掌握英语语言知识的一般情况外，还十分注重考生使用所学语言办事的能力。听说读写等语言技能是并重的，相当一部分题目是根据交际的需要而提出具体的任务，要求考生借助英语来完成这些任务。因此，口笔头的主观性试题有相当的份量，这样虽然会加大命题，考务，评分等方面的工作量，增加人力，财力，时间的耗费，但可以更好地了解考生用英语交际的能力。其次，剑桥的考试更有针对性，它为不同的人，不同的社会需求设计了不同的考试，例如普通英语（MSE，即主体英语考试，分五级），特殊用途英语（BEC，即商务英语证书），少儿英语（YLE）等等。剑桥的考试比较集中地反映了当今多数英国学者对外语测试所持的观点，即所谓英国学派的观点，他们和美国学派有着不同的主张，大力提倡交际法，力图用交际法来指导英语测试的命题工作。为了保证考试实施中的质量，剑桥为每一个考试都制定了非常详细的厚得像本杂志的主考手册，并对阅卷人员和口试教师进行严格的挑选和培训。例如，为了在中国推广 BEC 考试，剑桥特地派专家为每一地区培训考官，统一每个人的操作步骤，主考时的言行，对评分标准的认识以及对打分尺度的把握，这些都是笔者在参与每一次剑桥考试之前，亲身体会到的英国考试的严谨性和科学性。

令人欣慰的是，在最近刚刚颁发的《大学英语课程教学要求》中，我们可以看到一些重大的变化，应该说，这是一个比较科学的，系统的，个性化的纲领性文件。它指出："大学英语的教学目标是培养学生的英语综合运用能力，特别是听说能力，使他们在今后工作和社会交往中能有效地用英语进行口头和书面的信息交流，同时增强其自主学习能力，提高综合文化素养，以适应我国社会发展和国际交流的需要"。[①] 而且考虑到我国各地区各高校的差异性，这个文件提出了分类指导，因材施教的原则，以适应个性化教学的实际需要。通过这一系列变化，我们不难看出这个课程要求的转化和剑桥考试大纲的某些要求不谋而合的趋同。文件里关于测试评估的叙述也凸显了能力的重要性，应该说，随着改革的进一步深入，全新的大学英语考试的出现也只是时间的问题，而且势在必行。

## 三、考试对教学的"指挥棒"作用与交际测试导入的必要性

长期以来，人们把统考比做一根"指挥棒"，这说明了外语考试是外语教学过程中一个重要的组成部分，两者之间存在着相辅相成，互为影响的关系。教学内容决定了考试内容（考什么），而教学方法也决定了考核方法（怎么考），考试在教学实践中占据着重要地位，有时甚至影响到整个教学过程，使教学围绕着考试进行，并进一步反馈，控制了外语教学活动，成为教学和学习的"指挥棒"。毋庸置疑，考试对学生，对教师，对教学，甚至对整个社会都有影响。笔者认为，考试的"指挥棒"作用是一种客观存在，就如同乐队指挥手中的小棍或者足球裁判嘴中的哨子，它可以给学习带来负面影响，也可能带来正面影响。我们完全可以把考试设计成引导学生和教师朝着培养能力的方向而行动的指挥棒。就如同驾驶执照考试，主要衡量的是实际驾驶的能力，它要求学员通过勤学苦练掌握开车技术，也能证明通过考试的就会开车。试想想，如果有人规定通过笔试就可以拿执照，这样的考试不知道要造成多少的车祸和死亡。如果没有改革

---

① 参阅：教育部高等教育司《大学英语课程教学要求》，上海外语教育出版社，2004 年 7 月第 1 版。

大学英语考试，同样也会误人子弟，把学生引导到英语学习的误区。如果学生接受的英语教学是灌输式的抠语法条条，考试前大搞题海战术强记支离破碎的东西，我们怎么能期望那些靠这样过了四六级的毕业生的英语水平能适应实际工作的需要呢？这样的英语教育难道不是一种浪费钱财，祸国殃民的行为吗[1]？

基于这样的现状，为了正确地使用这个“指挥棒”，我们必须从测试入手，改革传统考试，导入交际测试，使测试对教学有良好的反拨作用，促使学生语言知识和言语能力的共同提高，同时也培养学生用英语交际的能力。这是因为语言从来不是僵死的，它永远处在运动变化之中，因此语言测试也不应固守一个模式，而应以动态的形式反映应试者对处在动态中的语言的掌握程度。现代外语测试，应力求全面反映学习者的语言技能，即听说读写等各方面的能力，而非仅仅是检查学生对语言知识的掌握程度。交际测试题多种多样，异彩纷呈，真实的语言材料能把应试者置于某种自然的语境中，让其最大限度地展示他们的语言能力。导入交际测试，就会引导学生朝如何使用活的语言的方向发展，达到课程要求所规定的培养目标。借鉴例如剑桥考试的交际测试法并把它融入到大学英语考试中，有助于推动大学英语教学改革，落实交际教材的真正推广，加强师资水平，提高学生的应用能力，对全面培养和发展学生的语言交际能力有着巨大的推动作用。

## 四、从考试入手改革大学英语教学的几点建议

由于受到语言学理论、心理学理论、语言学习理论和教育测量理论的发展程度所制约，

语言测试历来是教学活动中最保守，变化最慢的环节。每次考试的组织者都在一定程度上遵循着传统的测试模式，对每一题型的变化也是谨慎为之。诚然，传统的测试评价曾为我国的英语教学起过不小的积极作用，

---

① 参阅：徐强《英语测试的理论与命题实践》，合肥：安徽教育出版社，1992年版。

但在新形势下，传统的测试显得形式单一，互动性，真实性较低，这些不足表现在评价标准，内容，目的，以及方法等各方面。笔者认为，大学英语教学改革应该从改革考试入手，循序渐进，逐步推开。

首先，测试评估体系的改革，应当从重视语言要素转向语言实际能力的运用，从重视共性转向个性，从关注结果转向过程。提倡形成性评估和终结性评价并重，评价方法和手段应当多样化，评价标准也应当多元化，鼓励学生自我评价和相互评价，使考试起到促进教学的作用。统考的题目应当增加主观题的比例，不断开发和增加新的测试题型，导入交际题型，增加类似剑桥考试的非文字类材料和实际生活中的应用文体，在考试的阅读材料中加上标题以增加真实感，提高测试任务的特征和目标语言使用任务特征的一致性。

其次，要构建多极化的英语水平测试体系。不强迫学生参加统一考试，淡化统考在评价英语教学和认定语言能力方面的独一无二的地位，不允许停课备考，不把考试和毕业证，学位证等挂钩，这些都可以从根本上破除应试教育的社会基础。测试的多样化可以使测试内容更丰富，形式更个性化，贴近学生素质发展的实际状况。同时促使统一的应用能力测试的社会化，这可以在形式和效用上借鉴剑桥考试的成熟经验，注重应用能力检测，加大主观题比重，减少策略能力对测试结果的影响，提高考试的效度。

再次，是教材和教学方法的改革。要使教材多元化，尽可能灵活多样，开发适合不同地域不同学校的课本，满足不同学生的需要。推广使用适应交际教学的教材，可以考虑引进相关的基础英语国际教材，加强文化导入，拓展文化内涵，培养学生的世界意识，提高他们对文化异同的敏感性和鉴别能力，进而发展跨文化交际能力。学习策略也应当纳入英语教材，有助于学生更有效地把握学习的方向，培养自主能力。

此外，大学英语考试的管理也可以借鉴剑桥的其他一些经验，例如适当提高考试费用，用于完善考试的管理和规范改卷评分关；培训合适的考官，把口试列为必考项目；课程标准也取消规定的语法项目表和词汇表，发挥教与学的潜在能力；不断地进行效度研究，不断开发新的题型，发挥测试的积极的后效作用。

# 小议英语形体美感及其效应

作为人类劳动创造的产物，语言从最初形成之日起，便融合了人类的审美观念。语言的形体美反映了人类的审美心理因素，而这种审美感受也是以长期的审美实践和审美活动为基础的。因此，语言的优美形体可以带来语言运用时情感上的释放与满足，使我们感受到语言的美学价值，从而对其产生一种美感。

一般来说，语言美感就是人们对某一语言的轻松、愉悦、舒适的直觉感受。它在形式上的特征可以表现为对称、平稳、匀衡、和谐以及律动等等。语言的形体美感不仅可以通过刻意的营造而获得，例如大量地存在于诗歌中的被称作语言的建筑艺术的诗歌的形体美，就是诗人为了适应感情的变化与抒情的需要，常根据美的规律，如匀齐、对称、和谐甚至构图来构成诗的外型，在匀齐、参差、重复及流动等方面来创造诗的形体美。另一方面，语言的形体美感也可以在自然流畅的句子结构中获得，针对英语的形体美感，下面试举几个句子作例证分析，谈谈英语语句形体美感及其所起的效应。

1. Knowledge is proud that he has learned so much. Wisdom is humble that he knows no more. (by W. Cowper)

平衡与对称是英语常见的一种修辞方法。上句有标记主位出现平衡结构中能起对称作用，文字整齐美观且节奏和谐，更富有形体美与感染力，给读者留下深刻印象。

2. A new master will come tomorrow who will teach you German.

分离现象常常给初学者在阅读理解句子时带来一定困难，但却可使原本头重脚轻或呆板不自然的句子结构变得平衡、紧凑，符合人的审美习惯从而产生一种形体美感。例 2 中先行词是句子的主语，所带的定语从句又较长，而句子的谓语比较短，为避免产生不稳定的感觉，定语从句被移至谓语之后，整个句子显得平稳。

3. Read not to contradict and confute; not to believe and take for granted, nor to find talk and discourse; but to weigh and consider. (by F. Bacon)

匀称是形体美感的重要形式。上句堪称成功运用成对词的典范。它以“not to……and……”为平行结构，连用四对含义有别的同义词所组成的成对词，借助掉尾句等手段，使整句显得匀称，把作者所主张的读书目的表达得完整清楚而又富有气势。

4. The mother is undergoing the joyful pain and the painful joy of childbirth.

回环美是一种和谐的反复美，体现了语音的旋律。由于某一声音的重复出现，给人一种缠绵缭绕，不绝于耳的美感。例 4 中巧妙地应用这一手法，产生婉转动人、荡气回肠的音乐美，生动地表现了一位正经历着分娩的“痛”与“快”的母亲热爱生命的喜悦心情。

5. Never trouble troubles until trouble troubles you.

重复是音韵修辞的一种手法。此谚语恰当地运用了这一手法，起到了强化语调，提高音韵，加深印象的作用，使句子更富有动感，其欲表达的概念更为明确。

此外，英语本身还有一些其他语言没有的特点，形成自己所特有的美感，比如随便举个例子："He is cooking some chicken in the kitchen." 在我看来，"Chicken" 和 "Kitchen" 放在一起，就造成了一种很奇特的回环感觉。另外，英语还有特有的头韵（Alliteration）现象，也颇有意思。我们也不难找出更多的其他例证，来说明大量的英语句里本身所具备的形体美感及其给读者带来的赏心悦目、心旷神怡的感受。

同样，推而广之，这在其他语言也是存在的。由此可见，语言的形体美感是语言系统与人类身心系统契合共振的结果。自然赋予我们欣赏美的能力，这就要求我们以审美的眼光，把语言作为一种美好的东西加以接受，并在实际的谈话与作文中加以运用。

# 也谈诗的翻译

在我最初对诗歌萌生兴趣的高中年代，我读过一本又一本的外国翻译过来的诗集。当时正是诗歌全面繁荣的年代，一种又一种的诗歌主张，一个又一个的诗歌门派此起彼伏，让人眼花缭乱。直到大学选择了英语专业，又读了一本又一本的英汉对照的诗歌读物，我才比别人更真切地体会到诗歌在翻译过程中丧失了多少令人惋惜的东西。那些东西，例如意境、感觉等，在不同语言的搬运过程中都不见了，这种丧失归结到一个词，也就是诗意的丧失，它也是我衡量现代汉语诗歌的唯一标准。因此，一个了不起的译诗者，其实跟一个了不起的诗人一样难得，译诗的难和写诗的难，是同一回事。

翻译的目的就是不同语言不同民族之间的了解和文化交流，因为我们不可能懂得所有的外语，又不能不了解不同语言最精华和诗意的所在，所以我们必须去翻译诗，这本身就是不得已而为之的事情，知难而上，这就是诗歌翻译。由于翻译过来的诗，跟原诗相比，多少得丧失一些原味，也有很多人不喜欢看被翻译过来的诗，因为诗歌往往是翻译中丧失的那部分，成了文字的“尸”。正如美国诗人 Robert Lee Frost 的一句话：“Poetry is what gets lost in translation”（“诗就是翻译中丢失的东西”）。我们也可以这样理解，诗是不可以翻译到另外一种文字的，换句话说，如果一段文字可以被准确地翻译成另外一种文字那就不是诗了，毕竟翻译过来的诗往往让人家看不出好在哪里。因此，如果说诗歌是可以翻译的，说的就是诗歌里面的意境，也许可以在不同的语言和文化中寻找一种对等性。真正的译诗，就是努力用一套语言系统来再现另一套语言系统的诗之“美境”，即“诗境”。我们应该相信，不管人们的语言方式，文化背景，思维习惯有多么大的差异，人们对于自身和外部世界的认识还是相似的，是共通的，这才使得翻译成为可能。

其实郁达夫早就在一篇散文中告诉我们了，当他一口气译出来之后，忽又觉得无聊起来，便自嘲自骂的说：“这算是什么东西呀，岂不同教会里的赞美歌一样的乏味么？……英国诗是英国诗，中国诗是中国诗，又何必译来对去呢？”如此说来，诗歌翻译就是硬着头皮的“明知不可为而为之”，我自己在无聊的时候就会想到翻译诗歌，心里往往是把它当成一种挑战，找寻那种实现了诗意的对等和转换的快乐和满足。如果随便翻译当然很简单，但诗歌翻译确实是需要神来之笔的，其实平时我们读到一些平庸的译诗，往往就是另一种体裁的东西，一种数不清道不明的“文字尸体”，个中滋味，我想只能由读者自己去体会。学外语做翻译的往往知道，有个关于翻译的检验标准，就是把已经从母语翻译成目标语的东西再反译成母语，结果一比往往就会大相径庭，甚至不知所云，诗歌尤为如此，有时候根本就不是同一码事。作为学习英语专业出身的，一直以来，我都觉得在表达诗意方面，英语不如象形文字的汉语那样简洁、雅致、丰富且有魅力，英文能表达的相对简单而且直白，而中国古诗词，虽然只有寥寥的几个字却能表现出无限的意境，这种意境不是简单的翻译就能转到并融入另一种语言的。

不过应该承认，好的翻译还是有的，在翻译的过程中，好的译者懂得尽量让诗歌不失掉原来的韵味和情绪，保持其特有的诗意。译者都是带着自身的语言悟性，诗学观念，甚至他的个人审美倾向与文化积淀等去翻译诗，他的个人风格难免会不自觉地被带到译诗中去，这无可厚非。在形式、韵律与内容相互冲突的情况下，为了表现原诗的神韵，灵活应变另觅新的形式也是非常必要的。不这样的话，即使将音韵照顾到了，也会使诗歌读起来生硬呆板，不但不能忠实于原诗，反而会丧失了诗歌的那种灵动性。但译者不应该不加节制地发挥，毕竟，翻译的写作是中介意义上的写作，而不是原创意义上的写作。

就译诗而言，其目的在于：为了译出诗。只要能译出诗，直译和意译都似乎应该兼顾，互相交错、互相包含。“字对字”的干巴巴的呆板的直接翻译（literal translation），对译诗来说，肯定是要不得的。而那种自由翻译（free translation）动不动就任意发挥，把原作无节制地扩大行数，用“五字七字”来套进的翻译，也肯定是糟蹋了原诗。我个人倾向于诗歌大致框架的对等，该扣紧翻译就紧紧扣住只要不是逐字逐句，该大胆放开就得大胆放开只要不是天马行空。第一遍翻译时注重直译多一些，后期的润饰可以在多次揣摩后加入翻译者对原诗的解读，可以意译多一点。我看过法国诗人阿波利奈尔的诗的两种中译本：一本意思清楚，句子流畅；另一本句子支离破碎，意思晦涩。应该说，阿波利奈尔的原诗在法国人读起来绝不至于有支离破碎和费解之感，前一种翻译版本应该比较可信，然而，后一种译文给我的感觉更像诗的语感，虽然这种语感只是中译文的语感，与原文的语感无关。当然，这也有可能是我读多了拙劣的译诗，而误以为现代诗就该是那个样子，太多地受那种因为语词的置换和语法的突破所带来的诗意的影响。

有一天，我在翻译一首诗歌的时候一筹莫展，突然意识到，不管是从写作者的角度还是从欣赏者的角度看，诗在最本质上其实是只能属于母语的。有时候翻译不了并不是那种文字的无法转换，而是在于各自不同语言所散发出来的不一样的魅力和诗意，大大地加深了优秀的翻译作品的难度。在这里，我想引用 Barry Fitzpatrick（巴瑞·菲茨帕特里克）的一首小诗来作个类比，表达自己对诗歌翻译的某些心得和看法，因为对那种可遇不可求的“诗意”在两种语言中的对等的寻求，也是那些不同的“灵魂的朝圣者”所共同追求的“你”：

| | |
|---|---|
| I have searched a thousand years | （我已经寻找了一千年） |
| And I have cried a thousand tears | （也已经哭过了一千遍） |
| I found everything I need | （我的一切都具备） |
| You are everything to me | （你就是我的一切） |

我常常想到顾城之死，其中一个很大的原因应该就是语境的缺失，作为一个天分很高的诗人，顾城首先是一个汉字的诗人，一旦离开了这样的语境或上下文（context），离开了母语生长的土地，离开了母语读者的视线，那也就等同于诗的自我弃绝。毕竟，在一个无人的异乡小岛写诗、画画、养鸭的日子，可以带来遁世独行的精神优异感，却无法弥补那种无人喝彩的精神交流的匮乏，这可能不是一个汉字诗人所愿意承受的。而当无法“大隐于市”的顾城最终走入绝境，举起斧头劈向妻子的时候，再怎么喜欢他的诗歌的人恐怕都会有点不寒而栗从而对他无法原谅。

# 影视英语的教学答疑

我在市区的教学点接了一个成教学院夜大专升本的课，由于学生都是一些在工作的业余学习的学生，很多还是非英语专业考过来的，所以他们英语的基本功可想而知，本来是为了欣赏而开设的《影视英语》变成了主要以看电影学英语为主，欣赏为辅的课程，下面就结合笔者在教学过程中经常碰到的同学们关于英语学习中的影视欣赏所提的问题（FAQ）的答疑，谈谈本人在教学过程中的一些简单的随想和建议。

## 一、看电影学英语合适吗？

在英语学习中，语境（Context）是一个很重要的因素。由于在国内学英语缺乏一个比较理想的语境，看电影学英语口语就是弥补环境不足的好方法。英语电影把学习者带入了一个新的陌生的语言世界中，因为英语电影是一部关于英语国家的生活、文化、风俗等一切的活样本，也是最全的英语口语百科全书，看英语电影就好比是在英美国家生活一样。大量地看英文电影能让很多学生彻底攻克英语“听”和“说”的难关，并学到地道的英语口语，例如那些活生生的词汇、短语、句子结构，以及表达各种内容的说法。通过电影能够掌握常用的口语句型，更重要的是学生可以通过电影情节非常容易的理解这种句型的适用语境。

电影的优点就是他本身是要说故事，尤其是其中的人物矛盾冲突，所以它的语言丰富多彩，能真正反映人物心理的语言，我觉得这一部分才是语言的精华。一般剧情片的主题包罗万象，小自人生哲理，大至国家要事，同样可以拿来当作学习的教材，进一步训练批判性思考或口语简报申论的能力。学习者在欣赏优秀的英文原版电影的同时，既可以身临其境地学习英语国家的社会、历史、文化背景知识，又能通过练习电影中的经典对白积累更为地道的语言素材。有些剧情片除了能让学习者接触到生活会话以外的词汇用语，还可以透过故事情节，设身处地用英语去思考，如果你是剧中人，要如何处理状况解决问题。另外，透过记录片（Documentary）还能了解英美等国的风土文化，比如说婚礼或节庆的习俗等。介绍自然科学的 Discovery Channel 及 National Geographic Channel，这类影片的旁白（narration）并不像一般对话那样随性，而比较像是一篇文章，读起来字句清晰，结构优美，学习者可以留意其句型结构，从中学习写作技巧。因此，看电影是一次精神的散步，心灵的共振，更是一曲人生的交响，能充分调动学习者的学习兴趣。

当然，通过影视学习外语也有它的局限性，任何一部原版的电影，它都不是针对语言教学的，所以它的语言有很大的随意性，规范不规范的都有，还有各种语音都掺杂其中，如果不加分析，一概拿来，势必会搅乱方向。在这方面一些经典的语言教材有它的优越性，它们涵盖了几乎全部的英语场景，但是覆盖面太广，造成它的语言比较简单和单一，所以我觉得电影和那些教材是相互补充的。不过，相当一部分学习者在通过电影学习英语过程中有很大的随意性和盲目性，更多的时候是在看电影而不是在学习。以至于有的老师在非影视欣赏的课程也浪费了很多时间在影视上，也有的人认为看好几部电影就能够学好英语口语了，这些也都是应该避免的认识上的误区。通过影视学英语只是一种寓教于乐的辅助手段，真的要学好一门语言还是请走正道。

## 二、欣赏英语影视该做什么准备工作？

起跑之前要做好预备动作，同样，看电影前也要做点准备。设备上，最好能够利用DVD影碟机或者电脑的DVD光驱。这一点尤其重要，因为DVD具有能够轻易调入调出字幕，中英文字幕随意切换的优点，这一点是VCD或者RM格式所难以达到的。绝大多数学习者在刚开始看电影时都离不开字幕的帮助。在开始阶段（十几部）还是看带有中文字幕的比较好，要不然根本看不太懂最后导致犯困。如果条件上不具备也可以上网下载一些电影的DVD Drip，另外再去一些字幕网站寻找这个电影的中英文字幕文件就是了。但到了水平较高的阶段，就应该抛开中文字幕，正如学走路的小孩抛开辅助的小车子那样，媒体产品新宠儿DVD的出现，更是造福了广大的英语学习者，不需要用封箱胶带将中文字幕遮蔽起来，也可以轻松切换成英文字幕或无字幕来练习听力。

先大致了解故事的来龙去脉，再进行后续的重点学习。要预先了解一下所要看的影片的大致内容，更要提高对英语文化背景知识的了解，有时候甚至可以先接触一些评论，以便带着一种想探究清楚的念头来看，就能看得更加专注，提高理解度。这样，即使没有中文字幕，无法百分之百看懂也无所谓，听懂多少，就算多少。还可以准备一本影视欣赏的专用笔记本，边看边随手写下你“抓得住”的关键词，串联成摘要（Summary），“理解”加上“联想”，跟自己玩玩“Watch and Tell”的游戏，先大致拼凑出故事架构，将故事用思考图表简单组织出来，试着用英语概述情节大纲，或者针对电影探讨的主题，用自己的话表达个人看法，训练口说能力，也可以培养写的能力。

## 三、影视欣赏该怎么选择片子?

按照影视类型划分的体例，可以包括如下：浪漫喜剧、故事片、历史片、儿童片、战争片、校园片、经典名著以及专门题材（例如西部片）等。比较适合拿到课堂上来作为教学示范的题材，主要是一些现代校园片、社会情感片、搞笑喜剧，或者情景剧（《老友记》是此类的经典），以及感情片等。当然，有的影片内容涉及广泛，不能单一地归入哪一类型。选择电影当然要因兴趣而定，也要明确什么类型的电影有助于提高英语，最好不要枪战片、恐怖片、或太过煽情的悲剧。看枪战片半小时听不见几句话；看恐怖片提心吊胆的会忘了学英语；看悲剧只顾着一种情绪的进入，这种心情也不适合学英语。所以，学英语的片子最好是生活片，里面有大量的日常生活的对白，最好应该选喜剧片，保证你学习的愉快心情。

选择适当的英文电影，可以说决定了学习效果的好坏，根据个人的英语程度，首先，如果是英语初学者，不建议看片学英语，尤其是热门美剧之类，其中不规范的说法太多，对于打一个扎实基础并没有太大的帮助。建议还是老老实实学习《新概念英语》之类的教材比较稳当，等到有了一定的基础英语水平后，可以选择题材轻松、内容简单的影片，这类影片的画面对语言说明作用强，有助于通过电影的画面情节猜出语言的含义，避免学习中因听不懂、看不懂而去寻求字典等其他手段帮助而导致的疲劳现象。中级水平的学习者选择一些历史题材的影片进行学习非常重要。对自己的水平比较有信心的同学可以选择时下比较流行的美剧，通过剧情学习一些比较地道的口语表达，让自己的英语显得更加的地道。另外，也可以根据特定的学习目标来选择适合的影片。比如说，你想学现代的日常生活用语，当然就不要挑古装片；而想了解新闻记者怎么作二十秒归纳报导，可以考虑如《因为你爱过我》（Up Close & Personal）之类的片子，因为剧中主角的职业就是记者，部分 TV－reporting 的场景可以拿来当作学习范例。如果你想模仿出漂亮的语音，那应该选择一些发音比较标准的演员主演的电影，以便你模仿正确的语音语调，在英语口语方面有所突破。

记得曾经有人对于读书有过这样的说法：书是一定要读老的。因为人生如此短暂，即便穷尽你的一生也读不尽这天下之书。所谓可读之书，必须是通过了时间检验的书方为可读之书。只有读这样的书，才不会错把时间浪费在那些可不读之书上。其实，读书与读电影，多少也有相通之处。经典老片就是被时间淘了一遍又一遍后沉淀下来的金子，让人不能无视它的存在。这类永垂不朽的老片虽然少了那么一点煽情的画面、通俗的俚语，但还是蛮有可看性的，可以看看老一辈的人遣词用字一派优雅，字里行间透露出“发乎情，止乎礼”的韵味。因此，我总对推荐那些经典老片情有独钟。有时候也经常更上一层楼，推荐一些改编自文学巨著的老片，比如《呼啸山庄》(Wuthering Heights)、《傲慢与偏见》(Pride and Prejudice) 等等，这类文学作品通常也是应该要涉猎的。

## 四、看电影学英语中常见的错误做法有哪些?

其一，有的人会特地去找有双语字幕的片子，这是我个人一直不提倡的。看双语字幕，尤其是一部你从未接触过的新片，又要看剧情，又要看中文意思，又要看英文台词，还要想英文说法的原委……你有几个脑子也不够用啊！这样通常是娱乐和学习的效果都没有达到，得不偿失。同样，我对某些双语读物能促进英语学习的效果也持保留态度。我的建议是，第一遍看某部电影或者美剧的时候，请尽量找翻译质量比较好的中文字幕版本，并且纯抱着欣赏影片的态度去看。等到看第二遍的时候，英文字幕也是非常好的选择。当然，如果你还想看第三遍，或者本来英文功底不错听力够好，无字幕版本就更不错了。我在播放某些片段欣赏的时候，通常都是首选中文字幕，然后英文字幕，最后到没字幕。毕竟，有的片子或片段值得多次反复琢磨，比简单追求数量肯定要好得多。

其二，有的人在看片子的过程中，会时不时停下来查一些说法，这是个很不明智的做法。看片学英文的话要保持一个敏锐度，停停放放非常破坏看电影的感觉，况且电影电视中的很多说法都是一时半会儿查不到的，停下去查往往整个过程变成了既不能欣赏，也不能在查找生词中掌握词汇或表达法。正如有的学习者喜欢在做阅读的时候边读边查生词，结果就是破坏了阅读训练的练习设计，积累单词也变得很没效率。正确的做法就是先阅读完，到完成了相应的阅读任务之后再去整理词汇。因此，在看片过程中不妨就留个心眼儿，碰到有意思的说法暂时在脑子里或笔记本上面记一下，等全片放完之后再去查，所以查什么也是一个学问。很多东西你手头的字典上不一定有，可以直接在 Google 上面搜，最好是直接搜英文结果的，十有八九都能查到。

其三，有的人会去通篇背诵电影台词，当然，这很值得敬佩，但是能起到多大作用的帮助呢？我很怀疑。首先就是一些口语根本没必要背，懂得如何运用才是最主要的。其次，一些确实比较漂亮的旁白或者对白，可以有意去理解一下，但是背下来恐怕有点生硬。如果真想背诵全本的话，宁可去找一些英文背诵读本，那些文学的语言，推敲更加精美，用词更漂亮，文法更正规，表达更自然，才值得去背诵，以便积累语感，甚至脱口成章。

## 五、从影片中学习单词词组的方法管用吗?

在影视欣赏中积累单词和表达法，应该是一种无意识的类似“Pick up”的学习。英文课本中整理的单字或词组，背得挺多，忘的却也不少，单单复诵那些字母的组合，根本与字义兜不起来，更别提拿出来用，当然会一不小心就遗忘了。但是看着电影来学就不同了，电影作为一个文化载体，声音与图象共同组成了完整的信息，不像广播是比较纯净的文本信息，透过剧情及影像，可以强化这个字在我们脑子里的印象，而且当你随着剧中人物跟读（shadowing），还能顺便模仿发音及语气等等。

影视中的词汇和句型多是口语上的，这其中可分为场景专用词和口语的惯用词，那些场景的专用词靠记忆就可以攻破，而一些需要灵活掌握的惯用词，也是经常在对话中卡壳的词，电影中出现频率非常高。拿市面上一些教场景的教材来说，譬如一个场景，一个问候列了很多句子供你选，这方面有人是强调背大量的句子，我觉得要光是背实际上就是量的积累，其中应有质的突破，弄清句子的使用环境，然后比较它们，再自己造句，从这方面去看看电影里各种人物对话，由于人物所处的背景和心情不同，词和句子的选取就更生活化。从日常的生活用语到不为人知的黑道行话，从简单的校园俚语到高雅经典的对白；语言使用脱离斧凿痕迹，可以优雅，也可以粗俗，这完全由影片中人物的性格特点、社会地位、文化背景等主观、客观因素决定。

经常听到有的学习者这样抱怨：“英文学了这么多年，背也背过了，考也考过了，可是一碰到真正要开口说英语的机会，总是脑筋一片空白，不晓得那些句型都跑到哪儿去了?”原因无他，光是背诵课本那种死板的表达法，当然是很容易忘记的。但如果在某个印象深刻的影视场景中学来的，就更加 impressive 了。根据我的经验，在我读书时因为唱英语歌所学来的单词似乎永远都不会忘记。

以上几点，所回答的也只是本人某些心得体会，也总结了一些从学生中得到的反馈意见，我的一个学生甚至很迷信地跟我反映，说是当我也在场的时候他看英语片比较能理解，听也比较能听得懂，我一听心里直乐，谦虚地说这纯属心理作用的无稽之谈。当然，上面那些问题答案也是见仁见智，仅供参考。

# 语码混杂与跨文化意识

语码混杂（Code mixing）和语码转换（Code－switching）是很多语言学家所关注的语言现象，指的是在话语中使用两种或两种以上的语言变体（Language varieties）。通常被看作是发生在双语或多语的情况下的言语现象，或者在同一语言的标准变体和非标准变体之间发生，甚至在同一变体的口语或书面语中也有这样的现象。东南亚是世界上华侨华人最聚集的地区，也是多元文化融合的典型地区。那里的语言文化现象丰富多样，多语并用，多言并存，因地而异，类型繁多。作为多元文化共存的重要范例，东南亚地区语码混杂和语码转换的各种现象均有存在。

在历史上，东南亚国家或地区曾经是西方列强的殖民地，同时也是福建广东的华人迁徙或移民的主要目的地。除了各个国家地区的本地语言之外，比较有影响力的就是英文和华文。英国殖民统治时期，在当地大力推行英文教育，英语在政治、法律、经济等领域占主导地位，英语是这些地方非常重要的交际语言。而近百年来，流向东南亚的福建和广东籍的华人移民则是为了谋生而背井离乡，他们大多数是务农经商的人士或者贫穷的劳工，所讲的母语都是闽粤等地的方言。这种多民族、多语言的特点，也随同历史变迁一起在不断变化着，并随社会的进步和科技的发展逐渐丰富起来。可以说，东南亚的语言混杂与语码转换是与多元文化背景下学校教育语言和底层市井语言搀杂融合息息相关的。

东南亚华裔留学生的语码混杂和语码转换由于其多元的文化背景，具体情况以及成因都较为复杂，但总体说来可以分为三种情况。首先，最为复杂的是多语情况下的语码混合，例如马来西亚、新加坡、菲律宾等一些把英语当做第二语言的前英美殖民地国家，这些国家的华裔留学生的语言能力最强，他们是最典型的“多语并用”的范例，很多人是“多语天才”，一般都会几种语言，但是似乎都不是很精通，因此在谈话中本地语、英语、华语（即汉语普通话）、广东话、福建话（或如新马人所称的Hokkien，实为闽南话）、客家话等等夹杂着使用的情况屡见不鲜。其次是双语或同一语言的标准变体和非标准变体之间的转换，一般发生在香港、澳门、台湾的留学生里。港澳生的语码转换主要涉及广东话和普通话或英语或葡萄牙语之间，这与广东话在当地的影响力之大不无关系。而台湾学生的语码混杂情况相对比较少，其国语里掺杂闽南话的成分似乎并不明显，“台语”（即闽南话）只是散见在某些比较粗俗的口头禅里。最后一类也较为简单，就是缅甸、老挝、泰国、柬埔寨等国家，这些国家留学生的语码转换情况和欧美各地的华裔留学生一样，与其所受的华文教育的程度有关，华文程度高的语码混杂相对少些，受华文教育少的经常会出现与其当地语言相关的语码转换现象。

全球化进程主要是以西方发达国家的生活方式为参照系，它对海外华人的负面影响也是显而易见的。在全球化进程中，华人要面对自身语言文化的这些摩擦，求得调适并达成一个宽容的认识，也就是说，东南亚华人华侨的语言文化整合是全球化时代的一个必然。华裔新生代所面对的是怎样在传统与现代之间获得一种平衡，在全球化所提供的广阔的文化语境中获得更多的对话和更多样性的发展，并且能保持民族性，进一步明确并凸显海外华人自身文化的特质。海外华文教育历来被认为是海外华人传承中华文化的有效途径，在全球化浪潮中，它应该肩负着传承、发扬中华价值观及接纳吸收先进文化的双重任务。从这个意义上讲，全球化为他们提供了一次提升自身素质的机会，在全球化推动下，有望演化出更高素质的华人族群。

全球化语境下国际贸易，国际交通运输的发展以及世界范围内信息社会的形成都促使地球上的大多数语言以各种各样的方式吸收陌生的外语材料并插上异域文化的标签。由于华商网络的扩大发展，强化了华文教育的使用价值与民族亲和价值，华人自身活动的全球化将对语言文化教育产生很大推动作用。在不同领域不同层次的国际交往日益频繁尤其是跨越国界的经济活动和商品市场日趋全球化的今天，跨文化意识应该成为一个众望所归的理念。在语言问题上徒有激进民族主义的立场也是不可取的，对于一个有着五千年悠久历史的古老文明而言，这种感情用事的态度很容易陷入文化自闭症的泥潭，这也是在全球化时代，海内外中华儿女应共同关注的问题。因此，在语言教学中，应该从跨文化交际研究出发，认识到语言、思维、世界观与文化生态等因素的相对独立性和相互影响性。培养学生使用双语的能力，解决问题的能力和跨文化意识，真正做到视野广阔、行为得体、举止规范，在激烈的国际竞争环境里占一席之地。华裔新生代留学生如果要提升自己的国际竞争力，更应该了解和尊重文化的多元性，既要“多语并用”，也要“双语精通”，重点培养自身的优势，提升自身的国际思维能力和跨文化意识，成为贯通汉英双语、双文化，能更好应对全球化和信息时代挑战的精英。

当今，海外华裔新生代所面临的挑战是，在成为“全球人”的同时如何把握“民族性”的问题。因此，笔者认为，随着语言之间的不断接触传播，中英两种语言应从多元文化中不断地吸取营养，展示着各自不同的文化意义和价值。今后世界上无论是文化的发展还是经济的发展都不会按照纯粹的东方模式或西方模式展开，更多会出现一个相互渗透和相互补充的局面。作为未来的“国际人”，华裔新生代留学生更应该重视“international”一词所包含的“相互”和“之间”这两层含义。我们相信，在经济全球化资讯一体化带动下，以前那种单元的封闭的文化教育思想将会逐渐地为多元的开放的教育思想所取代，语言教育在继承和传播中华文化的同时，应该在促进各族文化交流和民族融合方面也发挥其重要作用。

# 寓凄厉抗议于温柔倾诉

保罗·西蒙（Paul Simon）和阿特·加芬克尔（Art Garfunkel）是二十世纪六十年代欧美新文化运动中涌现的众多青年代言人的佼佼者。他们合作的《沉寂之声》（Sound of Silence）、《斯卡堡集市》（Scarborough Fair/Canticle）以及《忧愁河上的桥》（Bridge over Troubled Water）等等都是大家熟悉的经典老歌，歌词几乎首首都是优美的诗，某些作品的分量不亚于那些份量厚重的文章甚至是寓意深刻的小说。然而，迄今在国内出版界似乎尚未见过对其作品进行透彻精当的评析，以至于有些流行歌书的鉴赏文字牵强得令人哑然失笑。当然，一般人听外文歌也大都止于曲调，无意也无法欣赏这些真有价值的好作品的内涵，未免使人感到惋惜。本文试以他们的早期名作《斯卡堡集市》（Scarborough Fair/Canticle）为例，从学术研究的角度详析此歌的艺术价值和社会意义，以期唤起对此类作品赏析的关注。

首先，我们来看一下歌名 Scarborough Fair/Canticle，中文可译成《斯卡堡集市/短歌行》。Scarborough 是英国约克郡（York Shire）东面的一个小渔港的名称，Fair 意为“集市，博览会”，但也有“美女”或“爱人”的意思，一语双关。这就是为什么在不同歌书里我们会见到各种不同的译法，例如《史市博览会》、《史卡堡罗集镇》、《斯镇的颂歌》、《渔港庙会》或《渔港女郎》等。Canticle 是指取自《圣经》的短的颂歌，通常带着庄严的气氛。保罗·西蒙有一次在英国巡回演唱时听到这首十七世纪的英格兰民谣《渔港女郎》，觉得可以用来作艺术再创造，表达六十年代美国青年对越战的感受，于是便与加芬克尔将此曲改编，并加入一首类似Canticle的副歌，使之与《渔港女郎》溶在一起，产生一种强烈的对照。这种合二为一的做法，可以称之为歌曲中的立体派，充满了“后现代”的风格。为了分析方便，现将全部歌词翻译如下：

Scarborough Fair/Canticle
斯卡堡集市/短歌行

Are you going to Scarborough Fair
假如你要去斯卡堡集市
Parsley，sage，rosemary and thyme
芫荽，鼠尾草，迷迭香和百里香
Remember me to one who lives there
请代我问候那里的一个人
She once was a true love of mine
她是我从前的真爱

Tell her to make me a cambric shirt
叫她替我做一件麻布衣衫
(On the side of a hill in the deep forest green)
(在山丘边绿林深处)
Parsley，sage，rosemary and thyme
芫荽，鼠尾草，迷迭香和百里香
(Tracing of sparrow on snow crested brown)
(追踪雀儿于褐色的雪山上)
Without no seams nor needle work
没有缝口也不需针线
(Blankets and bedclothes the child of the mountain)

（毯子，床单，大山之子）
Then she' ll be a true love of mine
她将是我真正的爱人
(Sleeps unaware of the clarion call)
（熟睡中不觉号角的呼唤）

Tell her to find me an acre of land
叫她替我找一亩地
(On the side of a hill a sprinkling of leaves)
（在山丘边叶落稀疏）
Parsley, sage, rosemary and thyme
芫荽，鼠尾草，迷迭香和百里香
(Washes the grave with silvery tears)
（银色的泪珠滴湿了坟茔）
Between the salt water and the sea strands
就在咸水与海岸之间
(A soldier cleans and polishes a gun)
（一个士兵把枪擦净磨亮）
Then she' ll be a true love of mine
她将是我真正的爱人

Tell her to reap it with a sickle of leather
叫她用一把皮镰刀收割
(War bellows blazing in scarlet battalions)
（腥红的营队间战火轰隆）
Parsley, sage, rosemary and thyme
芫荽，鼠尾草，迷迭香和百里香
(Generals order their soldiers to kill)
（将军们下令士兵杀戮）

And gather it all in a bunch of heather
把割好的石楠捆成一束
(And to fight for a cause they' ve long ago forgotten)
(为一个早已遗忘的理由而战)
Then she' ll be a true love of mine
她将是我真正的爱人

Are you going to Scarborough Fair
假如你要去斯卡堡集市
Parsley, sage, rosemary and thyme
芫荽，鼠尾草，迷迭香和百里香
Remember me to one who lives there
请代我问候那里的一个人
She once was a true love of mine
她是我从前的真爱

这首歌的大意是："一个人托他要去花草飘香的斯卡堡集市的朋友，向他住在那里的情人代致问候之意。请她做一件没有缝口也不需要针线功夫的麻布衣衫；请她在海岸边找一块长着芫荽、鼠尾草、迷迭香和百里香等的土地；请她用皮镰刀收割这些香草石楠并捆扎成束，然后她将是他真正的爱人"，歌词里没有明确地说出他为什么要自己的情人做这些事，更令人费解的是，什么是"没有缝口也不需针线的麻布衣衫"？为什么要她在海边找一块地？地里为什么要生长着这些香草？为什么要用一把"皮镰刀"收割呢？

带着这样的疑问我们再度回头审视歌名，原本熟悉的一个地名似乎也变了面目：Scar－Borrow－Fair。Scar（伤痕）意味着"战争"，Fair 即"公平"，Scar－Borrow－Fair 道出了作者的反战本意。保罗·西蒙曾在英国修习英国文学，文学底蕴深厚，因而其歌词文字意境深遂，甚至歌题与衬词中都极可能潜藏着歌眼。因此，要领会此歌的内涵，必须联系当时的时代背景。我们再来看看歌中反复吟唱的“Parsley，sage，rosemary and thyme”（芫荽，鼠尾草，迷迭香和百里香），它们都是烹调用的香料或草药。其中鼠尾草（Sage）又可作“圣贤”解，迷迭香（Rosemary）则暗示了“忠实”、“贞操”等象征意义，这些花草多生长在海边，且与爱情有关，常常出现在英国古情歌里。因此，含蓄不露，暗示丰繁，正是这首民谣的一大特色。至于歌中所言的“皮镰刀”，是指有皮带可以背在肩上的大镰刀，欧洲农夫割草时可以一边走，一边左右摇动大镰弯刀，收割既多又快。西洋古典文学或绘画中出现的死神，常用这种镰刀，因为它是死神手里的利器，象征其草菅人命，大量地收获死亡。明白了这些，我们便可以理解：“没有缝口也不需针线的麻布衣衫”实际上是用来覆盖死者的“尸衣”，而那块地，则是做坟地用的。因此，这首民谣的内涵更可得出：离乡背井的歌者担心不能生还回家，重归爱人怀抱，就托友人转告女友，请她代为准备后事，并将他们的爱情收割捆藏起来。

基本上，这是一首伤感的民谣，弥散着浓浓的哀愁，可以唱自出海捕鱼的渔夫或是远征他乡的兵士之口。保罗·西蒙由此联想到当时越南战场上的美国青年的内心感受以至整个20世纪60年代末一代青年的复杂心态，于是便以此歌为主，创作了《短歌行》作为副歌，交错唱出，使两者产生对比映照，音乐境界得到升华，显示了战争的残酷愚昧，也传达了作者的反战情绪，这也正是保罗·西蒙的文学功力所在。他作品的深刻思想性，现实主义寓意，精湛的表现力常常使人震惊，而与他的诗思相伴的竟然是那样浓郁的音乐气氛。

副歌（括号部分）可以分为两个部分，均以“在山丘边”（On the side of a hill）起头。第一部分是在叙述山村的俭朴青年“大山之子”无忧无虑的自由生活。绿林深处，白雪封山，他们以追踪鸟雀为消遣，以拥毯卧床为乐事，熟睡中听不见任何“号角的呼唤”。Clarion call 本指军号，此处也可以指政客为了鼓吹战争而以爱国等理由为幌子的演讲。第二部分则写出山村青年入伍之后，在丛林里打仗。士兵们擦拭着枪，眼泪随着落叶滴在坟茔上。战火轰隆于腥红的营队之间，将军们下令杀戮，为了一个早已遗忘的理由而战。此处颇多一语双关，对比强烈。例如，本应在山村里嬉戏或睡眠的纯朴青年正在擦着杀人的凶器（“cleans and polishes a gun”）；战争也如同残酷的怪兽一样会发出吼声（“war bellows blazing”）；腥红的营队（“scarlet battalions”）也暗示了战争之血腥残酷；将士们都已失去了理智（“fight for a cause they’ve long ago forgotten”），只剩下目的不明的机械式的杀戮，等等。

明白了两首歌的大意，我们再来看看它们交织在一起所产生的效果。整首歌曲的结构安排非常精妙，先以歌者甜美忧伤的二重唱开始，从第二段到第四段插入副歌，融入了凄厉的抗诉，最后又回到第一段的伤感悲悼，但这时的和声与最初有了一点细微的区别，多了一些高亢的音符。三种声音重重叠叠，极尽和声与副歌之妙处。歌曲以一位即将在战火中亡故的普通士兵的口吻唱出，他再也不能回到绿草如茵的家乡，与朝思慕想的心上人一同享受生活的芬芳，心中的悲愤化为一声声催人泪下的倾诉：“Parsley，sage，rosemary and thyme”，这也是歌者反复吟唱这四种芳香类花草的原因。如果仔细体味两首歌词，更可以感觉出由于对照而产生的讽刺意味。例如，“麻布衣衫”（cambric shirt）藏在“绿林深处”（deep forest green）；“尸衣”（no seams nor needle work）对应“毯子，床单”（blankets and bedclothes）；“一亩地”上覆盖着“落叶”；“皮镰刀收割”隐称“战火的蔓延”；“将军”对应的“sage”（鼠尾草）又有“圣贤”之意；反复插入的四种芳香类花草分别对应着“地上的鸟雀踪迹”、“坟上的银白泪珠”、以及“将军的杀戮命令”等。这样，原来一首忧郁的民谣，由于副歌的加入，变成了一首地道的“抗议歌曲”，只不过此歌所暗含的抗议思想，一直是借着低音吉他贝斯来传达的。这种做法是寓凄厉批判于温柔倾诉之中，于狂放之外有相当的节制，其社会意义却更加发人深思，更令人感触颇多的是，音乐的配合是多么和谐，效果出奇地完美。

作为一绝佳组合，保罗·西蒙与加芬克尔的重唱在音乐史上有着不可动摇的地位。西蒙的嗓音松弛自然，加芬克尔音乐轻柔高洁，两人的和声如诗一般丰富多彩令人魂牵梦绕。笔者多年前乍听此歌，但觉曲调如凄如诉，令人如痴如醉，后来试着“扒带”，听词记谱组队分部合唱，有机会细细品味此歌，才知道这温柔的旋律之中，竟埋有警世醒人的现实生活的炸弹，甚至连音节拍子都经过刻意的安排，以便达到作者想要表现的目标。例如，在反复吟唱的“Parsley，sage，rosemary and thyme”之中，歌者在“thyme”上的延长音似乎是在提醒我们注意：“thyme”与“time”是谐音的，花草芳香，成千上万的普通士兵如同花草一般被战火摧毁在沙场上，那些战争的始作俑者最终难逃“时间”（time）的淘洗，只有时间才能检验出谁是真正的圣哲贤明，又或许，亘古永恒的时间才是真正的“圣贤”（sage）。

作为美国影片《毕业生》（The Graduate，1969）的插曲之一，此歌曾获奥斯卡最佳电影插曲奖，也被重新填词成为同名中文歌曲《毕业生》流行过。我曾随口询问了几个英语专业的学生，几乎没有一人不知道此歌，由此可见其影响之大。但当我问及此歌的内涵要表达的意义及其与电影《毕业生》主题的关系，却没有人能多作发挥，甚至有人误以为是表达大学毕业生之间的惜别之情，这是我之所以要如此不厌其烦地详析一首歌曲的出发点。此外，梦一般的旋律，诗一般的歌词，天衣无缝的和声配合，于温柔中见狂放，寓严厉批判于忧郁倾诉之中，这些都使《斯卡堡集市》具有很高的艺术价值和深刻的社会意义。

# 中华 Loong：舞乃不僵

龙是中国传统文化的重要象征，在中国一直有着举足轻重的位置，被视为瑞兽，更被视为中华民族的图腾，但因为一个不合适的英文翻译“Dragon”而在西方世界中经常被“妖魔化”，乃至国内有些学者提出了“废龙说”，建议“不以龙作为中国形象标志”。根据报道，由上海外国语大学党委书记吴友富教授主持的“重新构建和向世界展示中国国家形象品牌”这一重要课题已正式被列入上海市哲学社会科学规划课题立项。吴友富认为，“考虑到‘龙’的形象往往具有一定局限性，容易招致别有用心的歪曲”，所以为避免西方误解，应该推陈出新，重塑出能够真正代表当今中国形象的标志物和载体。据悉，这个课题如果完成，所塑造的中国新的形象标志，很有可能将被国家有关部门采用。

此消息一出，即在学术界和舆论界引起轩然大波。网上调查显示，九成投票者反对“弃龙”，专家学者们也各抒己见，其中相当一部分认为“弃龙”是在“忘祖媚外”，以至于当事人吴友富教授不得不急忙“澄清”：从未发表过“弃龙”观点，报道存在误会，本意是希望“龙”的形象更完整、更丰满。

众所周知，龙和中国传统文化紧密结合，并终保留了它的原始象征意义——喜庆、富足与祥和。直到今天，龙的形象还深入民间，广泛运用于音乐、建筑、艺术等各个领域。可以毫不夸张地说，有中国人生活的地方，就有龙的形象以不同的形式出现。作为中国人的象征，以及公认的文化标志，龙从它诞生的那一天起，就体现了中华民族追求天、地、人合一，追求人与自然沟通和统一的精神。一曲《龙的传人》更是深入人心，从我的孩提时代到新世纪，传唱得经久不衰；甚至当有日本商人在某品牌油漆的广告中让龙从柱子上滑了下来，很多国人都愤怒了，一时激起轩然大波……看来，龙无疑成了无数海内外炎黄子孙的精神图腾。

另一方面，在西方长期以来的印象里，“龙”的文化含义和我们所认为的差异甚大，Dragon 体形庞大，有翅膀并能喷火，是一种虚构的怪兽，是神话和传说中恶魔的象征，常常与邪恶联系在一起。在这里我也想用自己看过的一段英文略加举证，美国诗人 Ferlinghetti 在上世纪 60 年代的作品《伟大的中国人》（The Great Chinese）中，借环绕着旧金山唐人街过春节所舞的龙，写出他对中国文化的看法。这有点类似一段散文诗，描述大家对过年舞的那条中国龙非常恐惧，所以要把它绑在地下室：

> “The blue citizens on their talking cycles think that he wants to escape and at all costs he must not be allowed to escape because the great Chinese dragon is the greatest potential dragon in all the world and if allowed to escape from Chinatown night gallop away up their new freeway at the Broadway entrance mistaking it for a Great Wall of China or some other barbarian barrier and so go careening along it chewing up stanchions and signposts and belching forth some strange disintegrating medium which might melt down the great concrete walls of America and they are afraid of how far the great China dragon might really go starting from San Francisco and so they have secretly and securely tied down the very end of his tail…”

这段文字大概应该可以说明西方人对“龙”的普遍看法，翻译如下：“蓝衣的市民说来说去都认为它（指中国龙）想要逃跑，无论如何都不能让它逃走，因为中国巨龙是全世界最有潜力的龙，如果让它由唐人街逃出来，可能会奔驰到百老汇街的入口处，他们新的高速公路那里，误把那儿当作中国的长城或当作其他野蛮民族的屏障，所以就会沿着它走，把柱子和路标都嚼烂吞下，且打嗝吐出一种奇怪的溶液，可以把美国的混凝土大墙都融化掉。他们怕这条中国巨龙会由旧金山出发走得很远，所以他们已经秘密地、稳固地把它的尾巴尖绑了起来……”

由此可见，在大部分西方人的眼里，龙的确是一个不很好的象征，作者借此讽刺了美国人自以为来唐人街看舞龙是开明之举，其实也是抱着“黄祸”思想和高高在上的态度。看来龙的确有必要加以说明以正视听，站在语言学者的角度看，吴友富等人的用意无可厚非。因为从跨文化交流和传播的角度看，我们应当更多地从接受者的角度考虑交往的效率及实际效果等问题。毕竟，我们没有必要为西方改变自身，但是我们有责任去改变别人对我们的观感，然而，紧接的就是更棘手的问题，怎么才能不改变自身又能改变别人的观感呢？

我想，这就是为什么大家仍然争执不一的原因。解决这个争端或论争，比较好的办法就是，把早先的翻译纠正过来，这也不是什么难事，毕竟翻译就是越做越精确，而且翻译也要有“发展观”，用一种更开放更灵活的新思维，来适应一个全球化时代各国交往中的需求。我认为，用西方人眼里的Dragon来翻译中国人眼里的“龙”，显然是早先的一种僵化的翻译观念的有意无意的体现，就语言论语言，而把文化的考虑给忽略了。如此说来，把中华的“龙”翻译成“Loong”似乎更恰当些，因为在澳大利亚等地，当地人已经开始把华人舞龙灯活动的龙灯称为loong，而且这个词也颇有创造意味，音形结合，读音上就不说了，字形状比象形文字更象形，身长也够了，两个字母o有点类似龙的两只大眼睛，颇为传神。我们要做的，不是废掉或改变自己的文化形象，而是如何更加照看更加完满它，用Loong来还原本真形象，何乐而不为？

所幸的是，我上面这部分文章写完放了好久之后，在2007年11月举行的“首届中华龙文化兰州论坛宣言”正式呼吁启用中华龙的新的译名，没想到此举竟招来一片嘲讽，令人不禁有点纳闷，中华Loong又何妨？难道错位的“龙”不应该被纠正吗？很多年前我曾在学校的一个有小喷泉的餐厅吃饭，看过不知道谁用了pulled noodle来翻译“拉面”，当时我还调侃说这个翻译高手真该学学日本人借词那样，补补文化方面的涵养，来点创造性的翻译，不要老局限在那种僵化死板的模式。这有点类似我们直接用拼音来翻译“饺子”，比 dumpling 更准确，直接用“tofu”来翻译“豆腐”，比 bean curd 更简洁，“馒头”也没必要一本正经地翻译成“蒸的面包”（steamed bread），或者把“粽子”意译成“竹叶包的米团”那么麻烦，干脆类似东南亚人直接用闽南话“bak—tzang”来称呼“肉粽”，反而更亲切传神，而且在翻译的过程把文化也输出了，正如 chow mien 就比正儿八经的 fried noodle 更贴切地传达出中国炒面。我曾经在自己的硕士学位论文和另一篇论文《谈英语与闽南话的跨文化交流》（发表于《福建外语》，2000 年第 3 期）里，创造了一个新词 Minanese 来指代闽南话，这样做不仅是为了行文的方便，更重要的是出于对这片生养我的土地的深情，正如广东话 Cantonese，就比 Guangdong dialect 更为简便准确。

当然，大家也别忽略了很重要的一点，随着时代的推移，很多西方人已经开始慢慢接受了中国文化的这一象征。至少当我和小朋友聊天的时候，在他们眼里卡通和故事里各种各样的“怪兽”似乎都不那么可怕了，我也曾就这个问题和一个外国朋友聊了一下，他觉得所谓“放弃”或“废除”龙的形象非常荒唐，不可思议，在他眼里，不管是龙还是 Dragon 都充满了魅力。可见，我们考虑问题时，不能单方面地认为别人也会按照我们想的那样，“废龙”其实是一种文化上的不自信的表现，对于全球的“龙的传人”来说，斩断文化的血脉来换取别人的好印象，代价实在太大，况且这也不是几个专家学者，甚至是政府机构可以决定的，但改正或统一翻译的用词，却是我们轻而易举能够做到的。

我想，要改变“龙”在外国人心里凶恶的形象，除了统一一下翻译标准用词之外，也可以通过电影、广告、体育标志、文学故事等方式，譬如美国卡通片《怪物史莱克》中的大怪物 Shrek，随着后续影响的持续，也成了家喻户晓深受喜爱的形象，而中国龙是否也可以通过类似影片等方式改变其在外国人心目中的形象？或者，在舞了那么多年的龙之后，我们是不是能够为龙这个传统上的“怪物”形象注入一些更加现代的新鲜健康正面的元素，而不是一味闹哄哄地敲敲打打？又或者，我们的翻译思维是不是也应该随着中华 Loong 灵活地舞动起来，才不会一直停留在一个僵化的旧观念里，以至于跟不上巨龙飞腾的速度？五个“福娃”都可以被统一成“Fuwa”，我们为什么不利用奥运会这个难得的好机会，把中华 Loong 的正面形象在世人面前展现出来？当然，最为重要的是，我们每一个走出国门的中国游客，以及代表着“龙的传人”在与外国人交往的中国人，他们给人的是一种什么样的精神面貌，这才是问题的关键，而这个工程任重道远，远不是小小地改个什么名字或图腾可以比拟的。

# 第三辑

# 文教哲思录

# 贝多芬听见自己的歌

许多年过去了，我依然记得自己在大三时的“高级英语”的课文第一课“Ludwig van Beethoven”，那是一篇关于贝多芬的生平介绍的文章，可能是当时读书太认真了，加上那时候开始接触老师授课常用的Paraphrase（即“用英文解释英文”之意）的方式，因此印象特别深。

贝多芬于1770年出生于波恩，自幼学习弹琴，生活在法国大革命、拿破仑战争和维也纳体系的时代，他以时代和个人的命运为题，通过深刻的哲理和感人的艺术形象相结合，写出了一系列交响乐作品，主题与反对封建或歌颂英雄，争取民主自由和美好未来等有关，表现了从斗争到胜利、从黑暗到光明、从苦难到快乐的资产阶级上升时期的精神历程。贝多芬对音乐的最重要贡献是交响曲，因此他被誉为“交响乐之王”。他创作的九部交响曲，像珍珠一样闪闪发光，反映了那个时代最进步的思想和伟大的人民运动。贝多芬是人类音乐艺术上最伟大的创造者之一，他被世人铭记的更是其崇高的思想，包括他卓越的音乐气质、百折不挠的意志、炽热的叛逆精神和对社会的责任感。

然而反观他的一生，贝多芬却始终被拒绝于幸福之外，孑然一身，孤寂和贫困的威胁使他穷愁潦倒，晚年生活更是他一生最悲惨、最凄凉的年月，1827年在贫病交加中逝于维也纳。据说在他最后临终的一刻，暴雨雷电交加，贝多芬举起干枯的手臂向天空作最后的奋击。这种生命不息战斗不止的精神，也全部贯注在他那些不朽的巨作中，贝多芬最杰出的作品，几乎都是在他后半生三十年耳聋的状态中创作的。

对于这样的故事，时年二十一岁的我似乎也是学过课文听过讲解就算了。但许久以来，我一直惦记着当时年轻的自己所忽略的一个问题，一个本该去向老师追问的问题，一个或者应该自己到图书馆寻找更多答案的问题：贝多芬是怎样听见自己的作品呢？因为听不见，他怎么知道自己作品的效果呢？

一晃多年，直到有天我在一大堆旧磁带中发现了一张齐秦《痛并快乐着》的专辑，里面有一首《贝多芬听不见自己的歌》，在齐秦那些耳熟能详的众多歌曲中，这一首是很不起眼的。我仔细听了一下，不禁感慨诸多，原来一直存在我潜意识里的那个问题，在这个歌词里也得到了探究：

> 贝多芬听不见自己的歌，他用他的心写歌；
> 贝多芬听不见自己的歌，他依然唱出他的喜怒哀乐。
> 贝多芬听不见自己的歌，我想听歌不一定要用耳朵；
> 贝多芬听不见自己的歌，他的心情借着音乐平和。
> 贝多芬听不见自己的歌，……

答案似乎不必多说，用音乐解释音乐，这是不是另一种层面的Paraphrase呢？答案被这个歌道破，我也不想用罗嗦的文字逐一逐一地去分析解读了。我听的古典音乐不多，因为我不是纯粹的古典音乐发烧友，相比之下更感兴趣于伟大的歌者不平凡的生命故事以及作品所传达的同时代的文化内涵。贝多芬的作品在我这个外行人听起来，似乎传达了一种狂野不羁的个性，洋溢着撼动人心的热与力。我直觉他是用音乐战胜了生活的不幸，是个真正意义上获得自由的艺术家，他曾说："要尽量做个正直的人，让爱自由尤其高于一切。即使面对一位君主，也绝不出卖真理。"作曲技巧是可以分析的，但作品中蕴藏的力量感却是无法言传的，也许正是因为有了这种自由观，贝多芬才能依凭内心深处涌现的灵感自由地创作，他的作品脱离了实用的曲式和技巧的堆砌，有着独特的个性，而且经得起不断的聆听。

有一次我在电视上看到一个关于贝多芬的记录影片，莫名地被感动得心里揪痛。当《欢乐颂》合奏的时候，所有的人都沉浸在乐曲的气氛中，演出结束后，贝多芬茫然立在指挥台上，什么也听不见，似乎在等待观众的反应，可他不知道此时掌声早已经雷鸣般地响起来了，有的人甚至感动得哭了，女助手拉着他面对观众，他才看到自己的作品所受到的欢迎。

《贝多芬的头发》一书的作者鲁赛尔·马丁表示："那些尊敬他创伤的音乐的人，尊敬这位音乐巨匠的人，现在可以明白他遭受了怎样的痛苦。或许正是因为遭受了这样的痛苦，他才创作出这么多、这么深奥的音乐。"贝多芬终生没有结过婚，孤独感日益加重，这是命运跟他开的一个玩笑：心爱的女人，对贝多芬来说就如同在马头上系着的一缕青草，马想吃它，所以拼命的追求它，结果当然是追不到，但是在追求的过程中，马却创造了纪录。在音乐中，贝多芬终得永生，他的名字成了我写这个文章时的一个固定词语。虽然在世的时候，这个世界给他的太少了，但他却用《四重奏感恩圣歌》对它感谢恩赐。他说：

——感谢上帝，宽容我时间，来完成我的作品。

# 悲欢的卓别林

每个人都在追逐快乐，心理学也把它定义为人的基本需求之一，于是它也渗透到我们随处可见的碰面招呼、生日祝福、节庆问候当中，更有人把它上升到至高无上的地位并广而推之为人生的唯一的崇高目的。快乐应该是有层次的，不知道为什么，我总觉得大多数时候快乐的我是肤浅的。只是随着年龄的推进，我才慢慢学会了将它升华到一个比较深的层面。

能够从内心给人幽默力量的喜剧，比悲剧还难上一百倍，因为那种戏剧带来的快乐来自你内心对某些事情由衷的理解，那样产生的幽默感会让你产生发自内心的忍俊不禁，直让你乐得肠子打结，比如黑白电影时代的幽默大师卓别林的某些影片，他所演绎的小人物的无奈、孤独、微弱的希望，以及大师悲天悯人的情怀，竟在影片的数处令我几乎泣下。即使在希望、梦想和憧憬被微不足道的琐事化为乌有时，主人公也只是耸一耸肩，转身而去。卓别林走出了一条独特的路并由此成就了我心目中永远的大师形象，他坚信悲剧的形象比银幕或舞台上任何其他角色更能激起观众的欢笑，而欢笑和泪水相依，就显示了一种不凡，这似乎表明真正的欢笑必须可以使人笑出眼泪来，或者说是应该在笑声的背后加入一些对本质的悲剧的东西的探究和拷问，隐藏着人生的孤独与凄凉，才能给人强烈的震撼。我揣测卓别林一定是深受了那些古希腊的悲剧精神的精髓，才能把人世的欢笑和泪水看得如此透彻。

看完《卓别林传》，我被卓别林的人格魅力深深打动。作为电影全才，他自编、自导、自演、自己作曲配乐、自己指挥，还会演奏多种乐器。54岁的卓别林与曾经获得过诺贝尔文学奖的一个戏剧大师的女儿、年仅18岁的乌娜·奥尼尔结婚，尽管这桩婚姻受到了新娘父亲的反对。由于一贯对小人物、失业者寄予深切的同情，并支持民主进步运动，50年代初期，作为"和平贩子"的卓别林受到美国麦卡锡主义者的迫害。1952年，就在他同乌娜从大西洋返回伦敦的途中时，美国当局还向移民局下令，除非卓别林接受调查质询，否则拒绝发给他再次入境签证。于是卓别林干脆发誓，再也不回到这个给他带来财富、名声和不幸的国家。此后，他同乌娜及8个孩子真的没踏足美国，一直定居瑞士的沃韦直到去世。我想他带给世界不只是笑，更主要的是他以影片的形式极力表现出来的人道主义与和平思想，这又加强了我一直以来的一个论断：一切的快乐和魅力，都应该有一个真善美的底色。

我之所以找到那些很久以前的黑白影片，之所以翻开《卓别林传》并写下以上的这段文字，是因为看到星空卫视在热播一个美国电视剧《老友记》(Friends)，很多老师也给学生播放这个热门"美剧"，据说是可以训练口语，我看了两三集，不仅笑不出来，相反觉得有些烦躁和无聊，最让我不能忍受的就是那些幕后的笑声背景（laughter track），似乎在提醒你这个对白不错，这个动作好玩，作为观众你应该笑了，应该有反应了，简直是把观众当傻子耍。这样的快乐不妨说是来源于无聊（如果是为了提高英语水平或了解美国文化而看当然无可厚非，对口语帮助有多少且不做评论），你只要往沙发上一靠，一边吃着零食，头脑一片空白，听着画外音的提示跟着傻笑就是了，那种无厘头的搞笑电影之类的，在你无所事事的时候，听着电台的笑话，看着电视的娱乐，快乐很简单，也未尝不可，但要强制你参与进去，对有些人而言，即便没什么好笑的，笑一下也没什么损失，但对于那些清醒挑剔的观众来说就显得不合时宜，太过吵闹了。

我崇尚的快乐来源于一种无私，特别是在人类文明的历史长河中，为了文学艺术音乐等，创作者燃烧了自己，成就了文明，他们是最无私的人，他们看到了人生的悲剧本质，因此致力于把快乐的感受传达给他人，这样的快乐理由最崇高。正如在向写作靠拢的途中，我也似乎被世俗的表面的幸福抛弃，但写作却让我获得了一种更深邃持久的快乐和幸福。在我看来，快乐就是一种“度”，感觉达到了那个“limit”，快乐就油然而生，每个人的快乐“度”高低不一，所谓知足者长乐的道理也在于此。此外，人在小时候对快乐的要求“度”比较低，所以也自然比较容易快乐。这样的快乐来源于单纯无知（innocence），所以一个鬼脸或小动作都可以将孩子逗乐。随着年纪的增长，大概是人见过的好笑的事情多了，那些比较浅层次的笑话也就比较不容易引起快乐的笑了。有次我在一个幼儿园观摩，那些天真的孩子的快乐“度”就很低，我随便说些什么他们就会笑个不停，甚至还有一次我的一个笔掉到地上，也不知道为什么居然让他们笑了好一阵子，我也乐起来干脆回到童年陪他们笑，更让他们无比开心地“笑”上加油没完没了。

当然，快乐的来源有时候很难分析清楚，比如有的快乐来得莫名其妙，是被传染得来的，比如“你快乐所以我快乐”的那种，比如有的人爱讲笑话或段子，看听众乐不可支的那种生动样子也是一种享受；有些快乐也许是来源于犯错，比如那么多人爱在KTV包厢里唱着“越过道德的边境，我们走到爱的禁区”，从正人君子的一面到不为人知的另一面，从“衣冠楚楚”的规矩到“衣冠禽兽”的自由，理由都似乎只有一个，偷偷摸摸的放纵的快乐；有些快乐也许来源于变态，打破了常规的条条框框，也许有的人会发现某些有趣的突变，并一反常态以此为乐，这种变异和反差有时候也可以成为快乐的根源；更有些快乐诞生于罪恶，这样的快乐也显得特别罪恶，不谈也罢。

# 从去墓地回来的路上

在我故乡村子旁边的一个山头，上面有成堆成片的坟墓，那是以前的县城人墓葬的集中之处，在我很小的时候，三不五时就会看到山头上人声鼎沸，哀号遍野，鼓乐大作，一群白衣素服的人在山头上埋葬死者，那片山头也就成了村民忌讳和避之不及的地方，很少有人愿意走近，那里关于鬼怪的故事和传闻也层出不穷。

我有一次回到阔别已久的故乡的时候，在四处闲荡中造访了那个山头，由于近年禁止土葬，植被开始茂盛了起来，光天化日之下也呈现了一种奇怪的暗与静，令人有点惶恐不安，当我看到那么多墓挤成一团，如同看到的私人住处一样，无论是排场阔气的，还是朴素窄小的，无不透着一股邪气与阴森，让人不敢久留。我在匆匆离开那里的路上忽然想起自己曾经在哪里看过的这样的一句话："人应该在从去墓地回来的路上成为诗人"。

闲来没事的时候，我会尝试翻译一些自己喜爱的外国诗歌，因为我觉得那是对一种不大可能实现得很完美的任务的挑战。我在阅读了不少英文的诗集之后，忽然发现了中西文学比较的一个独特视角，即对"死亡"的理解。英文诗歌里有很多关于死亡这个主题的，许多作家都曾经有过在墓地沉思的文字（我也挑着翻译了一些，例如《当我们成了灰烬》、《在我死后，请别来》等），而在汉语诗歌里这样的主题却很少见，成了一个文学创作上很忌讳的话题。我曾在澳门短暂停留的时候，特地去造访了位于闹市区的“西洋公墓”，同样的大白天，同样的静，但整个墓园却凝聚着一种肃穆庄重的气氛，那种“阴森可怕”的字眼荡然无存，反而能让人避开无聊的街市的喧嚣，静气平心地有所启发或感慨万千，其中有不少西洋墓碑还刻着来华的时间、经历甚至临死前的遗言和感慨，让人觉得受益匪浅，似乎是站在历史的角度与先人对话。当时我想，如果说想看最真实精练的文字，应该就是刻在每个墓碑的字句，个个都类似一本书，而这样的开卷无疑也是非常有益的。

我常常爱在旅途的时候眼望窗外，旅途中那些从眼帘一晃而过的并能留点印象的东西，就包括散落在陌生的火车道、高速公路旁边山头上的坟墓，对它们的思考，在某种程度上使得旅途多了点深层的东西，有时候创作的灵感也正是来源于此。我们可以听到不少纪念死者的歌曲，但却很少听到在生的时候直面死亡或与墓地相关的歌曲，除了张楚的《姐姐》里面某些词句以及高晓松那首比较有深度的“校园民谣”作品《荒冢》之外，这也许与歌者对“死亡”的思考有关。其实死亡是不应该成为一个禁忌的，正如墓地也不应该是一种 Taboo 一样，不知道“死”怎么可以知道“生”的意义呢？不管我们在尘世生活的样式如何，死亡总能让我们意识到自己的渺小，并且可能思考用新的方式去调整生活的道路、定义生命的价值、寻找生命的意义。

有段时间我很认真地思考了这个问题，并看了不少这方面的相关书籍，从《自杀论》、《世界著名作家自杀心理探密》到《生与死》、《解构死亡》等的“现代生死学丛书”，我在读了之后对于死亡体验、死亡意义、不同人对于死亡的态度、死亡价值观对于生活的影响有了相当的了解，而且发现自己变得洒脱而看得开，不像以前那么回避或忌讳死亡，也更懂得珍惜生命，并试图让活着的每一天都丰富起来。原先比较不理解的例如“自杀”这样的真正的哲学问题也变得豁然明朗了起来，我总结的想法是，哲学意义上的“自杀”也许提供了一种选择的自主权，既然来是一种不由自主，去也应该让它不由自主吧。这也许正是“向死而生”、“视死如归(Go back where you came from)”的道理所在，也如同西方哲人所主张的“生得精彩，死得平静”的看法殊途同归。

明白了中西文化在死亡认识上的这点差异之后，我们再来看看那些远离故土的海外游子，他们的态度应该可以作为一个观测的典型点，我常常想，那些东南亚国家里的所谓华人的“义山”（即墓地，闽南人也叫出葬为“出山”），应该很值得去看一下，看看那是怎样能在受到西方文化和异域文化影响的地方保留了中华文化的传统的。刚好有一次，我在一个到菲律宾教华文的教师的博客里，看到了这样一篇游记文字，谈到了菲律宾当地的“华人公墓”（Chinese Cemetery），里面写道：

> 华人公墓位于 Auroa Avenue，是 1850 年间由 Lim Ong 和 Tan Quien Sien 开始建造。当时的华人死后不能葬于西班牙人墓地，故此另觅地方安置。华人墓地占地五十四公顷，规模很大，场内街道交错。坟墓除了用作安葬先人之外，亦作为社会和经济地位的显示。拜祭时也是大家族聚会的机会。……进入公墓，我大吃一惊，这哪里是墓地，简直是一座高级住宅区，街道纵横。公墓里所见的，不是一个个的墓碑，而是一幢幢的花园别墅。二至三层，重门深锁，不能进内参观。Mike 指着一座大理石三层花园建筑说，这是最富有的华人家族墓地，里面有卧室、客厅有甚至还装了空调和冰箱。真是令人咋舌啊！……
>
> 我们离开时，雨依然细细簌簌的下着，我凝视着窗外思考着是什么让华人极尽奢侈建造墓园？是不能归葬故里的苦楚？还是彰显经济实力来获得不能认同的心理补偿？或者就是互相攀比的显富？回想起贫民窟的铁皮与茅草屋，活人无立锥之地，死人却极端奢华，真是个棘手的社会问题和民族问题啊！

作者的感叹和疑问，其实是可以从中西文化认同的差异上得到解答的，在我看来，西方人比较珍惜“活”的质量，而中国人似乎更重视“死”和“来生”，并给死亡附加了很多东西，从早先残无人性的“殉葬”到这种“华人义山”，都有着值得我们深思和应该剔除的观念，找一个小小的纪念之地固然不错，但在一律平等的死亡面前，再搞出某些大手笔的排场，浪费土地，硬要讲究“风水”以便“庇荫子孙后代”，就显得很可恶很愚蠢也毫无意义。作者简单地把所看到的“奢华”感叹成“社会或民族问题”虽然不能切入问题核心，但这是一个少年人最初的对“死亡”的思考，我不知道这会将他导向一种什么样的人生价值取向和“死亡观”，但至少能懂得思考，并愿意去思考就不错了，在我们这个讲究“死亡”也把“死亡”作为最大的忌讳的传统文化圈里，这尤为可贵。

回到本文开头，我常常想，是不是中国文化故意把死亡弄得那么恐怖，从死亡的时候的“灵堂”，仪式上的嚎啕大哭，到后来的鬼怪故事的渲染，中国的“死”被刻意地加上了一层阴森可怕的文化含义，假如我们的“死”能够再艺术点、自然些，或许就没有那么恐怖了，也许当年幼小的我就不会在放学回家的路上遇到送葬的人群都吓得往别的山路绕一大圈了。从某个意义上来说，死亡的质量很大程度上和死的方式有关，和埋葬的仪式有关，这是整个民族艺术修养的折射，是民族文化的重要组成部分。

我最近的一次造访墓地，是和朋友开车到离学校不远的泉州郊区和惠安交界处的“施琅墓”，作为一个曾经辉煌一时的大将军，其墓地当然占地很广，也很有规模气派，然而参观的人几乎没有，我还叫朋友帮我在墓碑前留了个影，后来在网上碰到一个嫁到外地的多年不见的朋友跟我要照片时，我就把这个在墓地前的“玉照”发了过去，令见不得“死亡艺术”的她直呼不理解。我最欣赏和觉得不枉此行的是看到了不少很精美朴实的石雕，也再次印证了我一直以来的一个观点：

——死亡，以及死后的痕迹，都应该是门艺术。

# 搭错车的请跟我来

最早知道梁弘志这个人，是因为电影《搭错车》里面的那首插曲《请跟我来》，那是一首我到现在都还十分喜爱的歌，因为作品很好，更因为那是一种大学时代无比美好的青春生活的印记。2004 年 10 月 30 日，梁弘志去世的时候只有 44 岁，我通过媒体看到了梁弘志的照片，又是一阵惊愕，原来他长相是如此的典雅，也许“典雅”一词用来形容一个男人有些不妥，但用到他的歌上却再恰当不过了。有人说梁弘志的歌从来不是上天入地的大手笔，却是精巧小品的代表，乐坛对梁弘志如是评价：“他的歌曲总是百转千回，赚尽感动；他的词总是清新隽永，诉尽心声。加上他很少只作曲而不填词，因而其作品的词曲搭配更为细腻贴切，放眼如今流行乐坛，这样的创作人真是少之又少了。”

梁弘志的名字也许不是很被别人熟知，但他的歌曲很多人不可能不熟悉，有些歌很有份量，能在时光长河的淘洗中沉淀下来而不被冲走，比如蔡琴的《恰似你的温柔》、苏芮的《请跟我来》、姜育恒的《驿动的心》、千百惠的《想你的时候》、谭咏麟的《半梦半醒之间》和《像我这样的朋友》等等，这些早已成为过季的经典老歌，曾是我青春时代耳熟能详的，在每个简单美丽的旋律背后，都烙着我练习吉他时的所走过的那些日子，我也曾将它们的歌词和旋律背得滚瓜烂熟。当时曾用不是很娴熟的吉他指法，一遍又一遍地练习弹唱这些略带忧伤的歌曲，并在感动听众前先把自己打动了。

时光的列车不停地驶向未来，这是一个不停地向前看也向钱看的年代。我知道或许会有些人不经意地搭错了车，回到原点并遭遇这些我曾经深深喜爱过的音乐，在一个充满商业气息和嘻哈喧闹舞曲的年代回望，喜欢《搭错车》的不妨“请跟我来”，重新搭上回返的车穿越时光的隧道……

作为一张电影原声音乐大碟，《搭错车》可以说是华人世界里真正意义上的第一次成功实验，专辑由六首歌曲和四首配乐完成，在电影音乐尚未在华语电影里引起重视的1983年，《搭错车》夹带着以歌为主的华人传统欣赏习惯，如一声惊雷震惊了观众和听众。事实上那些以改编歌曲主旋律来完成的配乐在如今听来也确实略显单薄柔弱，然而歌曲却历久弥新，24年过去了，至今听来却依然是情真意切。

由苏芮和导演卢戡平合唱的《请跟我来》是里面的最打动我的作品，对一个导演而言，这样的声线已经是很难能可贵了，一开唱就感觉到一种温柔的气质慢慢铺开。“我踩着不变的步伐，是为了配合你的到来，在慌张迟疑的时候，请跟我来……”，简单而又细腻的蓝调，婉转悠扬缠绵的低诉吟唱，布鲁斯无奈无尽的哀伤紧紧抓住了听者。但我更喜欢的是后面几句珠联璧合的和声，“当春雨飘呀飘的飘在，你滴也滴不完的发梢，戴着你的水晶珠链，请跟我来”，那种“春雨中滴不完的发梢”，是要用天才的诗意才能写出的，传达了岁月流逝的一种伤感，令人听起来会有一种想哭泣的冲动。

苏芮唱的《是否》是出自罗大佑的作品，她的演绎显得开放和大气，弦乐的背景更有一种黑夜过后是黎明的开朗，和后来罗大佑本人演唱的爵士味很不相同。这首歌很有深度，同样是缓慢地铺垫，到高潮时则声音突然上扬，完全是心底的呼喊，更道出了一个用情至深的人的体会“情到深处人孤独”，让人感觉淋漓酣畅，荡气回肠，岁月的长河里有了它也是一种残美。

题目和高潮部分都取自闽南话走街串巷叫买酒瓶子的吆喝声的《酒干倘卖无》，是侯德建最为人所熟知的一首作品，歌曲蕴含着极强的反思哲学和自省意识，“没有天哪有地？没有地哪有家？没有家哪有你？没有你哪有我？……”每每听到这个歌，我们都会被它惊醒和震撼，并在音乐里反思。苏芮那略带哭腔的嘶喊，让我们忍不住有些汗颜，也许我们都该反复地思考这些最最简单的问题了，这些我们在一次次的社会变速中茫然地将它们丢弃到很远的东西，而当音乐再次响起时，是我们该捡回一点什么的时候了。

《一样的月光》则是来自李寿全的作品，总体框架取自上个世纪八十年代风靡美国的重金属音乐，可是在快慢的转换间还是能够很清楚的感受到台湾音乐人那传统的唯美气质，更为称道的是这首作品在并不长的5分39秒里却频繁地更换着节奏的速率，而弦乐队也在这一次次的变幻无常中将音乐之风忽疾忽和地吹起，苏芮的声音是同样的带点冷漠甚至麻木的，除了歌曲最后一句唱得已经有些力不从心之外，这首歌几乎也是无可挑剔的。很多年后有一次在KTV，我一个好朋友偶然点了这首歌，画面居然是“动力火车”的，那是我第一次听他很高调地开唱，想到高潮部分我暗自为他捏一把汗，果然到了高潮部分上不去，于是很自觉地降了八度继续唱，呵，后来听“迪克牛仔”的翻唱版，居然也是如此处理的，我听到了一种属于男人的可爱。

应该说，音乐和电影的搭配，促成了作品的成功和长久的生命力，《搭错车》邀请到了梁弘志、罗大佑、候德建以及李寿全等这些几乎是上世纪八十年代初台湾流行乐坛最精英的创作力量完成了这部电影的原声音乐创作，而这不仅是他们第一次的相聚，也是他们最后一次的相聚。好电影配上好歌曲，能使彼此都生色不少，增加“煽情”的成分，西方电影历来有这样的传统，从早先的《卡萨布兰卡》里的《时光飞逝》到近期的《面纱》里的A La Claire Fontaine、《断背山》里的片尾曲He Is a Friend of Mine等等，不一而足，而像《搭错车》这样的大规模地配入好的插曲和主题歌，这样的例子早在西方也是有的，美国电影《毕业生》（The Graduate）里面就有保罗西蒙和加芬克尔的好几首脍炙人口的作品，包括《斯卡堡集市》（Scarborough Fair）、《沉默的声音》（Sound of Silence）、《四月来了她将》（April Comes She Will）等等。《搭错车》开了华语电影音乐的先河之后，接下来的琼瑶电影也搭上了正确的“车”，成就了不少传唱一时的流行歌。

我们现在有的只是用钱堆成的电影，已经很难找到这样用心去做的电影了。我是一个思想传统又有点前卫的人，这种“搭错车”式的回顾让我觉得仿佛是走到了时代的最前列。也许在艺术或音乐上没有什么过时不过时的，它永远是一个圈，终点也是出发点。而得益于网络我才有机会从关于梁弘志的一个新闻想到更多的东西，并再次找到这个老片子，再次聆听了其中的歌曲，而这种由衷的喜欢似乎也同时证明，音乐的负载是可以造就另外的更为深远的经典。

# 冬天里的那把火

中国几千年的文化博大精深，某些糟粕也和精华一样源远流长，例如“拍马屁”文化就是由来已久。在中国人的生活中，官僚和马屁精无处不在，他们见了上级溜须拍马，点头哈腰，奴相毕露；见了下级则爱理不理，盛气凌人，指手画脚，这似乎是大大小小的官场不变的法则。即便是在本应比较少这种气氛的某些清水衙门，这样的对“官”的“奴才相”也比比皆是，已经渗透到我们生活的方方面面，这不能不说是一种悲哀。作为一个强调个体主义和独立意识的人本主义者，我只能远离这样的趣味，对官员不卑不亢，平等视之。当然，我不是一个无政府主义者，层层的领导也许是一个社会所必须的，平日也没有必要“仇官嫉位”地刻意去对抗，人生在世都不容易，每个人都在扮演着忙忙碌碌的可怜的角色，尽管职位高低各不相同，工作能力大小不一，也都应该得到应有的尊重，而且人都应该有一颗与人为善的心，但那种善良不应该等同于软弱，在有些特殊时候，如果又有一把那样的火烧起来，我想换成我，不仅会引导让弱小的孩子们赶紧先走，而且还要做一个挡住官员们肥硕身躯的去路的老师。

因此，那把火应该时时燃烧在每一个有正义良心的中国人心里，作为一个永恒的提醒，我们实在没有理由将它熄灭，因为跟那时相比，现在的状况实在也改善不了多少，仍然还是停留在“让领导先走”，类似外国总统自己打伞、为女性开车门之类的小事，某些官僚和马屁精可能永远也无法理解，他们自以为是的丑恶嘴脸可谓处处可见，社会上“官本位”的风气依然如此，这样的故事其实天天都还在我们身边发生着，有些官员不可一世，喜欢前呼后拥，身边的下属更是极尽阿谀奉承之能事，照顾得无微不至。《欧洲时报》曾报道过一个中国地方官员在参观博物馆的时候，坐在椅子上时有男下属主动过去给他揉肩膀，让外国游客觉得很不成体统，匪夷所思。

即便同样还是在教育这样的部门，情形跟当年依然没什么两样，请看下面的几则最近的网络报道：

新闻一：2007年5月18日上午10点多，河北省科技活动周的开幕仪式在藁城人民广场举行，相关领导一个接一个地念着开幕词。就在这时，队列中通安小学的一名小学生终于耐不住烈日的炙烤，“扑通”一声栽倒在广场的水泥地面上。据了解，当天最高气温31度，通安小学距广场大约1公里，这些小学生从学校走到广场，约9点半时便在广场列队等候开幕式。

新闻二：2007年5月20日上午，第17次全国助残日宣传活动在兰州东方红广场举行，甘肃省聋儿康复学校的20多名残疾儿童按照要求上午9时就来到现场准备表演，由于领导迟迟未到，这些儿童就在炎炎烈日下暴晒2个多小时，老师只好为每位儿童发一张报纸用来遮挡烈日。不少儿童表演后出现了中暑迹象。

当然，除了热了孩子，也有冷了孩子，冷热交替锻炼，我们的孩子才能茁壮成长。下面的这个报道里，我们的领导们不仅不让孩子们先走，而且还站着说话不腰疼，穿着衣服不觉冷，自己也不走了，没完没了讲个不停。

宁夏银川市兴庆区首届中小学生运动会举行，开幕式上各级领导一个接一个的讲话内容冗长重复，此时气温仅为15摄氏度，而台下参加开幕式表演的银川市回民三小400名女生不得不身着单薄的表演服在大风中苦苦等待近一个小时，孩子们个个冻得叫苦不迭，让家长和老师心疼不已……

面对这样的报道，小小的孩子怎么温暖？他们势单力薄，你难道不觉得应该在我们的心里重新燃起一把冬天的火吗？你难道不觉得我们的“公仆”，我们的教育和文化，都应该有一些清醒的反思和痛苦的自责吗？

# 法兰西别为我哭泣

此起彼伏的手机铃声、说话声，活泼好动的孩子上蹿下跳，大呼小叫，这些细节经常会出现在国内的高雅音乐会上，这似乎成了一个无法解决的老问题，而国人早就见怪不怪，可是较真的法兰西人却哭了。根据扬子晚报网的消息，2007 年 6 月 29 日晚，在南京艺术学院音乐厅，来自法国巴黎国立音乐学院的布菲教授，面对上面所说的这些大家司空见惯的景况，一时情绪激动，躲进后台，眼眶里盈满了泪水，演出也被迫中断。一个著名的法国教授，竟然在中国的音乐会上被气哭掉泪，闻所未闻，令人不胜唏嘘。

我马上联想到身边的事情，在我所在的校园里碰到交响乐或钢琴会之类的场合，秩序应该说还算不错，大学毕竟也是社会的一部分，但我也是可以看到有小孩子跑来跑去，在舞台边缘爬高爬低，而且根据我的观察，很多大人也是硬着头皮坐在那里接受熏陶的，对他们来说，听演奏会有点类似在完成一个任务，也许在那个当头换一个三流歌星来几句流行歌更能让他们来劲。当然，我们不能说钢琴曲就一定比流行歌高雅，毕竟人各有所爱，正如你不能说枝绿叶嫩的青菜就一定比土里出来的萝卜来得高雅，毕竟每个人都应该有选择的自由。也许在这方面，我们应该好好检讨一下了，说实话，我也只是对钢琴弹唱很向往而已，并不是很会欣赏钢琴曲，乐器我只对吉他比较着迷，也自己琢磨了一些没有章法的电子琴弹奏技巧，但音乐都是共通的，在我们未知的领域，我们只有倾听的份。归结到最简单的一点，就是一种对他人的尊重与否的问题，我所不解的是，有些人既然不喜欢，为什么还要去“闹场”呢？既然听不下去，为什么非要去附庸风雅呢？难道没把人家搞砸，心理就不平衡吗？

虽然音乐家本身还是很宽容，她的翻译说，其实布菲就是一个从来不会把自己的想法强加给别人的人，但当晚的环境影响了她的发挥，她说“嘈杂的声音使我无法专注于我的音乐，那不是我的最好水平。没有把最好的东西带给南京观众，这让我有点难受。”我忽然觉得那个法国教授很可怜，真想安慰她一下“法兰西别为我哭泣”。

我也许还可以更严肃地扯到更远的地方，例如关于中西文化的某些不同品味的比较上面，我们的普罗百姓喜闻乐见的艺术无不和锣鼓大作呐喊震天的气势紧紧相连；我们的劳苦大众中很多不懂得自由为何意的人会自由地随地吐痰甚至便溺；我们也知道一个粗俗的民族毫无希望可言，正因为如此，我对所谓的通过去音乐会来熏陶出“贵族气质”其实是很悲观的，正如当我有意无意想通过给我所疼爱的侄女侄儿买吉他或电子琴来激发他们对音乐产生兴趣，后来无奈地发现他们并不怎么感兴趣的时候，我的那种失落有点相像，但他们是快乐的，我又能怎样去期待呢？也许在这一个事件上我们该学习或认识到的只是一个文化的意识，即西方人的“Only one speaker at a time”（一个时间只有一个演讲者），当别人在说话的时候都应该沉默以示应有的尊重，更何况是在倾心地演出的时候，同时，还有教育者和家长本身更应该检讨，那些自己开着手机大声吆喝着接电话的家长，怎么能期待“一代胜过一代”？

所以，亲爱的法兰西教授，请不要伤心难过，请不要为我们哭泣，也许你还不是很熟悉这样的一块土地，这里只是一个充满着口水歌的喧嚣嘈杂的所在，我们的“追星族”千方百计拿张门票只为了跟艺人握一下手；我们的孩子只愿当“玉米粉丝”为莫名其妙的大红大紫的“超级女生”尖叫；我们的父母带着女儿风餐露宿香港街头只是为了让女儿见偶像一面；我们的残疾少年人想从明星那里获得生命的力量，为此甚至可以不要生命；我们的父老乡亲一年到头省吃俭用，只为了过年时买些鞭炮烟花好好热闹欢腾地显摆一番……至于钢琴曲，那是我们很多人所不懂的事，不知者其实并没有过错，错的只是我们的教师和家长，还没有来得及教会孩子有足够的素养，甚至连他们自己也还没有学会怎样去尊重别人，也许我们需要的是一些时间而已。

记得早在十多年前，吴冠中先生说过，中国人缺乏的不是知识，而是审美。知识很好学，花点时间就可以了。而审美需要的是天才、阅历、情趣与艺术修养，也许不是一代人可以解决的事。所以，亲爱的法兰西教授，请不要伤心难过，请不要为我们哭泣。那并不容易，你也会感到奇怪，当我努力说明自己的感受，我们的逻辑就是理解万岁，我们的安慰就是我们也有我们的品位，尽管不怎么能说到一块，但也许可以相安无事。你就弹你的吧，再说总有人在安静地听着默默地品味着，你也可以放心。演出费拿了就走人，什么也别留下，包括眼泪，那是多么珍贵的东西哦。

法兰西，请别为我们哭泣。事实就是这样……

# 集体无意识小论

最近都在翻译一本哲学著作，一本试图把深奥的哲学道理讲得通俗的著作，我在翻译的过程中发现了重新学习的必要，因为要翻译得透彻并不简单，的确有必要重温或进一步了解那些宗教、心理学方面的知识。这里所要讲的集体无意识，属于心理学的范畴。虽然有时候它只是一个非常普通的口头语，但却是一个非常有意思的心理科学话题。

集体无意识这个概念的出现，源于精神分析心理学家弗洛伊德（Floyd）的理论。他的学生荣格（Jung）后来发展他的理论，自立门户，也成为心理学一代名家。他们关于集体无意识的共同点在于，都认为除了自我意识之外，人的意识还存在一个更为广阔的无意识领域。这里所说的“无意识”，就是日常所说的下意识或潜意识（Subconscious）。弗洛伊德曾经用冰山来做比喻，他说日常活动的“有意识”就如浮动在海上的、裸露出来的冰山一角，而无意识就是掩藏在海水下面的、看不见的更巨大的冰山实体。荣格则认为人格由三个层次构成：意识（自我），个人无意识（情结），集体无意识（原型）。这个无意识的领域包括个人无意识和集体无意识。个人无意识是指一切被遗忘的记忆、知觉，和被压抑的欲望、需求和经验，以及梦和幻想等。集体无意识则包括人类生活、活动经验储存在人类心灵深处的积淀和痕迹。

让我们看看动物界中的实例吧，比如说蚂蚁就是一个很好的证据，蚂蚁是种群体生活的动物，虽然单个的蚂蚁个体的力量微乎其微，但是这个蚂蚁群体靠细致的分工和协作，就能把比自己大好几十倍、好几百倍的对手置于死地。小时候我常对集体协作如此曼妙的蚂蚁群体甚感兴趣，在整个蚂蚁群体中的蚂蚁个体就是集体无意识的代表，它们的生存、觅食、防御、繁衍后代等，似乎都被一个嵌入每个个体的密码命令所控制，终生没有个体意识。但是又是由于这样的集体无意识，让他们这个种族得以延续。蜜蜂的群体协作是另一个实例，蜂后、兵蜂、工蜂等严密的“社会分工”，以及量化到点的协作，让整个蜂群得以繁衍。我常想要是人类社会可以像蚂蚁或蜜蜂的部落一样，就应该会有更强大的力量了，因为人类每个个体都有自我的意识，人类社会的群体智慧应该超过蚂蚁或蜜蜂群体那样的高度才对。

现在想来，蚂蚁个体的可悲，在于它没有自我意识，这就等于没有自我，人类要真那样也挺可怕的。在现代社会，集体无意识常常就是一种自我的缺失，被用来描述一种集体性的、自发的行为倾向。集体无意识就是被封印的、潜伏在人性和灵魂深处的恶魔，一旦有外界的触媒，就会获得新生，这个潘多拉的盒子就会被打开。弗洛伊德认为，人有生存的本能，同时也有死亡的本能。当生存本能没有得不到实现，或常受挫折，或者人的安全受到威胁时，人就会转向诉诸破坏的本能。破坏程度轻重不一，指向也不一，总体包括攻击他人的行为和针对自我的破坏行为。小孩子有时也会出现攻击性的行为，这是潜在的破坏性本能的一种表现。当某种集体无意识凝聚起一批人时，他们的破坏性将像蚂蚁或蜜蜂群体协作产生的“1＋1＞2”的集体效应。日本、美国都是经济高速发展的社会，可是它们的精神生活品质，似乎不能跟上物质社会品质改善的步伐，暴力、性在道德的边缘泛滥。美国的校园枪击事件屡屡发生，日本的集体自杀事件也频有发生，有时候这种行为很令人不可思议。记得有位“二战”时纳粹集中营的幸存者回忆当时的惨况时说到，德国纳粹的士兵在用机枪扫射犹太人时是“毫无知觉”的。当犹太人被关押在集中营，被命令脱去所有衣物，集体走向消毒室，走向焚尸炉时，好像已经知道将要发生什么，但又不知做任何反抗，也很木然。应该说，德国纳粹和犹太人都陷入了某种集体无意识的状态。德国纳粹为了回避残杀所带来的内心惨痛，他们的心理已经树立起了一套防卫机制，“装”作不知情地杀人；犹太人明知要走向死亡，而且不可能有任何挽回的可能，也就倾向于“自觉”地面对死亡。

现实生活中，我们之所以不那么容易发现集体无意识的存在，是因为越来越多的人实际上已经陷入了它的圈套中，比如婚姻就是一个最大的集体无意识行为。即使有些现代人其实不需要婚姻，但都被这一习俗推着走进婚姻的围墙里。在大众之间，常常会一种集体指向性的行为趋向，即，从众心理。个体受这种集体行为趋向影响而发生的行为，好听点我们称之为“时尚”，不好听点叫“从众”。从众心理具有暂时性和阶段性的特点，因为不同的时代背景，“从”的是不一样的“众”，但从这个意义上说，“追赶时尚或潮流”这个行为，也是种人类集体无意识行为。因此，远古人崇拜动物图腾，挂兽骨为装饰，现代人崇拜的明星，挂稀有金属为饰。这在骨子里是一码事。从众不一定是坏事，但大多情况下不会是好事。你跟着时尚走，你并不是站在时代的前端，顶多只是被时尚或大众趋向牵着鼻子在走。卓别林很早就在他的黑色幽默喜剧《摩登时代》（Modern Times）中，向我们诉说：被集体无意识牵着走的人只是社会机器上一颗渺小得可怜的齿轮或螺钉。大众越风靡的，就是越没个性的圈套。一旦落入，就会慢慢被同化、被吞噬……

集体无意识往往是压盖个性的声音，扼杀个性的存在，我们要擦亮自己的双眼，保持自己的个性，不要人云亦云，盲目从众，为潮流和时尚所吞噬，更不要使自己的心灵被物化，生活被异化。信仰迷失、精神无安全的寄居地、灵魂得不到净化的乐土，这一切让人们很容易陷入无意识的空无中，这种空无很容易被恶的存在侵占，并造成恶的繁衍。从某种意义上讲，人们生活在资讯机器如此发达的社会是种不幸。不知不觉中，意识领域就被灌输太多负面的信息，这些负面的资讯进而进入集体无意识的层面，在里面扎根茁长。只有为自己心灵留一片净土，才会有一片自我的天空。

# 教师的眼神

都说眼睛是心灵的窗户，一个人的眼神有时候比话语更能传达出一种真实的情意。作为所谓的“灵魂工程师”，在传道授业时，也不可避免地要面对学生投射过来的眼光。在课堂上，我喜欢面对那样的一种眼神：坦荡无辜，纯洁而无心机，让我想到例如真诚、善良、灵性、纯真等等一切美好的词语。那是一种来自青春和朝气、充满求知和探索、没有被世俗生活浸染过的眼神，我常常在这样眼光的关注下觉得惶惶然，怕愧对或辜负了他们对我的期待，这也鞭策着自己在业务上不断地充实，用自己的专业感去示范和感召，并期望在不同的领域都有所涉猎，以便让学生能从自己身上切实地获取到什么帮助或启示，不至于学无所成。我想，这大概也是作为教师的最重要的工作成就感（Job satisfaction）之一。

有一次我百无聊赖地翻着歌本，突然发现一首多年前的老歌《你的眼神》，我留意到它很适合吉他弹唱，里面唱的是一种和友情爱情有关的眼神，但却让我想到写这样的一篇文章，回忆自己多年来在教学生涯中所遭遇的那些难忘的眼神。我首先想到一个十多年前的目光，一种包含着爱与羡慕的眼神，那种会说话的目光最有杀伤力也最令我着迷。那时候我初为人师，有着初出茅庐的牛犊般的热情，我常常在课上从一个语言点讲开到文化现象（Cultural notes），旁征博引，天花乱坠，使出浑身解数，就是为了获得那样的目光的注视。我想她大概是迷恋上了那时的我，她向我吐露了那种说不清的情绪和困惑，那也是很多青春期的少男少女不可避免的困惑和迷茫，她说她甚至有点无法面对上课时的我。为了让她好好学习，我也责无旁贷地负起了教书兼育人的双重任务，在我成功地化解了她的困顿之后她给我写了一封信，充满了感谢之语，让我倍加珍藏。还有一次，我在介绍精读课文后面的一首 Emily Dickenson 的小诗时，就顺带多讲了几句，是关于这个美国最重要的女诗人生前几乎从未发表的作品的独特之处以及她传奇般的人生故事，我看学生们对这些很兴趣，也突然有了灵感，课后我把那个小诗改写并扩充成一首英文歌教他们唱，但并没有告诉他们那是我谱写的，看他们很认真地在学在唱的时候，我的成就感油然而生，我在他们的眼神里找到了一种类似自己从前做演唱会时的感觉，唱歌的人在台上倾情演绎，台下的人听得很专注，在他人的眼里寻找自己的感受，眼神就是一种莫大的肯定，那种沉静的共鸣和专心的注视让双方都穿越了那些浮光掠影的浮躁。

如此说来，教书的工作其实是一种很值得珍惜和自重的职业，这么说倒不是因为其所能获得的来自社会和外界的尊重，而是出于自身作为教师在长期的教书生涯里，对本职的工作状态和环境氛围的一种审视结果。我的这种观察是出自本身对所打交道的对象的审视，对工作氛围的审视以及对工作意义的审视。随着人生阅历的增加，我也经常看到社会中的人被世俗生活蒙蔽或污染的眼神，看的人越来越多，接触的事情越来越多，也越发珍惜自己面对的眼神。毕竟，我面对的是正在成长的青少年，他们有青春有活力，大部分人也都很懂事，会思考，愿意与人为善，这是一个美好的年纪，也许随着年龄的增长，这样的眼神交流会越来越少的，但不管以后将如何改变，至少现在他们是单纯而真诚的。我有时会为自己的学生们一些理解的目光或亲切的问候所感动，甚至久久地沉浸在一种很好的心情状态中。

工作作为一种重要的东西影响着每个人的一生，但工作中最重要的就是打交道的对象，作为农民，整天要和土地、作物、草、肥料等打交道，而工人呢，机器、材料、程序、流水线等则是不可避免的，大海航行的水手则面对着的是浩瀚的海水、咸涩的海风和无边的孤独等，这就往往容易造成“干一行恨一行”（get fed up with）的倦怠。从普通英语到商务英语，从国内生到境外生，一晃十来年的教师生涯过去了。一级又一级的学生来了又走，工作也许难免单调繁复，日子也似乎没什么新意，但我仍然很庆幸能处在这样的一个圈子，与那些各不相同的正在成长的学生打交道，也因此我的青春心态似乎在容颜褪色后依然留了下来，我想我会把这样的一种心态一直带到退休以后。因此，从某个意义上说，当教师是最不单调的工作，因为教师面对的是活生生的人，是正在成长的青少年，是年年在变化而必须因人而异的人，这样的对象和氛围传达了一种别样的丰富多彩。

我曾经在通往学校附属小学的路上看到天真可爱的小学生，恭敬地在和他们的老师打招呼，可他们尊敬的老师却爱理不理的“酷酷”的样子，令我觉得不可思议，不胜感慨，不知道该说些什么。也许他们当老师久了，受尊敬久了也就麻木了，觉得那是理所当然的（take for granted）。这也许不能全怪他们，职业的性质也许该负主要责任，长期沉浸在平淡烦琐的说教生活，被教育的对象是无足轻重的，这种看法必然影响到从业者的性格，当然也就写在面部表情上。但我从不认为尊重是必须的（Must），而是需要靠师德和专业去换取来的，用熟视无睹或视而不见去面对学生的眼神，这和一个与疾病死亡打了太多交道后的医生麻木冷漠地面对病人的苦痛一样，都是良好的职业道德的缺失。在我看来，教师的眼神不应该是闪烁着对物质的贪求，不应该是势利和麻木，而应该是充满灵性和智慧的光芒，并且有洞察人世百态的安详和坚定，才能“传道解惑释疑”，从而感染学生，做一个真正的“灵魂工程师”。

不久前，一位学生课后偶然和我聊天的时候，谈到学校的一个老师，她说他们都很讨厌他认为他很“色”，在我诧异不解时她加了一句：“你不觉得他的眼神很猥亵吗?”我觉得有点偏颇，就说不可以随便冤枉人家，自己也顺便恍然大悟一下，原来为人师表的眼神也是众多眼神关注的对象。作为青年教师，刻意避开某些眼光的探索也许是一种必要的回避，然而在专心听讲时的注视下，这又是一种多么微妙而怯弱的回避啊。你要怎么处理才能不至于含情脉脉，不至于秋波横飞，不至于麻木空洞，不至于轻佻猥琐，这都是一门艺术，大有学问可为。我想到那样的话就战战兢兢如履薄冰，不断提醒自己应当保持一种坦荡的眼光，和适中的热情与学生的眼神交会，也许其中的一个好办法就是，戴个度数不是很够的眼镜，那样子 eye contact 就比较空洞、柔和而茫然，应该就不会那么有灵性，也安全多了。

# 聆听的另一种歧途

尼采说："没有音乐的生活是一个错误。"我不知道他是在什么上下文、针对什么而发的议论，不过把音乐和生活连起来是有点道理的，因为作为文化的重要部分，音乐无处不在，充斥了我们的生活。有时候我们听歌只是一种无意识的行为，我们在做某些事情的时候，会自然而然地觉得耳朵还可以腾出一点空间来填充点什么，类似在餐厅吃饭、超市购物、行车途中、甚至洗衣做饭搞卫生的那些时候，当你觉得耳朵也需要有点事做，于是音乐来了。由于这个无意识的动机多了，有时候听歌也比较容易陷入一些误区，也就是心不在焉的无意识的误区。

先举个例子，我们在听歌的时候，往往先是从大众传播的途径来的，电视有各种各样的音乐台，电台有各式各样的推介榜，还有娱乐杂志或报刊的娱乐版，时时刻刻地都在把一些东西送到你的耳朵，音乐不再是你不经意的一个浪漫的邂逅了，而是简化成了排行榜的名次或销量的数字，进入你的视野，你聆听的也许不是你喜欢的，而是别人在创造着你的喜好。再拿"发烧友"的例子来说，这应该算是最挑剔的音乐爱好者了吧，他们对声音的追求到了极至，有无数的论坛交流各自的体会，甚至有专门这方面的杂志，我常常怀疑，他们是不是偏离了音乐，其实他们追求的只是技术和音质，而音乐本身只不过是一个可有可无的东西，一个表现形式罢了，如果没有音乐，他们照样可以用一些仪器来继续追求。在他们那里，我看到的是情感被技术侵袭了。当然，还有这样的一种听众，他们不是在听歌，相反的，歌星的长相、圈子、私生活等等对他们来说更有吸引力，难怪我们在娱乐版块里很少看到比较有深度的作品点评或比较有文化鉴赏力的推介，而是被充斥的小道消息、八卦新闻牵着鼻子走，如同在一个泛滥了泡沫的啤酒杯里，喝了半天也喝不到实质的东西。

纵观整个流行乐坛，歌唱早已不是单纯的歌唱了，而是定位、包装、设计、修饰等一系列过程的综合结果，歌者的声音，歌曲所要表达的思想只是其中不那么显著的一部分，有时候甚至无关紧要，这样的趋势在E时代只会越演越烈下去。只有熟知音乐的发展史，熟知各种各样五花八门的流派，再有意识地选出自己所喜欢的那些，才不至于跟着别人的盲目指引瞎跑。因此，正确的聆听似乎就是：放下所有的事情洗耳恭听，把自己融入到歌者所要表达的情绪当中，当一切都返朴归真，你或许能找到真正属于自己所喜欢的东西，你或许会发现原来音乐是那么的自然。

然而，听歌的人也许还会有这样的一种体验，当你注意到某个声音，被它吸引了，后来那个声音真的流行了，大家都在传唱了，你却再也听不出那种滋味了。我很早就注意到了毛宁唱的一首《涛声依旧》，觉得还不错，没想到后来毛宁红了，却怎么也喜欢不了；又比如我也很早注意到有个叫“汪国真”的名字在某些杂志上的小诗，等到他也红了，那些东西一本接一本地出来，却说什么也不忍卒读；再举个例子，我第一次在酒吧听到《冲动的惩罚》的时候为之一震，多喝了好几杯，而当刀狼那千篇一律的五音嗓门终于响在大街小巷的每个音箱的时候，我下意识的反应就是赶紧捂住耳朵……

爱一首歌，所以你百听不厌，一遍又一遍翻来覆去地听，以为这就是聆听，就是倾听，就是发自内心的支持，其实你错了，你走入自己没有意识的另一条歧途。歌曲的魅力是递减的，往往刚开始听的时候最触动，然后再听，每一次重复，吸引力就慢慢少了下来，假如你不喜欢某个歌，那就一次性地把它听烂好了。我常常在听第一遍歌的时候随着旋律浮动，会为某些词曲的走向出于我的意料之中或意料之外而叫好或惋惜，有些歌从头到尾简直就是虚谷的天籁，有些则从上到下都是一团嘈杂的堆砌。然而，不管好与坏，它们似乎都经不起一再的重复。以乐器和旋律取胜的古典音乐也许经得起你一遍又一遍的品尝，以歌词和旋律的配合的流行音乐却有点尴尬，当你爱上一首歌的时候，因为它为你说出你想要表达的情绪，而当很多人都在这样表达的时候，你却往往不可避免地没了感觉。

一个人的生命里要是没有音乐，那该是多么的贫乏无聊。但是，他也必须知道，音乐是经不起重复的，再好听的曲子，再动人的歌，如果不间断的在你耳边响个不停，那种腻烦可想而知。同样，文学、艺术也莫不如此。相对来说，比较经得起重复的歌是浅吟低唱的，比较耐听的曲子是古典乐曲，比较经得起重复的文学是诗歌，比较能和时光抗衡的艺术形象就是雕塑，抽象而朴实的那种。在这样的一个时代，当你拿到一个陌生的歌，开始想去了解的时候，你是否也问过自己，我们该以什么样的方式怎么去聆听呢？

# 美丽的腿何时才能出现

很显然，这个题目是改写了黄品源的一句歌词，在写下这样一个哗众取宠的题目时，我心里有点惶然。我害怕自己会不会被人说成是“恋足癖”，据说李敖就是这样的货色，难怪他文章题目的哗众取宠简直是无人能比。而想到李敖那些露骨得一塌糊涂的文章题目也往往带出真知灼见时，我也坦然了，不妨就写一下，从腿脚推广开来，谈谈自己关于审美和时尚的一些小看法吧。

很多时候我会留意到人的脚丫子，因为这是一个被很多人所忽视的部位，显得很天真无辜一副不经世事（innocent）的样子。很多人在脸部装饰投入了不少心思，而想在脚上做文章就少得多了。什么是平等？这个世界有真正的平等吗？从我们对自己身体不同部位的重视度来看，答案似乎是否定的。为什么人类的手这么被重视，被训练得这么完美，会翻书、会写字、会数钱、会打游戏、会弹吉他、会传达抚爱以及做许多不可思议的事情，但脚却被忽略了？基于这样的考虑，有时候我看到人类的脚就顿生无限爱怜，它们只能呆在阴暗的角落，肩负着走路、爬山、跳跃、跑步以至于逃命等一系列默默无闻却又无比重要的任务。如果说有的女性很注意修饰脚，还会在脚指头涂指甲油保护它们，我估计应该就是比较有平等意识的女性吧。毕竟，能注意到这么细节的东西，对这样的弱势部位给予关注，本来就不容易。

腿和脚好看不好看，似乎都是天生的，很难改变，在这里品头论足似乎有点说不过去。那还是谈谈鞋子吧。我喜欢的鞋子似乎只有一种款式，自然，朴实，舒适的那种，奇形怪状花里花哨的鞋子会让我觉得它们可能是为了包裹一双难看的脚而设计的。我不喜欢高跟鞋，无论是高个子穿它还是矮个子穿它，我特别害怕看到那种因为穿高跟鞋而变形的脚。顺便说一下，我对古人那种“三寸金莲”的审美观深深地感到不理解。我也不怎么喜欢长靴子，因为我觉得走起路来不够自然，更别说偶尔需要跑起路来的那种别扭。当然，这并不是说大家不可以穿靴子，毕竟一双美丽的腿配上一双靴型流畅，皮质优良，设计干净的长靴，还是会让人白看不厌的。有时候在舞厅我观察到一种现象，很多现代女性到冬天都会给自己武装一双长靴。估计很多人是看了时尚杂志上的诱导，说什么长靴是女人秋冬必备品，于是就认为自己必需得有一双，哪怕花掉一个月工资也在所不惜。但是说实话，不谈实用价值的缺失（因为很少有人需要穿着靴子风里来雨里去），很多靴子花里花哨根本没什么美学价值，而且相当一部分女人穿靴子并不好看，也有小部分女人腿型适合长靴却不懂得怎么与服饰搭配，让人看了很难受，例如那种黑色的靴子和裙子之间里露出一段肥壮的肉色袜子。当然，这也是人家的自由，正如笔挺的西服也没错，但有些可爱的泥水师傅，偏偏喜欢不顾场合，穿着西服干重活，砌墙和泥，不亦乐乎。

因此实际情况就是，很多人会跟潮流却不会打扮，从当时一窝蜂涌现的“哈韩族”松糕鞋，到不分青红皂白的低腰裤，穿衣打扮本该是女性的看家本领，但相当多人不虚心学习，只会盲目跟风跑出来影响市容，损坏别人的眼球。由于思考的缺失，她们的脚步匆忙，感情短暂，精神涣散，忙碌生活之余的休闲就是在商场里不停地逛，看的书也大都是些装饰豪华内容肤浅的花花绿绿的时尚杂志，而这些杂志又教她们更加变本加厉地追逐，用自由换来物质上的武装。灯红酒绿，纸醉金迷，很多城市人的一生就是这样执迷不悟地过完了。有一次，一个小朋友叫我去看她的网络空间，里面有一些她朋友的婚纱照片，其中有一张是新郎新娘扮演皇太子和公主的，但我怎么看都不觉得那个一本正经地穿着龙袍的家伙有什么皇太子气质，我觉得有点荒谬和好笑是因为感觉大家都被蒙蔽在一个审美的误区里不知不觉着，当然，对我发过去的爆笑表情，她也百思不得其解。

我也常常可以看到一些装扮得很入时的时尚人士，但总觉得少了点什么，在他们身上找不到的是主见，所以只能随波逐流人云亦云。当别人一窝蜂地去从事某个正在时兴的事物时，你所要做的就是不为所动，相信过不了多久，时尚就会返回来迁就你的。在我看来，最朴实简洁的人其实就是最顶端的时尚者，因为在他们的眼里，真和善永远是摆在美之前。而少了这么有品位有洞察力的他们的追随，时尚也觉得索然无味。因此在某种意义上，有魅力的女性是有主见有信念的并且特立独行的，在她们面前，时尚只能为之折服。因为我们并不缺乏追求时尚的人，我们缺少的是让时尚来追逐自己的人。

当然，女性追求表面形体美，物质和虚荣也没什么错，但这还远远不够，千万不要忽略了内涵美和心灵美的升华。这样才不会老是活在男性的影子之下，才不会因为为了凸显性征，苛求性别魅力，而误落入男性主义鬼魂般出没的地带。现代女性不必五十步笑百步，看轻了古代女同胞们。要知道，现代女性仍生活在以男权为主导的社会形态下，或者说，现代的社会只不过是“现代了”的“父系氏族公社”而已，相较于古代，只不过美化外表借助的工具和途径不同罢了。很多现代女性以为自立了，抛弃了传统女性的柔美，她们所散发的气质，其实可以套用李敖说的“魔咒”：“放心，看她们横眉竖目，满脸横肉的样子，谁会有兴趣去骚扰她们呢”。

不知道为什么，很多女性同胞所展现出来的东西，从少女时的幼稚、青春期的虚荣，到含辛茹苦拉扯家务的贤淑形象，林林总总的风貌，在我这个有点大男子主义又支持女性主义的人看来，总觉得缺少了一点和精神有关的东西，充实的心灵生活离她们很遥远。典型例证信手拈来，比如那些只会围绕着虚荣的时装和购物打转的“白领”，那些只会任人指使，穿得很少在舞台上扭捏作态的模特，那些屏幕前大喊大叫呼唤着偶像名字的“追星族”，甚至到那些在网络上一脱成名的“明星”，这种精神和灵性的贫乏很令人悲哀。当然，我这种“没事瞎操心”的悲哀，套句时髦的话，就像路边的野草一样，无法自拔。

# 你看你看他们的脸

广州一家报纸最近有则“李肇星写信感谢为其诗作谱曲的民间作曲家”的报道，让我读起来感到相当的滑稽和幽默：“民间作曲家”黎老激动地对记者说：“惊喜地收到了前外交部长李肇星的诗歌集并附有亲笔感谢信……”见到记者，他小心翼翼地拿出一个印着“中华人民共和国外交部”的大信封……黎老高兴得手舞足蹈。在收到退休外长的诗集后，黎老晚上激动得睡不着觉。他花了三天的时间把诗集里的诗全部通读了一遍。然后精心挑选了其中的 11 首来谱曲……

这个新闻也许很多人看来很正常，前外长的做法平易近人，这样的报道司空见惯也没什么不妥，只是让我感到好笑的是这位比李肇星还大 3 岁的七旬长者，怎么就“激动”得这般不成体统，我估计精通各国文化的李外长应该不会对此引以为豪，身为外长也该很理解西方文化的个体和平等意识，估计也不太愿意看到别人对他“激动”成这个样子，何况是比他年纪还大的长者。想想看，当词曲作者需要就作品进行心平气和的沟通时，一个激动得语无伦次的人要怎么跟他交谈呢？也许“官贵民贱”的思想在中国太根深蒂固了，我们当然不能指望“作曲家”都像贝多芬一样有在王侯面前昂首而过的傲骨，但这位受宠而“惊喜”得“睡不着觉”，“小心翼翼”又“手舞足蹈”的长者，写出来的东西也许值得好好听一听，应该会再次“打动”听众，甚至于听出鸡皮疙瘩来。

再说一个事。我第一次学会充分利用时间是在大学时，当时频繁的会议让我们不胜其烦，有一次在每周例行的学习会上，一个系里的辅导员在台上读着报纸的社论，他读得心不在焉，听众听得味如嚼蜡，我忽然心血来潮，在心里默默地把他读的每一句话翻译成英文，那时候我发现自己精神高度紧张，之前的那种无聊劲一扫而光，那次体验让我学会了在没意思之中发现些许有趣的事。还有一次也是组织学习会议，内容是看电视播放的关于治理官员腐败的，照例是这样的一个景象：电视上一个个当事人在那里声泪俱下的忏悔着，底下认真在看的人寥寥无几，看书的看书，闲聊的闲聊，领材料的领材料，拉家常的拉家常，一派典型的国人开会模样。虽然也是事不关己，我却看得很认真，因为既然来了就好好看，一种为人处世的风格使然。然而那样的学习会却让我无法专注，因为周围的声音实在有点吵，但我管不了那么多，也无法像从前那样靠“同声默译”来打发，只好盯着那些画面，看那些被“双规”的官员痛哭流涕的模样，于是灵感大发，一个不请自来的构思在无聊的催生下应运而生。那时我想到了之前读过的本文开头提到的这个报道里黎老激动的脸，忽然就想到改动一个歌名并写篇文章来表达一番：

——你看你看他们的脸。

在我看来，这样的脸有一个共性，都是被中国根深蒂固的“官”文化所扭曲的脸，并且都缺少了一点类似“男人味”的可贵气概。人不可以有“傲气”，但不能没有“傲骨”，何况是男人的骨头，更不能轻易发软。我很少提到“官员”这个词，也不会把它毕恭毕敬地捧为行动的准则和指明方向的带路人，在我看来，那只是个职务分工的中性词语，和普通百姓没什么两样，然而在“官”文化包围的环境里，很多东西开始变味。很多人在“官员”面前丢了该有的“生而平等”的“不卑不亢”的“傲骨”，太多的捧场也使得“官员”的脸也偷偷地在改变，自然而然地撑起了类似“架子”的东西。君不见很多大官小官地方头目，平日里谁不是道貌岸然威风抖擞的？考核时哪个不是优秀，哪个不是道德模范？但当某些官员的真面目被揭开，居然会反差得吓人一跳。更令人不屑的是，那些在电视上一改平时威风的官员，原来竟是那样的软骨头没底气，实在是无可救药了，完全没了当初的“傲气”和男人味。拿着抄来的检讨书在作秀，这样的忏悔怎么去感染别人呢？

从另一方面看，官员的脸之所以变成这样，老百姓也不是没有责任，每当我看到某些“官”飞黄腾达洋洋洒洒，一副小人得志的样子，要说那是人家的自由倒也罢了，可当我看到平民百姓或朋友圈子里，某些人提及“官”的时候，那种习惯性谄媚相仍然比比皆是，就很让我觉得悲哀了。它显性表现在很多官员身边都毫无例外地会围绕着两三个“马屁精”，他们对上献殷勤，对下摆架子，对上卑恭必然伴随着对下倨傲，这是拍马屁者毫无例外的必不可少的另一个德行。隐性表现就更加层出不穷了，渗透在社会的方方面面，有的甚至我们自己没有意识到，可能看不出来，但旁观者也许更清楚。比如很多学校的办事机构像衙门，教辅人员对处在最低层的学生指着鼻子呼来喝去。

“今天这个学校怎么对这些学生，这些学生明天就会怎么对这个社会”，在北京攻读博士学位的台湾女孩任怀乡如是说。某天我就在学校的一个教学楼发现办公室门上的两张标语，写着“办公场所，学生止步”和“××中心，严禁学生串入”，对学生的“不当一回事”跃然纸上。学生来办公室当然是有事要办才来的，“止步”了怎么办？另外，请注意这里“串”字的使用。还有一次，一个暑假的黄昏，我去图书馆借书，大厅空无一人，只有值班室的门卫在那里埋头挫着指甲，我于是轻轻问了一声是不是不能借书，他头也不抬地应道：“借个屁啊”，我估计他以为我是怯生生的假期留校的学生，在想要发作一下之前不动声色地说：“你一直就是这样对待前来咨询的学生吗？即便是学生你也不能这样回答呀，这是什么工作态度呢？”他抬头一看赶紧满脸堆笑地解释说假期没有开馆，前倨后恭，判若两人，这种很常见的门卫文化也是“官民文化”的体现，想到毕竟每个层面的人混口饭吃都不容易，我也就懒得计较了，而且拍桌子大声叫嚷也显得没什么格调，纯属浪费心神。

现代公民的一个重要素质就是应具有平等意识，所谓职务有高低之分，社会分工或个人偏好有不同，但人格却无贵贱之别，在以“教书育人”为主要任务的学校，应该杜绝所谓的“官文化”和人为分等级的“金字塔”，“官本位”的思想更应该离得远远的。老实说，我不是很有兴趣写这样的文章，人生可做的美好的事情太多，该探究的问题也不少，官位之类的追求也越来越远离了我的价值判断体系。何苦在应付完一件无聊的事情（看电视）之后，接着做更无聊的事（写感想）呢？只是当我拉杂地写下上述的文字，忽然觉得自己是在浪费时间，干脆不谈了，封笔一走了之。

# 谈些爱与不爱的问题

## 一

在爱这个问题上，从俗和超脱都是常见的选项。大部分人选择了从俗，因为它带来的现实快乐是显而易见的，于是他们有正常的“拍拖”，正常的婚姻，正常的生儿育女，顺顺当当而且其乐融融，这当然是无可厚非的；相反地，也有人视爱情为一切，试图把它拔高到一个生命的高度以求超脱，于是他们就会爱得不那么正常，比如不合常规的“早恋”或者“晚婚”，比如“门不当户不对”，比如悬殊较大的年龄差异，比如天各一边的地域相隔，还有比如那些“爱美人不爱江山”的传说……我总是认为，在那些所谓的“非正常”的爱情里，在那些貌似“不般配”的婚姻中，其实所含的爱之成分更多更纯粹。当两个差异极度悬殊的人走在一起的时候，除了慨叹类似“鲜花牛粪”之类的生活哲学以外，我们唯一剩下的就是钦佩，钦佩爱的力量之伟大了。

很长的一段时间以来，我都一直想找到一个人。我希望自己能全身心地爱着她，也希望能被她奋不顾身地爱着，爱得游离于现实，一无所有到只剩下爱，那爱情也理所当然地被上升成为一种宗教并被加以膜拜崇仰，按我当时的理解，只有把爱情置于一切之上，才能求得最大程度的理解和“相依为命”。什么为爱献出一切，为之远走高飞，浪迹天涯，生死与共等等，也就成了理所当然的事了。我曾经希望自己所有的文字和歌声都是为一个人而写，所有的生命活动也是为了一个人而转的。这似乎可以说是一种“文艺爱情”，只不过它最大的受益者不是当事人，而是文艺。

把爱情上升为宗教也许并不可笑，问题是必须找到一个和我有着同样想法的人，所以我一直无法找到。如果爱是一个擂台，一个出色的拳手是需要旗鼓相当的对手。后来我发现一个奇怪的现象，我往往在对一个女性产生兴趣的时候，就通过歌唱或写作来排解那种欲念，而当我完成了创作释放了那种“爱”的必要性和紧迫感的时候，往往会发现自己已经没了那种刚开始的欲念了，似乎变得有点不那么渴求爱了。“真爱需要等待”，但等待的背后是蹉跎的青春。“大器晚成”，但“晚成”的却不一定能成“大器”。超脱也许不是坏事，但过分的追求就变成对自己的委屈。

也许，随着年纪的增长，每个人都终归要选择从俗，解决自己的“终身大事”。

## 二

我们无法把握爱情造访的时机，正如我们无法确定其他的方方面面的机遇什么时候会降临到我们的生活里一样，爱情是一种生命的机遇。孤独的时候我们其实可以安慰自己：其实爱情随时都会来造访，说不定是明天，说不定是明年，也说不定是在很老的时候，每个人都会碰到爱情，即便像《廊桥遗梦》里的那个摄影师，同样也算是邂逅了一份真爱。抛开道义等的角度不谈，摄影师的悲哀就在于人过中年才遇到感觉。或者更说不定，一个人必须到了晚年，才能告别宿命的流浪，抵达梦中爱情的故乡。

很大程度上，爱意味着爱别人，也是让这个世间变得美好的原动力。被爱的经历往往会不知觉地被我们用来衡量自己，增加信心和鼓励，只有成熟理性的人才能走出这种爱的迷思。有一次我在整理散抽屉文稿时，发现了一封泛黄的信，那是多年前一个对我动过好感的女孩写来的，重新翻读，我为那种青涩年代所表露的心思感到不胜唏嘘。当时我不以为然，现在却发觉怀念有加。这也许是一种回返：年少的我成熟世故，等上了年纪却幼稚茫然，对爱的态度变得单纯而柔和，温情而感性，更渗透到精神层面。

世界上有爱者，也有被爱者，这是截然不同的两类人。往往，被爱者仅仅是爱者心底蕴积了好久的那种爱情的激发剂。“情到深处人孤独”，在灵魂深处，爱其实是一种很孤独的感情。年轻的时候我们都追求爱别人的感受，而不是被爱，却往往只是索求而不懂给予；年纪慢慢大了之后，在虚弱和无助中开始憧憬那种被爱的感受，但往往也沦为需要给予爱的那一方。到底是爱别人好还是被别人爱更好，有时候我们自己也解释不清楚。但可以确定的是，爱别人使得我们不断地追求自我完善，而被爱，却容易增长我们的惰性，让我们不思进取。

## 三

一个大学生在BBS这样“朴实”地写道：“我马上就毕业了，虽然也曾经有过女朋友，可是我已经不喜欢她了，我是爱的时候真爱，不爱的时候也是真的不爱，然而我没有勇气告诉她，我想其实她也已经知道我不喜欢她了，可她却不面对现实，我真的很内疚……”当不再不清楚的时候，一切就再简单不过了，这就是“不爱”的事实，几乎无法挽回。

有时候我们实在无法掩饰对爱情的失望之情，因为不管怎样轰轰烈烈地爱过，落实到生活杂碎的时候，其结果都是大同小异的。那个曾经情深意切的人也许会和你哭闹折腾没完没了，也会多疑猜测歇斯底里。感觉这东西很奇怪，它是人际关系和人情世事最大的基石，而且层层相连，环环相扣，互为影响，前一个感觉牵连了后一个感觉。感觉对了，所有的差异都是相互吸引的理由，感觉不对劲，所有的差别变成了离开的借口。于是总有那么一些时候，你发现自己真的不爱。你不愿和她热切的眼神对视，不愿听她诉说，不愿亲近她，不愿与之共饮一杯水，共躺一张床，不爱就是不爱，你勉强不来。你感觉到本能的拒绝和排斥。你不否认你曾经着迷过，但那些爱的时候很有意思的举动都成了不爱时的无聊举动。

加谬认为爱情是一种“混合物”，是一种“高级复杂情感的杂糅品”。他未免带着哲学和理性的眼光来看待。爱情作为情感“化合物”，其感性成分本就占得多一点，怎么可以用理智来归纳呢？感觉消失的时候，每个人都要面对现实，否则伤害就成了彼此的爱之方式。若说女人是所学校，我想，有的学校会让你成长进步，满载丰收的喜悦，而有的学校却让你一事无成两手空空，灰溜溜地耗尽金钱、时间和青春。那么，真正的爱情在哪里？真正的爱情也许只有在文艺作品里，在文字或歌声中，有颜如玉，有爱如风，有浪漫似水的情节，而现实生活里很难。

爱是不能用太多的理智来检验的，“雾里看花，水中望月”，“这就是爱，说也说不清楚……”。虽然我对爱情有足够的“聪明”，但更宁愿守着某些过时的理念，从而获得讴歌爱情的理由。

## 四

有的女人说，“我们分手吧”，这五个字该由女人来说，因为男人说这五个字太残忍、太没风度了。即使男方首先不爱她，也应该由她先提出分手。这样，女人就会赢回一点尊严，永远记得是她首先不要男人了，这样她也不会太过记恨。这话乍听起来似乎很有道理，但在我看来，有这样的想法的女性大都是在自我安慰，一种典型的阿 Q 式的精神胜利的体现。她们这样的所谓“洒脱”刚好给很多“花花公子”可趁之机，使得这个世界变得更加游戏，也多了许多不负责任的男人。很多男人通常做的，就是在不想承担爱情责任的时候对女性越来越冷淡，让她自己觉得没趣，然后主动说：“我们分手吧”。

爱是种神奇的力量，它可以让人产生比饮了美酒还美妙的陶醉；比喝了琼浆还甜蜜的回味。它更能让人发现自我，感受自己孤独的缺憾，强烈地渴求着“曾经失去”的另一半。爱，原来是让你意识到自己的不完整，意识到需要另一半来补充。因此，当面对成为必然的分手时，“伤心总是难免的”。分手往往给人太多怅惘，深深地感到孤独。没有什么人可以持久地等待你，不管是当初你爱上的，还是爱你的。当曾经心灵相契的人开始变得不可理喻而且原形毕露，这也验证了一个说法，即，没有被分手检验过的爱情似乎有点不可靠，因为爱过以后剩下的东西最能检验出一个人的真相。但如果真的分手了就最好断得一干二净，有的女人喜欢“藕断丝连”，其实这是最要不得的，对自己对后来者都不公平，往往弄得一团乱麻理不清楚，真正有情义的反而是那些放得很彻底的，正如秋天那些毅然凋落的叶子，其实是在成全来年的新叶，从而成全了整棵树。

人需要干脆利落，该断则断，该结束更不能流连忘返，感情如此，世事更是如此，否则人只会陷在过去里跟自己的往事纠缠不休，永远也走不出过去所设下的圈套。

# 文化冲突散谈

随着中国对外开放程度的逐渐深入，西方社会的人和事物越来越多地走进了我们的视野，跨国域、跨民族、跨文化的交往与日俱增，这就为我们提供了许多与西方人接触和交流的机会，这对于加深我们对西方社会的理解是一件好事，但这并不是一件简单的事情，因为我们所面对的是来自陌生的文化和国家，思维方式、生活习惯和行为方式与我们迥然不同的人，在与之交往的过程中不可避免的会出现文化冲突的现象。

文化冲突这个词，来自于英文“Culture Shock”，也有人翻译成“文化休克”，它指的是在不同的文化情境下的人们，遭遇在一起时产生的误解或心理冲撞；有时候也指在一种文化情境下熏陶的人，在另外一种文化情境中所感到的文化“不适应”，因而产生心理上的种种“不良”反应。因此说，文化冲突，实际上是以人为“载体”的冲突，或者也可以这样换句话来表达，是以人的冲突为表现形式。那文化冲突有哪些表现呢？跨文化交际中经常出现的文化冲突，主要表现在例如个人隐私方面的冲突、人际关系和社会组织的冲突、时间观方面的冲突，言语交际的冲突（分口头和书面等）、非言语交际方式（例如身体语言、手势等），以及权利义务意识等的差异等等。光从定义上讲，难免有些枯燥，下面我们结合一些生活中的实例，重点以隐私意识、时间观、交际礼仪等方面来稍微详细点加以阐述。

首先，西方人则非常注重个人隐私，讲究个人空间，人与人之间保持着一定的距离，不愿意向别人过多提及自己的事情，更不愿意让别人干预。相反，中国人的隐私观念比较薄弱，认为个人要归属于集体，在一起讲究团结友爱，互相关心，故而中国人往往很愿意了解别人的酸甜苦辣，对方也愿意坦诚相告，因此在隐私问题上中西双方经常发生冲突，例如：中国人第一次见面往往会询问对方的年龄、职业、收入、婚姻状况、甚至儿女等的情况，在中国人的眼里这是一种礼貌和关心，但在西方人眼里则认为这些问题侵犯了他们的隐私。比如说中国人轻拍小孩子的头部表示一种友好，而在一些西方国家，这是一种极不尊重小孩子的做法，父母会对此非常愤怒。又比如，一个美国人若是和一个阿拉伯人相遇。当他们在聊天时，美国人为了表示友好，总会接近一点对方，而阿拉伯人则会下意识地往后退。于是，就上演了一幕一人近，一人退的喜剧。美国人和阿拉伯人都会觉得奇怪，怎么对方那么不领情。其实，这也是文化差异引起的冲突。阿拉伯人的民族文化是以保持适当的距离表示尊敬，而美国人以为阿拉伯人对他的友好不领情，就一再地逼近。这也是对各自文化背景不了解而产生的误会。

其次，时间观常常在跨文化交际中引起误会，从而产生冲突。在西方，要拜访某人，必须事先通知或约定，并说明拜访的目的、时间和地点，经商定后方可进行。西方人的时间观和金钱观是联系在一起的，时间就是金钱的观念根深蒂固，所以它们非常珍惜时间，其时间观念是“单元”的，在生活中往往对时间都做了精心的安排和计划，并养成了按时赴约的好习惯，而且“deadline”的观念很强。而中国人则属于多向时间习惯的国家，在时间的使用上具有很大的随意性，一般不会像西方人那样严格的按照计划进行，西方人对此往往感到不适应，由此可见，东方人和西方人对时间有着大相径庭的观念。在西方，人们都有极强的时间观念，可谓分秒必争。若是约定一个时间，通常得提前几分钟到达。要是迟到几分钟，迟到的人一定得道歉。在生意场上，对待时间的态度更为严谨，迟到的举动，总会引致别人的鄙视，再大桩的生意都可能告吹。在东方，人们的时间观念普遍是非常差的。一个定在七点开始的聚会，七点半到还会被主人认为有点早，一般八点去参加是刚好合适的。由于对时间不同的民族文化心理，就造成了截然不同的行为习惯。从上面的事实可以知道，在对彼此的文化不甚了解的情况下，如果西方人来东方国家参加某个宴请或聚会，或是东方人到西方国家去参加某个 Party，都会引起不必要的误会。因为一方面是西方人去的太早了，另一方面是东方人去得太晚了，主人都会觉得诧异而尴尬。

在交际礼仪方面，比如餐饮习俗，西方人讲求尊重个人的选择，所以他们不会做强人所难的事。吃饭的时候，绝不会硬往你碗里夹菜，自己想吃什么就吃什么，他们也不会用各种办法劝客人喝酒，不会非要你喝醉了为止。相反，中华民族素有热情好客的优良传统。在交际场合和酒席上，热情的中国人常常互相敬烟敬酒，你来我往。主人有时会用筷子往客人的碗里夹菜，用各种办法劝客人多吃菜、多喝酒。中国人宴客，即使美味佳肴摆满一桌，主人也总习惯要讲几句“家常便饭，小酌薄饮”之类的客套话。值得一提的是，中国人注重谦虚，在与人交际时，讲求“卑己尊人”，并把这看作一种美德，认为这是一种富有中国文化特色的礼貌现象。在别人赞扬我们时，我们往往会自贬一番，以表谦虚有礼。西方国家却没有这样的文化习惯，当他们受到赞扬时，总会很高兴地说一声“Thank you”表示接受。由于中西文化差异，我们认为西方人过于自信，毫不谦虚；而当西方人听到中国人这样否定别人对自己的赞扬或者听到他们自己否定自己的成就，甚至把自己贬得一文不值时，会感到非常惊讶，认为中国人不诚实。

造成文化冲突现象的原因多种多样，究其根本，就是因为不同的文化、历史背景等必然带来人们思想、行为等多方面的差异，具不同文化背景的人们在交际时，经常出现的一个现象就是套用自身所在社会的行为规范来判定对方行为的合理性，由于双方的行为规范存在差异，常常会产生误解、不快甚至更坏的结果。所以说，要保障跨文化交际的顺利进行，就必须理解对方的行为规范，尤其是什么行为是被禁止的，在跨文化交际中是否能够正确地识别和运用行为规范是保证跨文化交际顺利进行的重要因素，最好的办法就是遵循入乡随俗的原则，就能尽可能地避免文化冲突甚至“文化休克”。

# 我的家我的天堂

课间休息的时候我会打开网络上的“视频点播”教学资源，随便让学生看看一些原版影片，有一次我看了一下美国影片《湖边小屋》，内容情节都不甚了解，但里面的有些台词却深深地烙在脑海里，例如“我在芝加哥，但心总属于那个小屋，那里的树”、“人只会盖房子，但盖不了家”等等，都令我无来由地感到触动。

许久以来，我一直渴望拥有，一直在追寻着一座自己的屋子，它不应该是靠祖先传下来的，不是单位分配的，不是向人租借的，也不是别人馈赠的，而应是我用自己的双手打造的一片天地，一砖一瓦凝聚着我的心愿。它不大，也不豪华气派，不夸张浪费，但必须很自然地与环境浑然一体，它收藏并庇护了我以及我所亲爱的人，孕育了我的美好构思，也凝聚了我的辛勤汗水，是完完全全的真正意义上的属于我自己的家。我希望在屋子旁边开辟一小片园子，种满各种果树，树下有秋千可以摇回童年，一些高低错落的角落成为各种家畜的家，而我屋顶的某个角落的能住着一窝小鸟，我参悟人生的很多想法也都会倦鸟归巢，都可以安然地被收容在它的怀里。直到今天，我依然停留在白居易的居住观，他写过的“门前少宾客，阶下多松竹。秋景下西墙，凉风入东屋。有琴慵不弄，有书闲不读。尽日方寸中，澹然无所欲。何须广居处，不用多积蓄。丈室可容身，斗储可充腹……”曾让我心醉不已，人生如飞鸟掠过，栖息天地间，能够这样已经足矣。

汉语的“家”，我认为其实有好几种解读，可以翻译成英文的词有：House、Family、Home等等，第一个词是从建筑角度对“家”进行描述，第二个词则是从社会角度所进行的解读，只有第三个词涉及到人的心灵需要。还是西方谚语说得好：“Home is where the heart is（家是心所在）”。许多年以来，我的脑海里一直有一个“家”的轮廓，幽静典雅，绿意盎然，古旧而干净的墙，错落有致的园子。如果没有外出读书直到教书，我应该是个农夫，一个永远离不开自然和土地的农夫。我直觉自己在本质上一直没有变，对我而言，故乡那片土地永远是一个挥之不去的符号。那些自然与乡村里的人与事，风俗与习惯，都蕴涵着我无限的童年回忆。我想，我是一直在为自己的心找一个归宿，而那片土地就是我最先和最后的立足之地。而家要成为天堂，一定是要和精神有关。

准确地说，越来越富的故乡给我的感觉似乎仍然很“贫穷”，家家户户省吃俭用也要像模像样地建一座“大厝”，我知道不是家家户户都很有钱的，肯定也有不少人节衣缩食都要弄出那么一个跟人相比的东西，要派头，这和城市里的房奴、车奴或卡奴之类也是同样的道理。村里人大都是农民或建筑工，他们大都目光短浅，有的人也丧失了农民淳朴的本色，虚荣心很强。他们带着一种让自己不幸福的观念过着日子，很少有人可以摆脱这样的宿命的悲剧传说。这种心态反映在房子上也类似一种“爆发户”的模式，比排场给外人看，其实里面都是简陋的装修，更不用说有什么能给家庭生活带来便利的电器。然而，人都是活在自己的年代以及自己对生活的理解里。正如他们有他们的理解，我觉得不可思议，我有我的理解和对生活的梦想，他们难以认同，但这是我自己的宿命，我没有理由拒绝和轻视任何一方。

我知道没有外人能真正理解我在追求“家”时的那种失落感，老家现在的屋子盖在村子中央，四面都围绕着房子，只有门前一块小小的空地，种了些蔬菜之类的，这座村民眼里的气派非凡的大房子始终没能成为我理想中的家，因为它的门前和门后栽种不了我的心愿，我变成一个最想回家又最不想回家的人，每当我收拾好东西想要回家的时候，都会近乡情怯，那种说不出的难受，每每都会把我回家的兴致啃得一干二净。我的父母亲都老了，人老了就会有点可怜。我多么希望他们能按照我提的建议那样健康长久地生活下去，然而，要他们接受我建议的生活方式似乎很难，比如一些生活习惯，比如信仰观念，尽管我知道来自父母的爱一直很浓烈，但要和他们做更深的沟通或交流几乎是不可能的事。我所有的关于家园的设想在他们看来都是一种天方夜谭似的荒谬可笑。母亲经常看不惯我的一些行为，当她念叨着谁家的孩子多么能说会道做人待事，谁家的孩子发了大财光宗耀祖，甚至同样是教师的谁家的孩子怎么在业余时间努力赚钱买了套房，我知道对她而言，那些人是成功的。但我这样一个沉默寡言又低调的老孩子，没有成家却老挂念着建屋子，她永远也无法理解。

建筑是人类留给大地的最沉重的礼物，也是人类灵魂和创意的收容器，我有兴趣研究建筑设计是基于我对建筑的理解，因为房子和家园应该体现的是对居住者的关怀，当一个人的身体和心灵，特别是愿望和想法没有归宿的时候，他就永远是漂流在外的流浪者。古人也说："忠孝难两全"，当梦想和孝顺不能两全的时候，对一个忠于梦想又想尽孝的人而言，是多么残酷的事情啊。我知道父母永远也体会不了我的向往，理解不了我的方案，我也实在不愿意盖个屋子来违逆老人家，让他们不开心，只能一拖再拖，那个从孩提时就立下的一直未能达成的愿望，因为埋藏多年，因为久久不能成真，反而变得很淡很冷如死灰。在一个摩拳擦掌本来就要开工的日子里，我又遭遇了一次不快的家庭意见的压力，于是再次封存压抑了归乡建造家园的想法。

春光明媚中，我写下了以上的文字，来纪念我梦想中的归不得的永远的家园。耳边回响的是一首民谣 Vincent 的歌词："Then how you tried to set them free，they would not listen，they' re not listening still. Perhaps they never will…"我知道我的家之梦一定会实现，只是在我成现实的"家"之前，梦想的"家"只能是一个孤单的梦，不知道会在什么时间兑现，现在我唯一能做的，就是把我的想法记下，把它写进一种刻骨铭心的愿望，并在日后慢慢地把它变成现实。

# 想要问问她敢不敢

十年前，我和几位外籍同事被邀请排了一个节目，大概是用吉他弹唱两三首英文歌，然后由几对交际舞功夫不错的老师在台上表演国标华尔兹，当唱到其中有个歌叫“Changing Partners”（《交换舞伴》）时，那些舞者也就互相优雅地交换一下搭档，因为是吉他弹唱比较清新，而且有老外的面孔，唱起来原汁原味，他们手里还得捧着蜡烛，而且一反常态别出心裁，因为一般的节目都是唱歌为主跳舞来伴，但这个却凸显了跳舞的，唱歌的变成背景，所以感觉比较特别，那天在学校看电影的纪念堂里演出了，从掌声可以看出效果还不错。后来又有一次文艺晚会，工会里那个联系节目的老师又找到了我，让我跟老外沟通一下，再表演一次。我跟她说如果叫别人去弹唱的话我可以负责和老外沟通一下，但我自己不想重复了，当时她脸上有点挂不住，我们都有点尴尬，但是我实在是不喜欢炒冷饭（尤其是在大庭广众之下更是显得很没意思）。早在读书的时候，有个深得辅导员宠爱的学长就用一曲《父老乡亲》横扫了我们几乎四年所经历过的大大小小的晚会，以至于只要她一上场，我们都会很失望地感叹“父老乡亲”又来了。

当然这是题外话，仅当引子，这里要谈的并不是这些，而是那首外文歌“Changing Partners”所引出的我和一个外籍同事的一些谈话，不知道怎么后来聊到了“交换伴侣”这样的东西，那是我第一次听到这个作为西方文化现象的一个注释，直听得目瞪口呆，一语不发。或许我那个老外同事觉得对一个传统意识浓厚的中国男人说这种事情很好玩，也许每个人的潜意识里都有看别人尴尬的苗头，她越讲越起劲，我也得以了解了一些。才知道一些欧洲人其实很羡慕伊斯兰教允许阿拉伯人实行一夫四妻制，同时也觉得中国古代一夫多妻制也很神奇。由于大部分欧洲法制健全，宗教盛行，按照法律或教规只能实行一夫一妻制。但随着社会的繁荣发展，各种多样化的思潮层出不穷。通过换妻俱乐部调剂跟更多的异性接触，能够使有的家庭在遵守教规的同时，又通过这样的“擦边球”维护了许多“食而无味”的一夫一妻制生活。外国人做起文化研究也大方得很，跟我说得很认真，也没什么顾忌，似乎很享受那种类似在酒桌上把一个不胜酒力的家伙灌得晕乎乎的乐趣，还说搞语言文化研究的不知道这些 Cultural notes 可不行，那些什么“换偶俱乐部”有一套怎样如何的不成文规章制度，遵循诚信而公平的原则等等……Oh，my god，我想我还是就此打住。

那已经是多年以前 Long long ago 的事了，时至今天，随着网络的普及盛行和中国飞速变化的世道，某些社会现象的存在使这个话题浮上台面，终于有人出来把这个西方文化里的残羹冷饭炒了一下。大名鼎鼎的李银河，中国社会科学院社会研究所研究员、博士生导师，美国匹兹堡大学社会学博士、北京大学社会学博士后，由她来对“换偶”发表观点就颇有“语不惊人死不休”的味道。上电视接受采访，她的言论被简单地归纳起来，大都被解读成同情同性恋、赞成一夜情、憧憬“多边恋”、不反对“换偶”、中国的“聚众淫乱法”已经过时了等等。她还认为，开淫乱 Party 之类的，只要是出于自愿，就不违法。

李银河的言论终于掀起了轩然大波，有躲在台下偷笑看热闹的，有一时接受不了脸红耳赤的，有赞成者举着双手盛夸为勇士的，也有反对者群起而攻之漫骂一通的，着实热闹了好一阵子，直到后来她终于宣布不再发表什么看法了才告一个段落，我想可能是因为有着良好出发点的她终于受不了媒体不怀好意的别有用心的曲解或起哄。其实，李的言论在我看来是无可厚非的，任何一个受过多元文化教育熏陶的有开放心态和国际眼光的人都应该可以接受，也可以体会她想为中国文明和人文现代化进程所作的一些努力和良苦用心。她的悲哀在于，作为风口浪尖的人物，高调地为一小部分做着这些“勾当”的人捍卫权利，不管是时机地点还是必要性，都选得不够恰当。存在自有其合理之处，这些“勾当”能带来的快乐，有点类似“淑女也疯狂”，其实恰恰是因为它们平时被禁止被大多数人排斥，那种由于人性解放或堕落，摒弃了道德约束的自由而带来的快感，是注定需要偷偷摸摸地融入在社会主流下的暗流，暗流涌动，作俑者也许才能自有其不可言传的乐趣，一旦它们被搬到台面上变成习以为常的家常便饭的时候，那种快乐就荡然无存了。或许我可以打个比方，例如很多时候我们喝酒的乐趣，就恰恰在于有禁酒令，一旦没了禁令，相当一部分嗜酒如命的人就会觉得索然无味了。

我分析李银河的言论之所以让很多人听起来很刺耳，另一方面的原因是，大多数中国人的自由观并未走到那一步，几千年的道德约束和传统积淀并没有赋予中国人太多酷爱自由放纵自我的基因，我们依然要保障一部分人不要自由的自由，正如我们必须给阿拉伯同胞在热带沙漠还围着头巾面纱的自由。再打个比方，如果老鼠只是爱大米，你何必要硬塞给它一块香喷喷的烤肉呢？据说在李银河的博客上，网友的留言污秽不堪，以至于她不得不一而再再而三地选择将留言板关闭。由于面对来自工作单位的上级和广大平民百姓的压力，两头不讨好，而李银河所捍卫的权利的少数受益者显然不是很买她的帐，那些没有受益的更是酸之入骨，她只好找个台阶下了也就在情理之中。她决定：“第一，尽可能少接受记者采访；第二，尽可能少发表与性有关的言论。”跟自己没关系，拉倒不再说算了，让该坚持的继续去坚持，该谩骂地继续去谩骂好了，老娘不趟这个浑水就是啦，呵呵。

李银河是中国第一位研究性的女社会学家，并于 1999 年被《亚洲周刊》评为中国五十位最具影响力的人物之一。作为一个女权主义者，我想李银河也许更愿意让人说起她社会学家的身份。她和王小波的爱情，曾经被人们塑造成一个神话。他们选择了不要孩子，两人对一些问题的看法都比较成熟理性而且另类，虽然稍微有一些差异，但是在许多研究领域上的观点应该还是比较一致的，否则也走不到一起。王小波在给李银河的信中曾这样写道：“做梦也想不到我会把信写在五线谱上吧。五线谱是偶然来的，你也是偶然来的。不过我给你的信值得写在五线谱里呢。但愿我和你，是一支唱不完的歌。”天妒英才，王小波终于提前谢幕，不知道是否放心去了，留李银河在这里唱他们未完成的歌。

李银河说她相信爱情，但不会听从传统的约束，可见她心里也是矛盾多多。在清楚西方那一套文化现象之后，同样作为既开放又传统的中国人，我很好奇并关注的是李银河将这些言论摆到台面并公之于给中国的“父老乡亲”的时机。她的这些心得或观点应该是早已有之了吧，假如我们尊敬的王小波先生还在世的话，我想要问问她敢不敢站出来，把这些言论的石子，扔向中国需要启蒙的或者不需要启蒙的“沉默的大多数”的人群里？

# 一个人两个人三个人

## 一

经常听人有感而发，说人都是一个人来一个人走的，这话的确有点看透世事的味道。如果你问我为什么还单身，作为一个简单的问题，我想我也可以回答得很简单：暂时没遇到合适的。至于为什么没遇到，我想我也说不出什么理由来，仿佛是一场寻找理想爱人的梦做了太久，忽然醒来的时候才发现青春不再，而大把的日子已经蹉跎了。我有时候认真地考虑了这个问题，我自己在探索的路上越走越远，我想找个亲爱的人难度越来越大，在我拥有的内在和外在的东西越来越多实力越来越“雄厚”的时候，我却要遭遇这样的尴尬。

很早的时候我就很相信这样一个判断：高远的理想属于那些独身者，那些形形色色的被寂寞折磨苦了的执着者和献身者。一个人的状态对很多人来说的确不好过，于是婚姻就成了一种集体无意识的逃避。到了一定的年纪，如果不是实在有主见的人，一般都会不由自主地走进婚姻，相当一部分人的婚姻是被安排的，因为或多或少有点不甘愿，这个念头很糟糕，尤其对于女性来说，嫁人几乎成了一门难以透彻理解的学问。一个结婚多年的朋友在深夜喝醉的时候打来一个电话，说因为我还单身，所以骚扰一下无妨，他语重心长地说了句内心话“千万不要找个自己没感觉的，一个不会让自己心疼的人结婚，实在没必要随便凑合……”我相信那句话的真实性，乃是他的肺腑之言。因为要较真的话，有很多国人的婚姻质量实在是有待推敲的，很多人早就该离婚了，只不过名存实亡地挂在那里罢了。

对我而言，我这样的“一个人”的状态不如说是自己的一个主动选择，婚姻开始慢慢变成一个需要很大勇气才能越过的边界。一段随便凑合的婚姻，还不如不要。或许我也可以像很多单身的人这样自我安慰：勉强走在一起的婚姻，除了带来无尽的唠叨和繁复，而且会用柴米油盐与物欲的攀比扼杀一个人的灵感，我要创作，所以我必须这样牺牲。这也许就是一种信念和梦想的力量，支持我“苦中作乐”到青春褪色之后再去见证另外一种人生状态。爱情的策略对我而言，似乎都不怎么适用。周围的同学朋友不断地在变化，走的走，来的来，结婚的结婚，离婚的离婚，而我却十多年来一直没变。

据说晚年的张爱玲很当心自己，仔细讲究自己的饮食，用最好的护肤品，每天消毒。她信奉“单独生活”的原则，我想大概是两段爱情都让她心力憔悴，对于人群的厌倦愈久弥坚，宁可“画地为牢”，躲进“文字狱”里，闭门写她的《红楼梦魇》，写她的《小团圆》。

## 二

那么两个人的话，问题是否就能得到解决呢？如果幸福也是个金字塔，我这样的生活会被很多人认为是孤苦伶仃的，但我想我不是属于那种底下挣扎的，至少也算是中间阶层，那些找到理想婚恋的可能是高高在上，但塔上端的毕竟比较少，大部分人在中间层中得过且过，我也不例外，只不过是靠个体生活不断的丰富和多样来打发日子，比我更惨的应该是那些勉强凑在一起貌合神离的大多数夫妻，他们被一些世俗的条条框框约束着，活在自己制造的假象之下熬着耗着，日子呼啸而过，但他们就是不愿意醒来。与其两个人浑浑噩噩，不如扎扎实实把自己的生命丰富起来，前几天看了网上的一个文章，说到“女人其实嫁谁都会后悔”，文中列举了嫁给不同男人的不同危机，包括有钱人、帅哥、专业人士等等，各行各业都点到一些，看完了也许有的女人会想，那嫁给既有钱又有闲，既有情趣又忠贞不渝的男人，肯定不会后悔。但问题是，世间没有这么完美的男人。即使有也配不上——因为女人自身不够完美。因此，嫁给谁都后悔，我们只能守着一份凡俗的婚姻，有缺点的人谁都不能幸免。这很无奈，但这就是生活。

这是一个婚姻的社会，对于婚姻产生的问题，也许唯一的解决办法就是不结婚，只要你受得了形影相吊的单身生活就好。这让我想起了自己曾经翻译过的一首英文诗：

> 一个已婚者恳请他的朋友
> 单身汉，早日成家以结束
> 他孤独凄凉的生活状态
> 就象一个海里的沐浴者
> 鸡皮疙瘩浑身青紫
> 却喊着，“水真不错！”

两个人的生活的确很不容易，我在胡茵梦的自传《死亡与童女之舞》看到一段抱怨李敖的文字，不禁哈哈大笑，里面说到两人同居时李敖的洁癖、苛求、神经过敏以及这些心态底端的恐惧与二元对立。例如李敖对她在屋子里不穿鞋而产生的“灰黑的脚底”的强烈反应，以及“对别人排泄物要求也颇高”，大便的异味都是值得打击的“罪恶”，真的是所谓“他人即地狱”。这样的文字，由一个“风华绝代”（李敖语）的美女写出来，显得特别滑稽。后来我想，这段文字其实很适合那些对某个美女陷入情网不能自拔的人去读读。

正如别林斯基说：“爱情是两个相似的天性在无限感觉中和谐的交融。”夫妻既是一个共同生活的整体，又是两个独立的人。它不会因一方的提高而“带高”另一方，只有双方共同提高，才是婚姻稳固和谐的基础。夫妻双方的某一方优点太多，不能为对方完全欣赏，只能另外寻找观众或理解的受众。我有时候看人家夫妻在谈话，言语中充满了对对方的厌恶和腻烦，就不禁感叹怀疑，莫非婚姻在本质上就真的是爱情的杀手，也是埋葬爱情的坟墓？那种感觉有点类似在跳舞，有的舞伴跳起来动作十分不协调，不过这还好，一曲完了你还可以再换舞伴，但婚姻要更换就麻烦多了，我很能体会一些n年之痒的人的那种“郁闷”，因此，我宁愿相信成功婚姻的秘诀无非就是一个字：忍。

## 三

进入两个人如果还无法过日子，那生孩子就成了摆脱两个人的无聊的一种最佳选择。一旦夫妻都意识到既然和什么人相处都有同样的结果，日子过起来都大同小异，不如善待对方，绸缪未来。作为“第三者”的孩子，当然其意义和“包二奶”或“红杏出墙”不可同日而语，很多情况下，这个“第三者”似乎就是为了稳固一个家而来的。仔细想想，那些“丁客族”（DINK，即 Double Income，No Kids“双份收入，没有孩子”）似乎很值得我们的崇敬，他们的想法似乎也不无道理，也许他们才是真正相爱，悟透婚姻的人。每代人都在为了下一代，下一代也会为了他们的下一代，什么时候我们才能停下来为了自己好好地考虑考虑呢？考虑一下生命的意义，然后再做决定要不要带一个孩子来这个世界“受罪”，不至于在来不及找到一个答案之前就匆匆离去了。

当然，一个独善其身的个体在婚姻的主流社会里，是不可能吃得开或混得很潇洒的，现实对他而言往往是局促而不公平的，因为每个人都会不由自主地想用自己的那一套去规范别人，特别是那些以为自己已经找到“幸福”的人，他们对一个探索者的压力是可想而知的。也许探索的人或多或少都应该做点牺牲，正因为如此，关于这样的话题，我不得不用这样一些我不是特别擅长的言语来表达，毕竟我也不爱争辩。因为很多人喜欢在争辩的时候，会超越话题，把自己认为合理的生活方式和生命安排，也一并亮出来强加给你，并告诉你这就是生命的意义和答案，你必须看齐。人世间所有的冲突，无不源于这种可笑的念头。

我大哥的孩子上了初中要高中了，我弟弟的孩子也上小学了，记得最初时从叔叔当到伯伯，有阵子心理上还有点不适应，更甚的是，我的一个堂侄子也在最近结婚了，这意味着我很快就要进入一个更为尴尬的角色：叔公。我心想，罢了，既然都晚婚到这个地步，三打的春秋岁月就这么过去了，心里反而对自己的人生规划更淡定了一些。我也愿意听听“一个人两个人三个人”的探讨，听听别人在寻找共鸣的人生观，但我的主见很深，宁愿只是听，也从不盲目接受，更不到处兜售。

# 制造的浪漫或快乐

某日看电视的音乐频道，听到了郑中基和陈慧琳合唱的这样一首歌《制造浪漫》，不由得有点纳闷：浪漫原本是属于心灵的感性派生出来的，也是要由心灵和感性去捕捉。如今居然可以“制造”了，如果真能这样也好，人们全部让理性、让模式化的流水线来生产快乐吧。只是我们不知道，这样的快乐还有什么人性和人本的意义？

也许一个感官时代已到来，现实生活中，尤其是我们生活在物质极其丰富的时代，人们不知不觉就背离了古典的浪漫主义，给“浪漫”蒙上了一层现实的外衣。时下年轻人流行的一句口头禅是“只在乎过程，不在乎结果”，这句话道出的是“体验主义”的实质。人的感官体验跻身到了时代的核心，这种“体验”已经远离浪漫主义，大大地打击了超验主义，更是突破了现实主义的范畴。它倒是有几分伊壁鸠鲁享乐主义的色彩，有几分存在主义的痕迹，渐渐崭露出感官主义的轮廓来。

我正在感叹不已的时候，又看到一个朋友所引用的一个关于“制造快乐”的有趣报道。据说，英国广播公司在最近公布了一条信息，向公众传播十条快乐的“秘方”。该“秘方”是基于六名专家进行为期三个月的研究得出的，这六人专家组包括心理学家、精神治疗师、职场专家和身兼哲学、经济、公共政策的专家。他们对五十名志愿者进行三个月名为“将逆境变成快乐”的研究。最后他们得出以下十条“秘方”：

每天最少向陌生人微笑或打招呼一次。

每天为自己做一件开心事，并真正享受其过程。

每天最少开怀大笑一次以上。

每天为身边人做点好事。

将每天看电视的时间减少一半。

每天睡觉前数算最少五件值得感恩的事。

多做运动，每星期三次，每次半小时。

每星期与喜欢的人最少聊一个小时。

打电话给久未谋面的朋友聊天，有可能并相约见面。

栽种及培植植物。

上述的快乐秘方原本公布不是这样，它们的排列经过刻意的安排。重新安排后，所谓的秘方很明显呈现出“量化的要求”。其中前面的几条是每天必须做的，后面的几条要求每星期必须做的。“一次”、“一件”、“一个小时”、“一半”，以及“最少”、“每……×次”等数量和程度限定词的出现，每天做什么，达到怎样的度才能发生效用，该“处方”亦都做了一定的要求和严格的量化规准，而量化的标准是典型的西式科学方法，已经广泛应用于社会各个领域。物理、化学、医学、工业制造等等，现实中到处渗透着量化的科学魅力。为了达到快乐，研究并制定快乐的处方，然后将这些方法量化到日常中。这个过程，犹如为了医生治愈病人，让病人每日按时、定量服药。快乐的得到，如果真的也可以用量化的行为来实现，那真是科学已经交渗进人的灵魂深处。

快乐居然也可以依据量化的方法“制造”出来，这是量化规则下的产物，也是科学和理性的又一同化物。这些方法不仅在数量上进行一些要求，而且在具体的事项上也有特殊的规定。看了这些条目，很容易让人想起宗教仪式。比如叫人每天为身边的人做好事，每晚临睡前回忆感恩的五件事，就是类似某些宗教的教义。世界四大宗教都是倡导教徒从善，也都呼求信众应虔诚、感恩、忏悔等等。这些专家研究出来的快乐方法，得出的结论竟是如此接近于宗教修行的行为，不免让人惊奇。并且，虽然只有十条方法，但实际上要日复一日、持之以恒地执行之，绝非易事。这个坚持的过程，也就更似于修行的过程了。

因此，我们可别看扁了这个简单的小“处方”，里面可尽渗透着生活的大哲学。为别人做好事、向陌生人微笑，这是舒缓、融洽人际关系的有效方法，也在提醒人们要自己的目光转移向人群，不要过多地沉溺于个人世界。减少看电视时间，也有这方面的用意。电视和电脑都是潘多拉盒子，潜藏着伤害人身心健康的诸多坏处。开怀大笑和投入地享受做自己开心的事情，也是自我调节、梳理的有效方法。打电话给久违联络的朋友，是借用友情的力量来调适情绪状态。运动，也有利于放松情绪。栽种植物，建立一个与自然沟通的管道，实在是件安全又怡情的事。

我们这个时代也许真的变了，假如那些先哲们还能活到现在估计也会目瞪口呆了，因为那种古典的浪漫主义，那种源自悲剧精神的快乐，都可以制造了。

# 追风的少年人

有段时间网上流传了一个糊涂父亲溺爱女儿以至于和女儿一起追刘德华的故事以后，报纸杂志也纷纷跟进，一时间各路媒体此起彼伏，炒得不亦乐乎。我曾经是个有所谓的“女儿情结”的人，也才开始跟着慢慢地化开了。要是真生到那样的女儿，真的是一种悲哀，但又有什么办法呢？当我越来越明白不是每个女儿都有可能长成天使的时候，我开始不介意儿子或女儿，甚至不介意是亲生的与否，好的孩子是上帝的恩赐，但不是每个人都有福气得到恩赐的。

我自己也遭遇过这样的被“纠缠”的事例，1995 年我别出心裁地做了一个吉他弹唱的作品集小卖了一下，2000 年我又故伎重演，做了两个专集，以一种手工作品的形式在我所在的大学和另一个我兼职的语言学院发售，当时帮我销售的是学生会里“校园十大歌手”的头号人物，我为了得到一些回馈，还在磁带的边上附上了联系方式，结果真的有人打来电话，说很喜欢我的歌，不时地都要打来一下，当时电话还没有来电显示，刚开始我还有节制地聊了一些，后来发现不对劲，因为我很快地听出她不正常的地方，她说她很喜欢校园气氛，偶然有一次来到我所在的大学闲逛，恰好看到了广告，就买了我的歌去听，她说她最喜欢里面的《歌者最后的歌》……

亲爱的妈妈，你不要为我伤悲，死去的人是高尚的，倘若那价值尊严胜过一切，这是它最后捍卫自身的选择。

亲爱的妈妈，你不要为我哭泣，死去的人是自由的，如果那灵魂想要超越生命，何不让它飞到它想要栖息的地方？

也曾想过灿烂人生，要长长一辈子，让爱情和理想都开花结果；谁知道平凡如我，要刹那成永恒，生命的来去难道都是错？我在夜里痛苦地问自己，为何会如此自责？

也许，我这一辈子只是为了歌和梦而来，歌声停了，梦已醒了，我也该走啦，亲爱的妈妈求你原谅我这一次，亲爱的妈妈请不要再为我牵挂。

那是一首蛮灰色的歌，起源于有一次早春三月，诗人海子离世十周年的纪念日，我想到那个自绝于人间的灵魂，然后又想到他的母亲，不知道在事过十年之后是否安好，突然觉得很悲哀，为他，更为那个辛苦把他抚养并送进北京大学的母亲，那个也许读不来诗人精神的安徽农村母亲不知道有没有得到过儿子临走前的安慰的话，我揣摩他卧轨前的心情状态，写下了这首类似“遗言”的歌。我写完就很少去听了，但没想到别人却不放过，这下可好，她持续不停地用电话打扰我，我有点担心她真的想不开，就答应跟她见个面聊聊，那人辞了工作租住在学校旁边，我从她脸上读出一种阴郁，后来我听到电话都害怕，用了来电显示，有选择性地接电话，接着她就淡了劲头了，电话就慢慢地少了。而我经历了那么一次，也没心思再卖什么歌了，那批磁带卖完了就草草收兵，只觉得有些东西真的是百无一用，还引来这么吓人的东西，得不偿失。

废话少说，关于那个追刘德华的故事，终于轰轰烈烈地告了一个段落。那件事迟早会淡出人们的视线，这是可以预料的，但留下的话题也是沉重的，因为毕竟有个生命因此而离去。理想主义的偏执也许是一个不错的品质，只是当这样的品质选错了目标，选错了追求的对象，那就问题多多了。明明知道有些事情是无法挽回的，但还是不肯放手或放不了手，这可以叫做执着和坚持，当然也可以叫做顽固和认死理，比如一个人可以通过长期的努力来练习长跑并把成绩提上去，但如果明知道自己短跑不行，没那种先天素质，偏偏不愿正视，非得也把自己练成“飞人”，这就有点悬乎了。也许随着年纪的增长，人越来越不那么浪漫单纯，认识上也会与时俱进，懂得什么是该坚持的，什么是该放弃的，什么是不能放手或放不了手的，不管是哪方面的追求，金钱、权力、感情等等，归根到底还是理智和现实在教会我们成长。对自己还有利的事每个人都有很多理由去追求，可还没到手的并想将来也一定有利的事，当然就不那么容易说放就放，即使这有时已经对自己有伤害，比如过度追求金钱而损害了身体，比如为了拥有权力而放弃了人格，又比如为了一段感情而两败俱伤的时候，我们就看到人们表面上的理由千差万别，但归根到底，意思都是一样的。

对歌星影星的追逐，在年少的时候也无可厚非，流行歌曲无所不在于我们的生活，需要我们认真审慎地去对待。我想，当这一切都成为过去的时候，变成追忆，也许就成了必须用经典、古典等词来形容，并抬到一个神圣的高度，台湾早期民谣的发展历程告诉我们，那时候的创作大赛是多么神圣，而且培养了不少大师级的人才。但放眼现在社会上的一个又一个选秀节目，“超女”和“快男”能培养或激发出什么，我实在不感到乐观，相反，它给很多少男少女对成功的错误解读。作为一档娱乐节目本无可厚非，但当它变成全民参与影响甚广的时候，连我们就不能不忽视了，严重一点地说，它给了很多孩子一个错误的导向，我们也只能培养出人云亦云的没有创造力的典范，永远活在别人的影子之下。整个娱乐圈越来越肤浅庸俗，这恰好契合了我们这个时代的气氛。在纷繁复杂的信息时代，当端上来的都是爆炒的生猛大菜时，我们是否该来点清淡的温补的炖汤呢?

杨丽娟追刘德华的事件其实很简单，但由于有媒体的炒作，所以就不一样了。也许最大的错误在于媒体，当我们越来越远离那些深刻理性的文化批判而津津乐道于这样的事件时，我们少掉了一种豁达和看破世事的沉静。我们看到的是谁和谁的分分合合，哪个男星拉着谁逛夜店了，哪个女星被偷拍露了多少了，哪个明星聚会发现了毒品，又有谁漏了多少税，等等，很少有什么报道在探讨深层的东西，在给孩子们做一些引导，去帮助他们给他们一双慧眼把这纷纷扰扰的世界看个清清楚楚明明白白，当那些追风的少年人盲目地津津乐道于那样的八卦，不计成本地搜集海报，在网上为了各自的偶像争来争去骂来骂去，我明白这个时代的一代人都病得不轻，这岂只是一个杨丽娟所能承受的？

第四辑

# 听听那些声音

# 吃了我的给我吐出来

知道花儿乐队似乎挺早的，据说当时号称是中国最年轻的组合，但没有太多关注，因为当时我还比较凭主观印象判断，知道没有一些文化积淀的几个中学生是搞不出什么名堂出来的。有次春节回到老家，听到我大哥的孩子在跟着电视哼着一个曲子，“洗刷刷洗刷刷……”一首莫名其妙的让我听起来很难受的歌。于是打听了一下，才知道“苹果熟了”，“花儿”红了，红得连小学四年级的小朋友都津津乐“唱”。

我在酸葡萄心理作用的驱使下找到了歌词，照录如下：

嘻唰唰嘻唰唰嘻唰唰嘻唰唰，kiss，嘻唰唰嘻唰唰嘻唰唰嘻唰唰，1234 no。

冷啊冷，疼啊疼，哼啊哼我的心，哦，等啊等，梦啊梦，疯拌请你。

拿了我的给我送回来，吃了我的给我吐出来，闪闪红星里面的记载变成此时对白。

欠了我的给我补回来，偷了我的给我交出来，你我好像划拳般恋爱每次都是猜……

伤啊伤，晃啊晃，装啊装多可惜，哦，想啊想，藏啊藏，嚷啊嚷请你。

唉……天天猜爱……夜夜呆，唉……时时怪爱……已不再。

凭我的理解力，似乎写的是两个早恋的中学生吵架了，在分清界限，一头雾水的我当即断定，我可爱的小侄子不可能听懂歌词在说什么，那么他们传唱的理由似乎只剩下旋律乎？然而旋律又是那么让我难受，难道多听几遍就会好受些甚至喜欢上吗？

于是在网上搜索了“嘻唰唰”，真是讽刺，跳在我眼前的是一大片关于花儿乐队抄袭的新闻。真是不看不知道一看吓一跳，而且还不止这一首，这实在让人有点不好接受。难怪有网友不停地挑刺，说旋律几乎是完全照搬，也有的进而推论说真正爱歌的朋友不要钻进一条中国歌曲的死胡同里，走出去会发现世上有着更多美妙的乐曲。这不，花儿就领先一步，替我们听了很多。当然，在这里我想说的不是花儿抄袭有多无耻，想发一番感慨是因为其后续的反应。人无完人，急功近利为了迅速走红而犯错是人之常情，但花儿似乎不觉得这是个错，在新浪做客的花儿乐队还坦言不敢保证以后绝对杜绝抄袭行为，因为他们每年用于创作的时间只有两个月左右，所以听大量的歌曲，如果雷同别的歌曲也就是他们记忆中的零碎。我听得一愣一愣的，这种百般抵赖和满不在乎的态度，让人深感悲哀，也是最让我不能接受的，这朵花真该摘了，这群说了一大堆瞎话而没一个脸红的花儿真的可以解散了。

写歌有时候很为难，你也许会发现自己辛辛苦苦作出来的东西，竟然和某个歌曲是如此相象，因此，多听或少听就成了两难，在我看来，各有利弊。正如你看书看多了，等到自己也写点东西的时候，有些词句潜藏于你的意识深处，变成了你自己的一部分，当你再写出来时，你也许就没有意识到。很多年前，我在一次课堂上解释英文短语 Swan Song（即“绝唱，绝响”之意）的时候灵感突来，后来谱写了一首《天鹅之歌》，再后来居然发现那个灵感其实就是发源自自己大学时在“英国文学简史”课上读过的一首英国女诗人 Christina Rossetti 的一首诗“Song”，当时想起来的时候我有点懊恼，更让我郁闷的是我还发现徐志摩曾翻译过那首诗，而且台湾的罗大佑也用这个诗谱了一首歌。虽然我的作品和他们的大不相同，但对于一个崇尚原创的人而言，这也是一件很懊恼的事情。至于“洗刷”之后，那样多的相同就不能不让人怀疑其出发点了，正如记者采访花儿时，大张伟的一段话很值得玩味：

“刚才说了我们都是从小就听别人歌长大的。我写歌的几年前，没准儿听过一首歌，几年后我自己再写的时候，就用了这个元素了，结果就像了。这确实是我自己的问题。新专辑主打歌《大喜宙》也是我自己写的，结果出来之后又跟韩国一首歌撞上了。我能怎么办？只好后来标明这是“翻唱”。所以我现在已经不在乎我做不做原创音乐了，这次我们翻唱了《忘不了》，以后可能会翻唱更多别的。要是怎么写都像抄袭，那还不如我直接就翻唱别人的呢。”从这段话我们不难看出花儿的“有意”或“无意”，明眼人一看就知道是怎么回事了。

更有意思的是，花儿歌词里那句：“闪闪红星里面的记载，变成此时对白”让人追溯到电影《闪闪的红星》里面的对白，大地主胡汉三，被红军打跑后，又回来了，于是他对全村的老百姓，说了这样一句经典的话：“我胡汉三又回来了！哈哈哈哈，听好了！拿了我的！给我送回来！吃了我的！给我吐出来了！……”如此看来，花儿应该还是有点头脑的，至少在歌词方面，这种创意就高明了很多，是一种积极的发挥，其实很可贵。花儿也和上世纪20年代的众多学贯中西的诗人一样，都是“借鉴”的高手。

创作需要底蕴，但这个底蕴大都来自多听多看的积累，也许在日后灵感突发，其实只是一种记忆的激活而已。这种情况我在大学时的演唱组做创作时，也出现过类似的问题，但因为有几个人之间的相互交流，比较容易发现问题，一般就把这些雷同的部分拿掉了。这种并非有意或恶意的抄袭或借用本无可厚非，发现了改掉了就好，作为一个知名的乐队，花儿的创作力也许不能被随便妄加猜测，依我看来，花儿只要真心地把问题说清楚并诚挚道歉一下就可以了，然而花儿似乎拿了却不送回来，更认为吃了的再吐出来还不如自己饱撑着，这就激起了有正义感的人士的强烈不满，也辜负了那些一直给他们捧场的“花痴”歌迷。无独有偶，类似的事件还包括了吉祥三宝涉嫌抄袭法国电影《蝴蝶》，《月亮之上》涉嫌抄袭英国组合BLUE的“All Rise”，央视青歌赛出现“抄”级男声等等，抄袭大有蔚然成风之势，让人叹为观止。

由于花儿乐队对抄袭事件的处理不当，恶性效应开始愈演愈烈，较早的时候就将“《嘻唰唰》涉嫌抄袭”公布在博客上的资深乐评人王晓峰在接受记者采访时用“灾难”来形容内地的流行歌坛。针对花儿的道歉声明，他气愤地说：“他们的解释厚颜无耻，说的问题都是避重就轻。这对内地歌坛来说是个灾难。”他坦言，由于目前各唱片公司在眼前利益的驱动下不注重培养内地的原创，纵容歌手抄袭，“他们一个声明就解决问题了，还能自我炒作，该唱的歌还是继续唱……”，作为一种商业时代的浮躁趋势，如果也左右了音乐创作，这实在是一件令人悲哀的事情。

# 从农贸市场到超市货架

闽南语是一个扩展型的语言，可以说是博大精深，闽南歌在全球闽南文化圈中还是广为流传的，其中一些经典老歌广为海内外闽南籍华裔传唱。然而和广东歌相比，闽南歌在我国大陆却不那么有市场。这固然和闽南语较为难学，本身难以用文字表达有关，更主要的是因为闽南歌的演唱者屈指可数，造就了单一的风格。大多数人对闽南歌的印象较为单一，觉得很土很俗（用闽南话来说就是“Song”），乡村气息浓厚，好多歌曲听起来就像是酒徒在醉后发泄或是小怨妇的诉苦。写到这里，我想起我所在的学校旁边的一个农贸市场，种种肉类生鲜海产，各式果蔬琳琅满目，然而地上有积水的坑坑洼洼，有宰杀鸡鸭鱼的血迹，有猪牛羊的内脏和扔掉的杂碎，还有腐烂菜叶的混合……

我对闽南歌的情感有点复杂，有点类似爱国爱家爱母语那样，被自己当成一件理所当然的事情。在对母语音乐的摸索和品评过程中，我惊讶的发现语言的情结竟是如此活生生的渗透在我的骨子里，毕竟是这一块土地哺育了我。有时候听到别人在议论闽南语歌曲，都局限在那几首耳熟能详的“名歌”上，心里自然有点不是滋味。这也难怪，说到闽南歌，我是有一种类似初恋的最初的情感，想到的可能是孩子时代淳朴的民谣，那种应该类似罗大佑描述过的“鹿港小镇”所吹来的清新之风。闽南歌表现出了一种闽南人的“义气”，那种在酒桌上换来的情感其实也是一种重功利和实用主义。《爱拼才会赢》、《世界第一等》这样的歌或多或少地表现了闽南人的性格里豪爽的一面，他们总喜欢用这样的歌来抒发自己的豪情，在醉醺醺的歌声中似乎他们都是世界第一等的男子汉。因此，很多人更喜欢用喊歌而不是唱歌来表达心情，听起来感觉俗不可耐。别人一下子就想到卡拉OK厅里那些大腹便便昂着脑袋的闽南生意人，看着屏幕上边唱边跳的“三点式”女郎，对着歌词的提示，扯着破嗓子大吼《爱拼才会赢》，那格调自然高不到哪里。因此，即便作为一个泉州人，我认为大众的这种看法也无可厚非。

出于一种天生的母语情怀，我经常会自觉或不自觉地去找一些比较“冷门”的闽南歌来听，这或许是研究方言所承载的一种文化和习俗的习惯或状态，因为接触多了想法就会改变，看法才能全面。突然发现，有些闽南歌不仅不俗，而且别有一番滋味，那些和人间沧桑、悲欢离合、爱情亲情、乡村民风等主题相关的闽南歌听起来特别的纯朴，字里行间提炼出来的中下阶层闽南人的生活智慧、闽南男子的豪爽和义气、闽南女子特有的柔情温顺，是最让我喜爱的地方，感觉特别地贴近生活，充满了故乡的情调。当很多闽南的小孩子都开始不讲“土话”的时候，学了标准中文学了英文法文的我，却开始了一种真正意义的回归。有时我离开泉州到别的地方，在异地的商厦、酒吧或歌厅等场所，甚至是一些市井角落听到熟悉的闽南歌曲调，都会倍感亲切。在家的时候感情反而没那么深，到了其他地方却特别地想念，觉得它是那么美妙动听。

早期的闽南歌，应该是类似《天黑黑》、《烧肉粽》之类的民谣，纯朴而自然，如同《酒干倘卖无》里这句简单的收破烂或空酒瓶的吆喝的那种味道，通俗而亲切。后来台湾的很多闽南歌是直接从日本歌曲填词过来并流行开来，比如《温泉乡的吉他》，也算是当时一种典型的殖民地文化，有点类似《一支小雨伞》的情调，该歌曲描述的是一对情侣雨中结伴的浪漫。同时期的还有《讲什么山盟海誓》、《爱人跟人走》、《惜别的海岸》、《浪子的心情》、《故乡》等等。很多闽南歌传达了一种特别的味道，例如《舞女》、《车站》、《含泪跳恰恰》等，我听过一个对闽南语一窍不通的东北女孩子居然可以把《金包银》唱得清清楚楚，句句准确字字到位。外地人喜欢闽南语歌曲的理由不可能和我一样，在他们听来不理解的歌词反而有点说不出的味道，如果你要否认这种特别的味道受欢迎的程度，那么，不妨听听这个很多人耳熟能详的《舞女》：“多少人为了生活，历经了悲欢离合……啊，有谁能够了解，做舞女的悲哀”——没错，这就是先后被无数人翻唱（包括用国语），并且一直到今天仍然流行在中国大陆地区各个舞厅、迪吧、夜总会、乃至超市里的经典曲目，它的生命力之顽强也是我生平罕见的，尤其离谱的是，这样一首歌曲，不仅仅是那些“坐台小姐”们的首选，就在朋友聚会或逛超市的时候，竟然也听到了这首歌，显然证明了良家妇女们对“啊，来来来来跳舞，脚步开始摇动，不管他是谁人，人生是一场梦”这样的灯红酒绿纸醉金迷的“糜烂生活”也是心生向往的。这有点类似广东歌的流行，通过注一些相当于普通话的拼音来演绎外文歌曲，被当做一件时髦的事情。

就我个人感觉，闽南歌的演绎就是一种挑战，有时候不能很到位，这可能是唱惯“国语”的歌手太过绅士或淑女了，不能够传达出闽南歌的“土”，当然更谈不上能把其拔高到一种“大雅若俗”的地位，因此唱不出什么味道或风格，比如小刚、蔡琴的闽南歌就是失败的例子，在我听来比他们的国语歌相差甚多。很多闽南老歌，调子很像民间的传统音乐，从老唱机里飘出来，轻轻落在心里，泛起涟漪。值得一提的是，有的闽南老歌在岁月的沉淀下成为经典，并变成某些创作的因子，颇有一种另类的感觉，比如孙燕姿唱的《天黑黑》，不论是旋律或歌词都堪称杰作，难怪连张学友也忍不住拿来演绎了一番。我还喜欢一首叫《雨夜花》的老歌，谁唱的不是很清楚，我想张清芳唱的那首《花雨夜》就是根据这首而写的。对于母语是闽南语的我来说，当然觉得很对味很好听，不知道其他人怎么看，下面简单推荐一些专辑和散曲，齐秦的《暗淡的月》和《纯情歌》两个闽南歌专辑，陈小霞的《大脚姐仔》和《化妆师》专辑里除了主打歌之外，还有《傀儡尪仔》、《尚旧的新衫》等等，好歌不断。在我的印象里，伍佰、游鸿明、张宇、罗大佑、张惠妹、张清芳、万芳、孟庭苇、阿杜、巫启贤等等，都有过或多或少的闽南歌作品，黄品源的《不知谁娶到你》，黄小琥的《家后》，苏芮的《花若离枝》，张清芳的《无人熟识》、郑智化的《一封信》等，以及男女对唱的闽南歌，例如伍佰和万芳的《爱情限时批》、伍思凯和江蕙的《秋雨那一暝》等等也都很不错，从词曲创作到演唱配器，都值得细细聆听一番。我自己也写过一些闽南语歌，最早的作品从初中时就尝试了，其实就是在用闽南语写了诗，然后谱了曲的，听起来感觉很淳朴。我写的第一首闽南歌名为《月光光》，歌词照录如下：

月光光，月光光
照着厝后门
阿母山边种田园
起早摸暝为三顿

月光光，月光光
不倘云内藏
阿爸做工路途远
好好照伊把家返

月光光，月光光
替我做打算
父母艰苦我心酸
满腹担忧未安顿

我自己比较满意的是这个作品里的韵脚，对于母语是闽南话但由于工作原因却不经常说闽南话的我来讲，简直是一种不经意间得到的神来之笔，那种感觉也有点类似写英文歌，词的获得和韵脚的捕捉不如中文来得容易，只能是瞬间的灵感突现。在写了不少“国语”歌之后，我忽然发现了回到方言母语的那种乐趣，不管是用词押韵或是唱腔方面，其实都可以给我一种异常亲切感，也许只有懂闽南话的听众，才能体会到那种奥妙。

我想，闽南歌之所以会被一些人认为“不登大雅之堂”，可能在于它曾经被固定的模式和面目错误地传达给了“受众”，以至于定性的印象很难被扭转过来，这不仅是属于作者或唱片业者的悲哀，更是听众的损失。

也许只有更多的优秀的创作者或歌手加入到闽南歌的演绎中，才能打破施文彬、阿吉仔、沈文程、洪荣宏等等“老土派”的闽南歌给人的固定印象，其实有些闽南歌表现的也是一种很高雅细致的情感，所需要的只是精致点的演绎和包装，从而把闽南语歌坛从一个下里巴的“农贸市场”变成一个上档次的“超级市场”。这有点类似净菜上市，甩掉了根和泥土，包装好了登上了“大雅之堂”，当我们在一个琳琅满目的超级市场的冷气柜台前，突然发现了一样很对口味的菜，精致地摆在那里，这种感觉让你如获至宝。我们可以从张惠妹的闽南歌里面体会到这样的变化，比如在《心事谁人知》里面的弦乐团的加入，《鼓声若响》则剔除了陈升的“农民气”（虽然我更欣赏陈升的版本），加入了一个作秀的帅哥的吉他伴奏，而翻唱洪荣宏的《恰想也是你一人》，也颇有脱俗之感。至于《惜别的海岸》，也唱出了属于她的风格，但《港都夜雨》则显然演绎得不如齐秦。又比如，梁静茹在她的新专集里尝试了一首颇有马来西亚腔的闽南歌《憨过头》，她的声音一直是我比较欣赏的，清冽得像山中清澈的小溪，涓涓细流，沁人心脾，这首歌听起来有点类似在品尝家乡地道的番薯粥和萝卜干，十分清脆爽口。很典型的闽南歌的哀怨和倾诉，也许每个人都有过错失的爱情，最后几句自责在不经意间触碰了我心底那块柔软的区域，令人不禁唏嘘。

然而，风格单一的软绵绵甜到腻味的闽南语歌到了上世纪九十年代以后，开始有了些突变，例如台语摇滚出现，最早的莫过于林强的《春风少年兄》和《向前走》。2005 年 7 月，七年未发行全创作台语专辑的伍佰&China Blue，举行了发片记者会，献出了前所未有的融合电子与摇滚音乐元素的台湾味十足的闽南语大碟《双面人》，带给乐迷耳目一新的新震撼。伍佰的“台式摇滚”也影响了福建的一些本土音乐，前不久有人偶然加了我的 QQ，向我介绍一个叫“苏醒”的闽南本土乐队，我听了里面的那首唯一的闽南歌《印象泉州》，颇有点伍佰“台客摇滚”的味道。

# 红色摇滚乐翻天

第一次听到红色摇滚的歌，还是在大学读书时，从隔壁宿舍的一个录音机里飘来的，那是一盒不知道从哪里翻录过来的磁带，当时我们恰好在组织革命歌曲的歌咏比赛，当时我都听傻了，大家也乐不可支，革命歌曲居然可以这样“吼”，唱得这么有个性的，还是头一回听到。于是经常听，直到有天管楼的老伯上来干预了为止。

那是一张名为“红色摇滚”的专辑，唱的大都是关于祖国民族和解放战争的革命歌曲，比如《国际歌》、《社会主义好》、《中国人民解放军军歌》、《娘子军连歌》、《社员都是向阳花》、《我们走在大路上》等等，还有几首是侯牧人写的，比如《兄弟》、《小鸟》等，大体的创作班子如下：

指挥和配器：侯牧人。

主唱：老侯、张楚、刘晓梅、何天慈、马备、秦勇、卫华。

伴唱：现代人乐队。

大合唱：总政歌舞团。

这些战争年代的革命歌曲大多数时候是被拿到舞台上字正腔圆地表演，其实不能给听众一种力量的感觉，然而被改编成摇滚形式的时候，生龙活虎的效果就出来了，怎是一个“猛”字了得？我想除了我们楼下那个看楼的老伯会觉得有点刺耳，任何有血性的人都会听得心潮汹涌热血沸腾。

首先我要评判的是里面的原创作品。知道侯牧人是因为有一次偶然听他也唱过一曲《我爱你中国》，充满了北方人那种普普通通的真实和血性。该专集里的《兄弟》有点类似那种“打工”歌曲，比起《九月九的酒》或《流浪歌》之类的，似乎更粗鄙了一点，但并不像那些歌一样流于浅俗。歌词说道“兄弟，我的兄弟，在外面要靠你自己，兄弟，我的好兄弟，你好好混，不要太着急……”，完全是没有底蕴的白话，但作者的高明之处正是通过这种全没有加工的粗朴表达了出来，一种真实浓厚的“兄弟”情让听众为之感动，同时也体会到音乐的深刻。作为该专集的指挥和配器，我们不得不佩服侯牧人对各种乐器的理解力，远远超出了普通乐队对配乐的观念，而且他的配乐似乎会说话，变成了歌唱的一部分，对歌曲表达力的强化推波助澜，与演唱相得益彰不可或缺，显得厚度十足。

接着聊这些红色歌曲的选择，把本来严肃庄重的歌曲拿来演绎，首先需要的是勇气，然而正因为不是那种百分百的正儿八经的“英雄”，因此当他们也在用一种很认真严肃的口吻唱时，到了听者这边反而凸显了一种幽默的效果。从某种意义上讲，他们还原了那些峥嵘岁月的真相，让人想到了身穿解放鞋，排除万难，艰苦斗争的“土”，而绝不是类似在舞台上那些军装笔挺、声音嘹亮、字正腔圆、一板一眼唱的军歌样板。毕竟革命不是请客吃饭，更不是载歌载舞，红色摇滚在某种情况下更如实地代表了斗争的严酷性，而这种精神，只有摇滚才能将它说得清楚，只有用摇滚的形式，才能在舞台上把它发挥得淋漓尽致。

最值得推崇的是《中国人民解放军军歌》，从整齐的“向前向前……”开始，雄赳赳气昂昂充满了阳刚之气，呈现出一种战无不胜的精神风貌，显得很有气魄而且很够男人味。然而这种大无畏的气概也一反传统的被塑造成百分百完美典型，无论是嗓音还是咬字都凸显了一种“土气”甚至是“痞气”，尤为幽默的是里面有一句“从无畏惧，绝不屈服，英勇战斗，直到把反动派消灭干净”，听起来很像是“从无畏惧，绝不屈服，英勇战斗，真他妈反动派消灭干净”，让人听了忍俊不禁觉得特别滑稽。尤其值得一提的就是最后那句排山倒海似的吼声“冲啊”也很有意思，听完再去听严肃版的传统军歌，说不定会觉得浑身无力。

在我们 20 岁出头的年轻时代，第一遍听《社会主义好》，先是傻傻的觉得很震撼，后来简直跟着乐翻天了，那种喜气洋洋的翻身农民由衷的赞歌，被表达得淋漓尽致又朴素真实，套用现在的话就一个字“爽”。其实用这种形式教育下一代也未尝不可，既可以让他们不忘本，又可以振奋精神。回忆革命先辈为民族洒下的鲜血，鼓励其继承革命先烈的精神，为我们的中华民族之崛起好好学习，多做些力所能及的事。

如同另一个摇滚乐队“唐朝”演绎过的一样，《国际歌》也是味道十足。合唱里的女高音应该是受过专业训练的，特别是结尾部分的高音，配合着很有磁性的男声合唱，显得很有穿透力，开大音量听的话，让人禁不住要流汗。

此外，还有一首本属于扭秧歌的那一辈老大爷老大娘的歌《社员都是向阳花》，唱出了一种“朝气向上、大干快上”的劲头，作为反映特定政治年代的产物，现在听来，显得别有一番风味。

革命歌曲反映了人们对过去岁月的缅怀，如果能以这样的形式与时俱进跟上时代的步子，还是有点教育意义的，因为总比被遗忘被淹没在岁月的尘埃里来得好，至少可以影响到不少吃着汉堡喝着可乐长大的这一代人，鼓舞他们对生活的热情和斗志，把他们从“欧美风”、“港台风”熏陶下拉回来。只可惜的是产量太少了，其实我觉得“红色摇滚”还可以再演绎那些类似《游击队歌》、《大刀进行曲》、《黄河大合唱》、《英雄赞歌》之类的。不知道是因为其他原因，还是这帮哥们遇到了什么阻力，后来也没看到他们有什么后续动作，这张专集竟成了绝版，不仅难买，也不好找，我想我只能在这里说点感想，仅供有意寻找这些声音的人在听的时候参考一下。

# 姜还是老的辣

前段时间在一个歌厅喝酒，在朋友的催促下点歌，因为一下子没弄懂怎么操作点歌的屏幕，只好按歌手来找，就随便点了姜育恒。发现他居然唱了个老歌《在雨中》，而且是个比较新的演唱会的对唱版本。画面上姜育恒的样子依然很普通，戴着眼镜，感觉儒雅斯文，而且年纪大了些以后，面庞慢慢地不像以前那么紧缩了，只是唱歌时忘我投入的样子依然很专注且富有感染力，让人感觉到他那一颗仍然在为音乐“驿动的心”，于是一下子又被拉回到了大学时那些为他的歌着迷的日子。

还记得是大学二年级的时候，有次外语系的广播台传来这首《谁能忘了我》，“我是天边单飞的孤雁，流落湖面的水仙……”，飘渺的歌声空旷而悲凉，那是我第一次听到姜育恒的歌声，印象很深。后来有一次周末，大家都去游玩逛街了，我去找一个高年级同学时，他正在床头弹吉它唱歌消遣，那个场景打动了我，于是打听清楚歌手，他唱的那一首是姜育恒的《长青》。后来我买了一盒姜育恒的《多年以后·再回首》，也学会自弹自唱他的一系列歌曲，从此和他的歌结下了不解之缘。那是一个很容易着迷的年纪，我很罕见地类似“追星族”一样关注他每一次新歌的发片，因此收藏了不少姜育恒的专辑。

至今，在我的磁带架上，还有姜育恒的 12 张专集，搬家的时候舍不得扔，毕竟那些磁带烙上了自己成长和青春的历程。相当一段时间磁带成了一种摆设，只为那些记忆里的往事而留着。想不到现在重新提起音乐评论，它们却成了不可或缺的参照物，下面我就看着这些老磁带，逐一地加以评点。

首先是他的两张精选集，收录了很多大家能够想到的姜的经典歌曲，比较耳熟能详的在此处不多说。还有两张是翻录的姜育恒的《心歌》，很多老歌经过他的重新诠释和演绎，焕发了新的生机，也集中地体现了姜育恒的典型唱法和个人魅力。正如第一张封面所写“不是新歌，不是老歌，只是姜育恒的歌”，成功后姜育恒又翻唱了另一批老歌，旋律优美，唱的荡气回肠，千回百转，实在是让人百听不厌。我比较喜欢的有《我的心没有回程》、《每一个晚上》、《再爱我一次》、《穿过你的黑发的我的手》、《走在雨中》、《只有分离》、《月亮代表我的心》等等，但遗憾的是这些姜育恒风格的翻唱歌都是比较不为人所知的。

接下来评点一下我手里的这些专集，按时间来排最早的应该是《但愿长醉》，我当年吉他启蒙时的这首《长青》就是收录于此的。谈不上特别的喜欢，只是演唱风格和曲目编配上都给人以一种最初的清新之感。

《多年以后·再回首》应该是姜育恒最广为人知的专辑，从而奠定了他歌唱事业的巅峰，相信也是众多歌迷收藏的圣品。封面是崇山峻岭中逶迤的长城，一袭风衣的姜育恒眺望远方，另一张是以天安门为背景的，他放松地坐在广场上，寂寞的眼神却掩饰不住王者的霸气。正是凭借这张专辑，姜育恒拥有了无数热爱他的大陆歌迷。专辑中的十首歌曲首首耐听，曲曲回味无穷。曾经有段时间我为了上台表演，老听那首《我是个需要很多爱的人》，居然也模仿到可以以假乱真的地步。

《我还有梦·想哭就哭》也是姜育恒丰收时代的杰作之一，我最喜欢里面的《你的心还能住多久》，这张专辑是姜育恒在1989年的收官之作。无论是从歌曲的制作上还是演唱上都可以看出，他正在追求一种新的东西。《戒烟如你》中出现了大段的口白，可以说是姜育恒的一个创新。

《一个人》的封面拍得绝对经典，昏黄的灯光、吉他的局部、男人笔挺的西装领口、这样的背景衬托着姜育恒悲戚的眼神，忧郁的嘴角，很容易引起喜欢怀旧的情感脆弱的人的共鸣。另外一张照片也是忧郁的色调，基本的元素是：仰头望天的男人、夕阳照射下的礁石、琥珀色的海水，无一不传递着忧郁的味道。而歌曲制作也相得益彰,《一个人》、《当拥抱结束》、《那一夜好冷》等等,都堪称“忧郁王子”的忧郁绝唱。《分一点梦给你的家》让人想到一个负责任的好男人形象,结婚了有孩子的男人可能听了后会有马上买单回家“老婆孩子热炕头”的冲动。此外,配器也很精致,其中有段歌中的排箫如泣如诉,令人叹为“听”止。我个人认为这是姜育恒最完美的演绎,也是最能体现他的个人魅力的一张。

《旅》这张专辑推出于姜育恒大红大紫的辉煌似乎也告一段落了的时候,媒体评论姜育恒已经走入了“自掘的陷阱”无法摆脱出来,而年轻的新一代歌迷已经不需要他的忧郁了。但我认为这张专辑还是下了很多功夫的,我最喜欢的歌《寂寥与等待》,正是收录于此,这首歌的创作灵感来自郑愁予的诗《情妇》,是我认为的情歌对情诗最完美的再创造。此外,《一如往昔》、《不能说一句爱你》等,也值得一听再听。

在《有空来坐坐》里,姜也不再一味的忧郁,他带着成熟男人的风度,亲切地用大段大段的口白,叫你“有空来坐坐”,在真情日益被冷落的都市氛围里,听起来实在窝心。可以看出姜育恒在风格的转换上还是很用心的,《不能停止的爱》是这张内容不多的专集(一共只有 9 首歌)里我最喜欢的歌。

有段时间,我忽然觉得姜育恒有点矫情,于是就比较少听他的歌了,刚好也是姜育恒离开歌唱相当长的那段时间,后来,阔别许久的姜育恒终于又在 2000 年复出乐坛,出了一张《女人的选择》,似乎唱得依然得心应手。但是我很不喜欢《女人的选择》的歌词,曲调听起来也不舒服,另外姜育恒的形象也改变了,腮帮开始发福,眼镜成了流行的款式,衣装鲜艳带着点“哈韩”的色彩(其实他本来就是到台湾发展的韩国华侨,哈),这些变化也让我感叹不已。据说做生意亏本了,不知道和这个有没有关系。曲风也有点变,某些咬字也怪怪的,感觉当年那个“忧郁王子”已经早已远去,消失在人海了。

我听过不少歌星的歌,但真正触动我灵魂的歌是必须用情来演绎的,好听是一个因素,但深度和内涵更是歌要持久影响一个人的重要原因,在这方面,姜育恒做到了。也许姜育恒的歌再过许多年还是经典,正应了一句老话："姜还是老的辣"，这话一点都没错，即便在难得一见的演唱会上，他唱的《烛光里的妈妈》也别有一番情调。不管是唱自己的成名曲，还是换成了《刘家昌之歌》，越老越有魅力的一曲《在雨中》依然是被他和一个女声你唱我和，演绎得淋漓尽致，大快我心。

值得一提的是，姜育恒的那些带有念白的歌曲，比如《最后一次等待》、《寂寞的缺口》、《戒烟如你》、《有空来坐坐》等等，很适合在泡吧的时候听听，有一种属于成熟男人的小资情调。难怪有人说"喝完美酒，感慨人生，唯有姜育恒"，的确，在卡拉ok酒到微醺，很多怀旧的人都忍不住要高喊"跟往事干杯"、"别让我一个人醉"，只求"但愿长醉""忘了我是谁"。

# 她们的掌声响起

“孤独站在这舞台，听到掌声响起来，我的心中有无限感慨，多少青春不在，多少情怀已更改，我还拥有你的爱……”

一首多年前的老歌，引起了这么多人的共鸣，粗略打听了一下，起码有七八个知名歌手唱过这首《掌声响起》，只不过有的流传开来，有的流传得少。可以想象，每一个歌者想必都是有感而唱的，那种心情的轨迹在歌词里表露无遗，从出道时的默默无闻，经历过种种艰辛和磨难，到终于成功地站在舞台上接受大家喝彩的时候，尝到回报时的喜悦，这样的感触是可想而知的，也只有历经坎坷并最终摘取了成功果实的人，才能体会个中滋味。表达这样的情绪的歌曲也不少，比如赵传在《我终于失去了你》后面那几句歌词所传达的心情，和它就有异曲同工之处。

我第一次知道这个歌，是很早的时候，有个叫包娜娜的歌手在一次联欢晚会上演唱的。后来流行了一阵，原因可能和曲调优美，歌词动人有关，符合一般人欣赏流行歌的心理习惯，由低沉的铺垫开始，然后起承转合，副歌激昂也容易传唱，后来我学吉他弹唱就经常用这首歌做练习。记得当时有一次和同学在准备学校的合唱歌咏比赛，在唱腻了那些革命歌曲之后，作为文娱委员的我，突发其想要用这个来代替，叫几个同学合了一下，旋律朗朗上口，歌词也容易记住，还稍微改动了一些，加上和声伴唱，丰富了很多，觉得效果还不错，只不过不知道为什么后来没弄上台，我想也许是和歌咏比赛的主题不大协调。这个创意在我们演唱组自创的毕业晚会的主题歌之一《来去之间》的结尾处中得到体现，只不过换成了“舞台搭起来，灯光亮起来，我们把手拉起来，欢乐笑出来，眼泪流下来，我们把爱唱出来……”，由四个女生和我们一起配唱，当我在台上看到一位老师眼泛泪花的时候，我明白在那一刻，我们的真情和愁绪在那一晚都达到了一次难得的高潮。

后来陆陆续续听到或看到了更多的不同的歌手演唱《掌声响起》，相信很多大陆的同胞和我一样都是通过包娜娜而知道这首歌的，也曾以为那就是原唱，其实最早的原唱是台湾的凤飞飞，她的版本带着那个时代红歌星的大家风范，中规中矩而且结尾处重复了好几遍，有一种古典式的对乐曲力求准确和表达层层递进的完整性。

内地歌手成方圆的版本我不是很喜欢，因为它莫名其妙地被配成了类似进行曲的伴奏，而且无缘无故地被变得欢快，精神抖擞，有点不合时宜和赶鸭子上架的感觉。另外，毛阿敏也用她那《绿叶对根的情意》的嗓音唱过这个歌，她的版本我没听过，有人说唱得最好，可能是“物以稀为贵”吧。

再后来的梁静茹，她在“爱的大游行”演唱会的这个彩排混音版，不知道为什么让我听了有说不出来的难过。因为此歌是要献给父亲的，她唱得很动情，泪流满面，比较容易动情的小女生可能会跟着哭出来，她说从小到大一直在唱歌少不了家人的支持，《掌声响起》也是其父亲生前很喜欢唱的歌。我虽然也认同这种投入和真诚，但觉得要是开始能沉住气为结尾的情绪释放做铺垫会更好些，因为一开唱就太过动情反而有点走调。听说她在马来西亚的节目访问里谈到她未走红时参加过很多歌唱比赛，父亲常陪她左右给她鼓励，她相信在天上的父亲一定也能一起见证在舞台听到的掌声，想起以前的心酸历程，不禁泪洒满脸，如此说来，那种情绪的震荡就实在是可以理解了。

孙燕姿版的演唱听起来不错，虽然只是一个演唱会的片段，给我的感觉是一个充满了乐感和理解力的小精灵的即兴发挥，某些细节处用了点个性的抒发，这种情绪挥洒和另类的处理别有一番风味。正如“超级女声”中我觉得比较可以欣赏的张靓颖也曾演绎了不少别人的成名曲，但她的发挥往往过分了点，飞得太远，而孙燕姿则演唱得相对含蓄，局部细节处理得恰到好处，也不至于太多、太放而让人感觉是在卖弄技巧。

至于那些以翻唱为己任的“超级女生”，更少不了也要选唱一下这个歌，但我没有具体听过，不好作什么品评。我想，《掌声响起》之所以如此地受欢迎，在于它的确道出了艺人舞台背后不为人知的奋斗艰辛和失败等待的孤独终于得到安慰后的释放。我不是什么特定歌星的fans，但同一首歌不同的人来演绎，让我更清楚领会了每个歌者的独到之处。

有一次在一个音乐聊天室，碰巧看到一帮流行老歌爱好者在为《掌声响起》的原唱者是谁和各个版本好坏争论不休，年纪大的可能更喜欢凤飞飞、包娜娜那一辈的带着点成熟沧桑的演绎，年纪小的更喜欢梁静茹、孙燕姿等的新式唱法。从他们的争论我知道了连男歌星如罗文、小刚等人也唱过，只不过没那么为人所知而已。

其实在我看来，对一首歌来说，除了词曲作者之外，不存在谁翻唱谁的问题，演绎歌曲往往无先后好坏之分，而是诠释风格的不同，要不然大家在卡拉ok也不用煞费苦心地去演绎，听听原声再现就可以了。同样一首歌，不同歌手的演唱肯定都会烙着自己的符号，甚至是同一个歌手在不同的时间，演绎起来都会有所不同甚至大相径庭。这种临场表达的随兴自我的重要性可以从萨克司管的大师悉尼·贝切对学生的指导中得到印证，他说：“我今天只教你们演奏一个音符，看看你们能有几种演奏方法——降半音、升半音让它嚎叫，使它浑浊，你可以随心所欲地演奏。这才是用音乐表达你的情感，跟说话一样。”

作为一首和知音分享的歌，《掌声响起》无疑是朴素真实并且富有真情实意的，它特别适合在演唱会表演，并且能成功地沟通歌者和听者的心，更有意思的是，它本来的出发点就是一首反对演员假唱的歌。我们的成功，只有在我们的知音的分享中才能成倍地扩散，我们也只能在关爱我们的朋友的掌声中听到自己的价值，掌声响起来，多少想说的话因为有了真诚的共鸣而化为无言。

找个相聚的场合，一俩知己或三五好友，一把吉他或某个包厢，一杯茶或几瓶酒，让歌声交会你我的爱，陪着熟悉并了解你的人，一起唱回到那些简单的岁月。掌声响起会让人更明白，在多少青春不再多少情怀已更改之后，我们还依然能拥有彼此的爱。

# 妈妈留给我一些歌

有天我到福州，在仓山的学生街花了五块钱买到了一张郑钧的专辑《我们的生活充满阳光》，回来听了一下，发现居然好歌不断，除了同名主打歌之外，我还喜欢里面的《花儿为什么这样红》、《我只在乎你》、《妈妈留给我一首歌》等等，正如封面上所写的：在生活的疾奔中猛然回首，所有的往事瞬间化做一股暖流……

此刻，我就听着这个专辑，并在这股暖流的召唤下写着如下的文字。

在我童年的时候，妈妈留给我一首歌，
没有忧伤，没有哀愁，
唱起它心中充满欢乐，啦……
每当我唱起它，心中充满欢乐。

《妈妈留给我一首歌》是整个专集里我最喜欢的一首歌，里面那种说不出的味道有人听了可能会忍俊不禁，感觉很孩子气或者用闽南话“阿狗”（就是形容小孩子说话很“嗲”的意思）来形容最恰当不过，甚至在高音处还有点破，显得很真实。有次一个朋友来了，我偶然播放了这个歌，他听了问我是不是我唱的说感觉特别像，我笑着说不是，不过心想，如果我来唱的话可能跟这个效果也差不多。

《我们的生活充满阳光》原唱于淑珍，虽然年纪一大把了，现身在

《同一首歌——记忆里的歌声》里的时候，依然宝刀未老，不仅演唱得悠扬圆润、柔美舒爽，而且给人感觉高雅慈祥、善良正直，她如同歌中那一缕灿烂的阳光，让人倍感亲切振奋。这样的歌被郑钧演绎的时候加入了类似摇滚乐的伴奏，显得有点另类的味道。作为一首优秀的激扬人向上的励志歌曲，在现今被爱情歌曲抢占一空的中国流行市场，不管是怎么演绎，只要想到去唱它，都尤其显得弥足珍贵。这个歌把原先似乎不搭边的两类人、两类风格团结在一起，老少携手，其乐融融。

《花儿为什么这样红》被处理成男女声对唱，别有一番风味。干净优雅的提琴开始，接着一件件乐器依次加入，层层递进，特别值得一提的是对唱的女声，音色纯净高扬，配合得恰到好处。对歌曲的选择和感知也许也是“英雄所见略同”，此歌真是长盛不衰，千锤百炼，演绎过这个歌的有很多人，比如唐朝乐队、红色摇滚、刀郎等，还包括女歌手韦唯、朱哲琴等，并不是每个人都可以翻唱得很有味道的，比如刀郎的和韦唯的听起来就很倒胃口，但郑钧和丁菲飞的演绎，算是不俗之作。

《我只在乎你》，和郑钧演唱《甜蜜蜜》的处理有点一样，但编配更动感十足，让人听了忍不住要多喝几杯或随之晃动，比起邓丽君那些“靡靡之音”更加充满了“靡靡之音”所要带给人的麻醉和堕落的快感。

大部分的歌曲都很老，当时演唱这些歌曲的人，对于今天流行歌的受众而言，现在应该都是奶奶级的人物了，不知道听到今天被重新演绎的会有什么感想，不过我想至少也会开怀一笑，豁达地接受吧。

有一次我从学院的办公室要返回的时候，突然听到有人在用悠扬的女高音唱着“我们的生活充满阳光，充满阳光……”，我顿时愣住了，仔细循声发现唱歌的是外语楼那个负责分发信件打扫卫生的后勤人员，一个属于在别人眼里有点“傻”的那种人。干活很勤快，见面都很友好地打招呼。她也许是以前那个典型年代塑造出来的典型人物，是那种被教出来的雷锋式的模范但在商业年代却显得特别“傻”的那类人，有的同事开玩笑的时候爱用她的名字来举例，也许是为了收到一种幽默的效果。但在我看来其实她和别人也没什么两样，有时候我看她穿着拖鞋和破了洞的袜子在很起劲地拖着地板擦着窗户时，都会觉得感动不已。

“我们的生活充满阳光，充满阳光……”，我在楼梯拐弯的地方站了好一会儿，从她那用原先的卫生间改装出来的工作室传出的歌声虽然不如原唱那样真挚动人、甜美纯正，但是听得出她很用心而且旁若无人地发乎自然地在唱着，也许手头还有正在做的活，使我想起了从前“光荣属于80年代的新一辈”，那一代是多么的热爱生活，一切欣欣向荣，充满生机活力，而那个时代的歌声也往往让人倍感鼓舞，精神百倍。

我慢慢走了回来，忽然间感到一阵惭愧，原来只要不跟生活索取太多，生活就一定是充满阳光的。

# 那些忧伤的“王子”们

歌坛有不少唱伤感情歌的，鄙人以自己的喜好和准则，也曾密切留意过许多打“忧郁”牌的歌手，有点年纪的朋友可能都知道，早期在台湾，王杰、姜育恒、齐秦、童安格，号称四大“情歌王子”，到后来的张信哲、游鸿明等等，都或多或少地带着忧伤的共性，以至于所谓“忧郁王子”的称号，有人说是姜育恒，有人说是王杰，也有人说该是张信哲，到现在也不知道应该封给哪个人。

王杰在 20 世纪 90 年代初期称霸歌坛，他的事我不想多说了，只知道当时我们宿舍里有个同学，搜罗了几乎所有他的经典歌曲，《一场游戏一场梦》、《忘了你忘了我》、《是否我真的一无所有》等等，反正一有新歌就可以听到，而我当时所喜欢的是姜育恒，也是处心积虑地尽量收藏他的曲目，那些日子的着迷，不亚于现在的“超女、快男”的“粉丝”们，也许年轻的时候大家都是如此。在我看来，听王杰的歌如果你心情好的时候可能还想跳舞，属于那种外向型爆发式的忧郁，比如有次我午睡醒来，听到他和苏芮合唱的《梦醒的我》，就印象非常深刻。还有什么《永远不回头》，也是节奏感很强，力量十足，王杰的歌是很悲，但是也充满了阳刚之气，催人奋发。王杰不知道鼓舞了多少不得志的年轻人，他辉煌的时候盒带表面的宣传就是：只要有华人的地方就有王杰的歌。因此，听了王杰式的悲歌之后，有时反让人振奋精神，你要不信，不妨去听听《忘记你不如忘记自己》、《是否我真的一无所有》，甚至后来的《伤心 1999》等等。

相反地，姜育恒的则是低吟浅唱内向型的忧郁，听姜育恒的歌很容易让一颗心沉静下来，他的嗓音也许不是很突出很棒的那种，但绝对有点个性，刚出道不久时声音略显细嫩，但后来越唱越好，沧桑和磁性得不得了，正如一坛好酒，需要时光的沉淀和雕琢。“忧郁王子”这个称呼是台湾音乐界送给姜育恒这个韩国归侨的，是台湾音乐界对姜育恒的认可，本人喜欢姜育恒更多一点，另外当时王杰的专辑里面很多歌曲都有重复，给人感觉太泛滥了，不像姜育恒那样，每张专辑都类似在推一本新书一样，这一点也是我更喜欢姜育恒的原因之一。关于他的更多评论，我在《姜还是老的辣》一文里有详细另述。

把齐秦和童安格放到一起来谈，是因为在我买过的一个吉他弹唱歌本，就全部是集合这两个人的作品，齐秦是20世纪八九十年代许多人的偶像，喜欢他的人各式各样，有的是为他的歌声，有的是为他的外表，还有的是为他的个性风格，即使到了现在仍然魅力不减，我就曾看过他不久前出面担当一个选美比赛的评委，看来仍然是有巨大的杀伤力的。陈小霞（撰文另述）在接受《新京报》采访，被问到“还有其他想合作的歌手吗”的时候说了这样的一段话：“如果再有的话，应该还是齐秦。可我给齐秦写了《朋友》之后，就再没有给他写过一首歌，因为每写完一首歌要给他的时候都觉得不够好，套句俗话就是觉得配不上他。我太了解他值得什么样的歌，但我不敢出手，有点害怕。”由此可见，齐秦（或许还可以加上齐豫）的确有着先天的过人之处，完美的嗓音是来自上天的恩赐，才缔造了这个歌坛上的神话。喜欢他的人甚至很多是“明星”级的，连最近的一个电视选秀《快乐男生》的冠军，也是因为沾上了“很像齐秦”的光。相比之下，童安格可能是很多上点年纪的女性的最爱，称为“师奶杀手”也许不为过。童安格曾经也是多才多艺，作词配曲演唱制作集于一身，他的风格少了点齐秦的孤芳自赏，也不同于王杰的叛逆沧桑，在音乐上走出了他们那种孤独单一的取材范围，更趋向于大众化，民歌化。最近一次看一个电视晚会现场，听到他在演绎新歌《青春手卷》，看到了他不再青春的模样，这个听名字有点类似童话中的王子的男人，终于还原到了世俗生活的真相，彻底地老了。

另一个颇具争议的忧伤的声音就是张信哲，据说他刚出道的时候，公司要他模仿王杰也成为另一个忧伤的浪子，但可能是性格使然吧，尽管他本人也很喜欢王杰，却不能适应那种情况，加上王杰的浪子形象已深入人心，所以张信哲竟无法打出一个可以叫得响的口号出来。但说句客观的话，张的唱功很好，嗓子也是很有特点，理所应当的有自己的一席之地，有的人却不喜欢他，说他的嗓子是“娘娘腔”，其实说这些话的人，也许只是出自本能的喜好或偏见，他们没想去认真倾听音乐，这些题外话我也不想多说了。我并不是所谓的“粉丝”歌迷，不过也蛮喜欢他的某些歌，一些词句或旋律，例如“我用情付诸流水，爱比不爱可贵，听山盟海誓唱得字字都可贵……”就曾深入我心，另外，《爱如潮水》、《从开始到现在》等等，也是演绎得用情用意，楚楚动人。

最后一个我想谈谈的就是游鸿明了，我本想特别谈谈他，因为自己曾经由听他的歌出发，写过一些感性冲动的文章。很早就知道，他是在幕后写歌，后来发现其实他人气很旺，所谓“游式情歌”、“伤感诗人”也深入人心，一直有很多铁竿的追随者默默支持着，并不需要多言，就不再浪费篇幅了。值得一提的是，游的创作能力非常强，有很多好歌都是他的曲，比如那首广为传唱的《爱我的人和我爱的人》。另外，他在推出每张专集的时候，主打的歌曲都是拿得出去叫得响的杰作，从《五月的雪》到《下沙》等等，无不是这样。加上精心拍摄的MV更是大大地丰富了他的作品（在我看来，《五月的雪》的MV拍得绝对是门艺术），而且他对歌曲的诠释很到位，假声功力很强，属于实力派的偶像。

记不得是哪个人说过这样精辟的一句话，“艺术的本质是忧伤的”，我想，这和马克·吐温所言的幽默的真正力量是来源于忧伤也许有异曲同工之处，在忧伤的声音中，我们耳朵得到了安慰与解脱，也许就是为什么人们要听歌，为什么要听忧伤的歌的原因。当我们理解了“忧伤”，理解了忧伤其实给我们带来了快乐的时候，我们是否就抓到了“艺术的本质”，是否就该庆幸，就该在听着那些忧伤的“王子”们的歌声中让自己彻底快乐起来呢？

我不知道。你肯定也听过他们，你说呢？

# 你的品味我永远不懂

我有次打通一个朋友的手机，听到里面传来了“老公老公我爱你”的铃声时，一下子觉得有点不是滋味，不知道该说些什么，还没接通就兴趣索然地挂了，因为我突然有感想发，于是写下这样一些文字谈论一下歌词创作。

近年来，音乐制作的门槛降低了，唱片市场已经开始走入低谷（很惭愧，比如我自己就已经很久没买过唱片了，都是在网络下载免费的歌曲），与之相反，网络音乐的盈利开始出现迅猛增长。太多的人急功近利，作者创作的时候开始有意往低俗的路子上走，创作歌曲时首先想的是怎么能出名，所以不惜用各种各样的方式来迎合一部分受众的关注。有些网络歌曲太粗俗，简直不能算是音乐。但是有争议就能吸引关注，一旦引起争议，歌火了，创作者也赚足了眼球。这就是网络时代的音乐创作不得不面对的一个巨大的事实。

从那个“老鼠爱大米”普及到幼儿园的孩子嘴里开始，到“两只蝴蝶亲爱的你慢慢飞”的流里流气，再到稍微有点小情调的“擦掉你身上有她的香水味陪你睡”，我也听过一些网络歌曲，应该说有些人还是有一些小天分的，但网络的平台让很多歌明显在走“大路货”的路线，人们常常用“火”这个字评判一些新歌，恨不得马上就传唱在大街小巷。音乐人真的那么在意一首歌火不火吗？我想，应该在意的是其创作生命力是不是强盛。十年二十年三十年你要一直在一个位置上，一直有好的作品出现，这才是真正的有追求的音乐人。这个时代的流行歌曲好像越来越不容易让我心动，能让我费劲心思想去挖掘或琢磨的似乎还不曾有过。相反，回忆在我成长的那个年代的很多流行歌曲却让我觉得很舒服，他们能经得起我的反复琢磨，直到现在认真想想歌词，觉得还是挺有味道的。

一个偶然的机会，我在网上听到一个叫小代的歌手，用吉他弹唱了很多20世纪八九十年代的老歌，然后在最后总结的时候，放了一个自己写的《那些歌》，歌词照录如下：

当我年轻的时候，就唱首古老的歌
岁月象静静的小河，从心底慢慢流过
当我苍老的时候，就唱首孩子的歌
看着他透明的眼眸，想起了从前的那个我

当我快乐的时候，就唱首朋友的歌
当我悲伤的时候，就唱首孤独的歌
当我迷失的时候，就唱首简单的歌
当我寂寞的时候，就唱首思念的歌

当我死去的时候，就什么歌都唱不了了
是否你还在轻轻唱着，我曾经最爱的那些歌

小代的人气很旺，因为吉他弹得不错，但他宣称只唱老歌，我想他的观点大概反映了一个时代的歌者对一个时代的优秀作品的尊重，我也很爱弹唱他所演唱的那些歌，当然这可能跟成长的背景有关，但是更重要的是那些老歌所传达的那种生命力造就了这样的取舍。优秀的歌能经得起时光的检验，特别是歌词，能把作者对社会的感悟和理解，对生活的悲喜与爱恨传达出来，而当这一切通通化为歌声，由心而动，就能获取听众的共鸣。

反观我们现在所处的环境，歌词的艺术性被自发的市场扭曲了，歌唱变成了“娱乐”，和“文艺”似乎脱节开来越离越远。如今好的歌词越来越少了，似乎越是无聊粗俗就越能流行开来。那些娱乐新闻八卦消息，更是一些没什么价值的文字垃圾。当然，媒体也是有一定责任，只追求商业目的和眼球效应，这在客观上为那些低俗歌曲的泛滥起到了推波助澜的作用。如果多一些潜入作品的实质的评论和新闻，我想创作的风气会大为改观。

十五年前，当我唱的一首关于“哥哥妹妹”的民谣不经意让在学校附近咖啡厅里喝酒的一对毕业生情侣动情泪下的时候，社会上的“妹妹坐船头哥哥岸上走”正在高音喇叭里大行其道，正因为有那样的泪水弥补了我的缺憾，我那些忧伤的浅吟低唱被埋没了自然没什么可心理不平衡的。而十五年后的今天，当我在街头或网络的流行频道或者别人的手机铃声传来的歌声中依然摸不到流行的真谛时，我真的开始怀疑自己是不是步入一个品味的误区了，是听众的耳朵不再“雪亮”？还是他们的品味我真的不懂？因为流行歌词正是我们所处的时代和社会的晴雨表，无论是什么原因，能走红的东西也恰恰反映了大众品味的一种走向，如果说“大众”注定不是如我这样的人可以追求的一个价值取向和坐标，我也无话可说，只好认了，套用两句流行歌词，那就是——

> 你的品味我永远不懂，我无法把你看得清楚；
> 你的品味我永远不懂，感觉进入了层层迷雾……

有一次走在宁静的校园，一辆估计是校外开来的吉普车从校园大道上呼啸而过，我听到车上传来了震天响的“如果那天你不知道我喝了多少杯……我也不会相信第一次看见你，就爱你爱的那么干脆……”的确，如果不是经历到这一幕，我真的不明白那一刻我究竟有多讨厌一首歌，我忽然明白了一个道理，也许音乐本身都没有错，每个人都有他在音乐上的喜好的权利，但把自己的喜欢无限制地放大了甚至强加到别人身上，那就是一种“恶俗”（一个我平生第一次用的形容词），也是一种招摇过市的粗俗品味。正如我表达了这样的看法，并不是想试图说服什么，只是想让有同样心得的人悄悄地分享一下。

# 诗人与农民

要说歌手里比较具备诗人气质的，陈升是我第一个想到的歌者，接着我可能会想到一个过气的创作人周治平，因为那首《我把心遗落在1989》的情歌，但是原谅我这个文章“稍稍地走开”一下，因为他有时候细腻得让我不敢“像是孩子似地满心期待”，这里我只谈陈升，谈他那种农民式的诗人气质，谈他那种可以唱到人心里的诗意。

最先接触到陈升的作品，是《魔鬼的情诗——1988－1994爱欲之潮来袭时》那张专辑，封面的宣传文字改用了Paul Simon的一个专辑标题，变成了“Bobby Chen：Still Crazy after all these Years”，里面的歌几乎每一首都很动听，开篇那首干净的吉他弹唱的《不再让你孤单》更是让我喜爱得不得了，于是赶紧扒带直到学得也可以像模像样弹唱的时候，发现陈升浑厚的嗓音居然是我无法完全靠近的，很有底气而且很有男人味，不像我这样单薄（当然或许说好听点我这是雅致）。

陈升的很多歌带有浓浓的诗意和哲理，以及他所保留的一个朴素农民的本色，这些都是我所欣赏的。在陈升的作品里我常常发现，歌声是陈升的，诗意却留给了作为听众的自己。我喜欢他的歌主要还因为它们往往能让我由歌出发并走得很远，而非只是一种浮光掠影的听或抒情而已。开头的诗意是陈升很多作品的共同特点，我永远忘不了第一次在Channel［V］听到“住在窗台上的薄荷草，它在醒来时就迎着光……”时的震撼，画面也拍得很美，一曲看完，感动得起了一身的鸡皮疙瘩。也许只有真性情的男人才能吹着口哨，仿佛漫不经心地走在雨中，永远保持孩童般的单纯，才能在心里眷恋着“薄荷草”的醒来和“小黄狗”的寂寞。下面再举两个例，听听开头，就诗意顿生：

飞翔在两万英尺的高空候鸟要归乡
并不需要坚强或任何悲伤
就让那日日夜夜想不透荒谬的心事
尘封自己心中不被发现最神秘的地方
我请问烟尘往事那一位归乡的老人
手中握的相片那个人是谁
老先生缓缓转身露出了光彩的眼神
微笑对我说明是他的抱歉……

又比如另外一首《塔里的男孩》的开头是这样的：

草原上的小孩说那人疯啦，说有天使要回来，
你问他回来又怎样，说野菊花要绽放。
他自言自语走向路的尽头，而那里只有风吹过，
千万不要问我是谁呀，是海边的野菊花……

除了这种诗意之外，陈升也在作品里传达了一种朴素。这也凸显了陈升的另一个特点：朴素而真实、厚道而睿智、邋遢而率性，有点像一个看透世事的老农民。只要你愿意走近他，和他聊聊，总会有所收获的。《红色气球》、《拥挤的乐园》等也是我比较喜欢的，感觉他就像一个鬼才烟枪老顽童，一个台湾乡村的酒鬼老大叔，当他唱到“点一杯 Tequila Bon，叫人心情沸腾……”时，听者也完全进入另一个似乎醉了的世界，理智算什么呢？“沸腾的都市，盲目的爱情、流行的都市，不安的感情”更像是一种贪杯的举动，唱歌反而退居其次。真情流露无罪，一个感情饱满的人是不会骗自己的。

这里特别要提的是那首很多人都很爱唱的《北京一夜》，陈升创作这首音乐时添加了京剧的元素，刚好唱出了歌词里面希望表达的凄凉和沧桑，查资料了解一下一些文字典故的含义，你就会发现它相当能打动人心。我觉得这是一首只能属于陈升的歌，别人的演绎都不伦不类的，就像是在恶搞，因此不管是任贤齐，还是王菲那英张信哲，不管是信乐团的男唱女声，还是李宇春的女唱男声，都在陈升原始风貌下照耀下黯然失色惨不忍睹。然而，作为原唱与创作者，陈升却带着不可思议又莫名其妙的表情说："回过头来看看，好像《北京一夜》不关我事呢，是天上掉下来的……"根据陈升的回忆，当时去北京的百花街录音棚，只是为了给电影写配乐，但他与编曲人李正帆却始终不能找着感觉，"但那时全世界都知道我在北京录音呢，要是弄不出好的东西，我还不如自杀算了。"碰巧一天两人在路边吃涮羊肉，当时陈升已经想好要打包回台湾了，一边懊恼一边用闽南话哼出"我按怎会在北京"，像极了英文的"One Night in Beijing"的发音。最后在李正帆的强烈要求下两人回录音棚将简单的几个小节转化成一首经典之作。

陈升关于创作的感慨最令人深思，"这种东西好像不是人设计得了的。有的人写歌会写很久，听说罗大佑先生为一句歌词等了十年，这没什么不好。但我始终觉得越是幽默对待，越是放松心情，可能越会另有一番收获。所以，努力工作用力地玩，人生也不过就是几个秋，不要急，要慢慢品尝你的生命。"那也许是一种无关悲喜的柔情和散漫，其实是一个男人的平实的想法和感受，很生活化，但却很有思想甚至充满了灵魂的呐喊，我不否认自己的那些相同的品味和心境，可我却常常做不到那样快乐豁达笑容可掬，看到上述的那段采访文字，我终于明白了在他的歌里有我要找寻的东西，也明白了为什么那些深邃的忧愁竟然能由一个老嬉皮似的粗犷男人传达得如此到位的原因。因此即使当他唱着那首名气很大但在我看来却只是其比较有流行商业味道的《把悲伤留给自己》时，我们也可以看到他敞开宽厚的胸膛，用他的豁达大度感染着每个受伤的女子或每个彷徨的男孩，也许在唱完这个歌，他们都会终于释然，都不妨把悲伤留给了陈升并带走属于自己的美丽，这首歌也因此雅俗共赏，适用于亲情、爱情、友情甚至是说不清楚的婚外情。此外，陈升也是罕有的能关注到小男生的那种大哥，比如《塔里的男孩》，比如《如风的少年》，比如《关于男人》，比如《思念人之屋》里拍摄的MV的那个男主角，等等。

我想，陈升是个典型的自由派知识分子，他的歌不商业媚俗，不附庸大众，总是沉醉在自我的表达中。在清澈的吉他弦的三弦两拨加入沧桑和醇厚隐忍的情感，轻轻撩动的却是我们的心弦，即使“男人的眼光在Rebecca丰满的身躯上移动”，却让人心生澄净，无关情欲，只“随着音乐而飞舞”。这种深情而自我的表达是无法复制或流行的，因为他加入了自己的哲学和主见，有浓厚的个人色彩。陈升也算是一个多产的创作者，作品有的抨击政治制度，有的关注社会问题，不是人人都懂，这让他超越了只会在情爱的小圈圈打转的歌手或创作者，也因此注定其作品无法在唱片架上热销。然而，每个诗人都是自由而天真的，也许他的音乐和思想不流行反而是一件好事，那是属于小众的奢侈品，与其听很多人去品头论足，不如让钟爱他的人悉心珍藏。

作为个有孩童般天真但并不蒙昧的诗人，他不安分却知天命，知晓什么年龄该做什么样的事，当能促使他能表达的不仅仅是爱情的时候，他写生命的滋味、写细汉仔、写大肥猫、写绿树与知了、写孤独孩子的执著与坚持，他的唱腔似乎是回荡在广袤大地上，雄浑而低沉，如同大地的回响，一切都是那样的淳朴而有哲理，陪着那些在他声音里找到共鸣的人，一起走到地老天荒。于是，在落日的慵懒时光中低调内敛，这个“农民诗人”终于让喜欢听他歌的那些人感到心安，正如当我拿起吉他弹唱起他的歌，也如同醉在一杯醇浓的老酒里，路遥远但却不再感到孤单。

# 谁给你做的嫁衣

我是在很早的时候唱一些男歌手的歌时留意到陈小霞这个名字的，比如齐秦的《朋友》、刘文正的《不再孤寂》等等。写了不少音乐评论，似乎该轮到说说陈小霞了，一个用“音乐女作家”、“代表了半部台湾流行音乐史”等字样来形容都不算过分的歌者。其实越是酝酿许久想要写的东西，动笔起来似乎越难，这有点类似在你越中意的女子面前，你就越容易拘谨放不开。越是想写好的文字就越写不好，越不能找到一个完美的切入点。我想我必须进入她的音乐世界才能开始一种评判状态，那些大家熟悉的作品就不再听了，但陈小霞自己演绎的歌却不好找，三张专辑的歌都没那么容易被找到或下载，想要体会一种不一样的感觉，你不妨跟我打开这样几个网页边听边看：

1. http：//www. 9sky. com/music/album/30086＃@《大脚姐仔》专辑

2. http：//www. 9sky. com/music/album/30085《化妆师》专辑

3. http：//www. 9sky. com/music/album/37110《哈雷妈妈》专辑

“节目已经开始，马上就轮到你。来，咱来替你好听的歌，找一个好看的面……”，“无论听歌的人有几个，我拢会唱出你的梦。今夜请您把心情轻轻哪放，让我的歌载你出帆……”我在这样的吟唱里，想到了一个人到五十多岁的时候还能保持着如此这般的品味和爱好，实在不容易，一般的女人早就被柴米油盐和生活埋没了，所以张学友才会深有感触地唱“在三十三岁听歌的女人很美”，也许作为一个歌者，是永远不会老的。

从 1981 年跨入流行歌坛至今，陈小霞几乎创作了近千首作品，但属于自己的专辑只有上面罗列的三张，分别是 1991 年的《大脚姐仔》、1993 年的《化妆师》、2005 年的《哈雷妈妈》等，这三张专辑大部分是闽南语歌，而且没有大肆宣传，低调而沉默，并不为大部分内地歌迷及音乐爱好者所知。有人要是注意到她的名字，主要是因为那些她为“天后级”歌手所制作的金光闪闪的“嫁衣”，比如《你看你看月亮的脸》、《谁的眼泪在飞》、《约定》、《成全》《人之初》、《祝我幸福》、《你是爱我的》、《他不爱我》、《可不可以不勇敢》等等，应该说，陈小霞 20 多年来对台湾流行音乐发展的贡献是巨大的，按理讲她应该出名，而不是躲在音乐的背后，仅仅留下印在唱片歌词页的名字和萦绕在耳边的音符。

然而事实是，无论陈小霞的作品怎么被人熟知、传唱，歌声是如何的动人，她始终都是陌生的，就连台湾媒体都很少能接触到她，据说她住在偏僻的山上，家庭、创作就是生活的一切。于是，陈小霞本人就成了一个陌生又熟悉的符号，一个谜语般的幻象，在她那里，一切的一切都归于音乐，与相貌，作秀或噱头都无关。

仔细聆听陈小霞的专辑时，我们可以体会到一种自然流淌、淡而绵密的温馨感觉，处处缭绕着。很多作品的出发点很真实自然，写的是她的父母、女儿、丈夫、朋友、初恋情人和她自己。有孤独的自白，有无奈的咏叹，有欢乐的抒发，也有伤感的低语，但在一切的背后，却是流露着一股成熟女性的自信，令人在听完歌后，在真实了解了歌者之后，不是辛酸或怜悯，而是从心底翻升的彻底敬意。

啊，我的囝仔，妈妈教你吃饭穿衫，你教妈妈简单生活。

妈妈心内有一条歌，恬恬唱乎你听；妈妈心内有一条歌，

DaDaLaDaLa……

——《妈妈心内有一条歌》

这久无见面，真久无见面，真久不见面你好无？
过去了抹赴讲的话，过去了抹赴做的梦，
过去了拢总过去了抹冻回头，是咱的初恋，是咱的初恋。
淡薄空，淡薄痛，淡薄悲哀，淡薄不愿……

——《淡薄》

在很多歌里，陈小霞以非常沉静的笔触、平实的曲风，将九十年代都会女性的面貌描绘了出来。这一面貌有别于新潮的或传统的流行歌曲中塑造的女子形象，却让人重新感觉到母亲一辈看似平淡的生活，其实是棱角分明、充实而厚重的。这从她写的生日歌也可以看出来，真实得让人如同面对面的谈心，谦虚而真诚。陈小霞擅长从女性角度观察、并且细腻地感受周遭的人事物，这样的特质，表现在陈小霞的创作上，何尝不是只有深谙化妆的女性才写得出的文字：

年年的生日年年过，其实拢无什么改变，
我点点看着朋友，讲不出忧愁欢喜。
啊，亲爱的朋友，我十八岁的梦没实现，我二十八岁的心愿嘛无完成，
啊，亲爱的朋友，只要祝我生日快乐，只要祝我生日快乐……

——《祝我生日快乐》

是谁人的面这平凡，是谁人的笑这简单，
咱来照镜来照镜，你敢熟识镜内的人？
是谁人的心这空虚，是谁人的心这惊惶，
咱来照镜来照镜，麦用啥米镜来照心肝？

——《照镜》

节目已经开始，你的歌迷拢咧等你，
来，咱替你的歌，找一个好看的面。
打一个美满的粉底，修一下打结的目眉，
红红的胭脂，不通抹出嘴。
你的心内事，着靠你自己收留。
把自己也当做化妆师，画自己的心情……
——《化妆师》

听陈小霞，如同听郑华娟，听熊美玲，带着理解的心层层推进，那种女性的柔性、细腻和低调，虽然不完美，但却十分真切。如同一个懂事的“知心姐姐”，从女性角度出发、细腻地感受生活，并且把这样的特质，表现在她们的创作上。我想我只有倾听，只有体会，只有去理解，有些感受不是我自己可以产生的，更让我欣赏的是，我听到一种来自女性的智慧和质疑，她们的呐喊温柔却有力，一样把一种气质表达得淋漓尽致，那种格调不是男性创作者都可以复制的，即便细腻如同李宗盛那样准确到位地表达女性的内心世界的，我想他大概也写不出这样的歌（也是下面这两首最早征服了我的耳朵）：

傀儡尪仔，傀儡尪仔，咱敢不是傀儡尪仔。
悲欢离合难改变，成功失败无一定。
所有的代志，所有的心情，
拢总有几条线，牵连着咱的一生。
——《傀儡尪仔》

时常想起一拜冤家彼工，你买一领洋装送我。
讲打扮温柔认份无声，才是得人疼的查某人。
敢讲那是爱着一个人，着爱放抹记自己是啥人。
那领衫一直到你离开，我也不曾穿乎你看。

——《尚旧的新衫》

遗憾的是，不知道是对歌词要求较高，还是为了专注于旋律的创作，陈小霞并没有大量地作词，她与许多优秀的作词人如姚若龙、李子恒等合作，在与文字的搭配中求取更精炼精准的创作力，从给女歌手量身订做的“嫁衣”，到帮陈奕迅（《十年》）、张信哲等男歌手制作，陈小霞创作的歌曲感动了许多人，也捧红了许多“天王天后”。根据采访报道，她说她是比较注重旋律的，早期写歌是词曲并进，到写到第四十首歌时，回头看看自己的东西觉得好无聊，那个词真的不知道在讲什麽，所以她就只写旋律给别人填词。当她改变这个做法，歌变得比较明朗，因为不受词的限制。早期在写词的时候，都是自己心里想讲的话，由于本来就不是个很快乐的人，不可能无缘无故去写一首快歌，从这些作品我们也清楚地了解到她的个性。虽然不写歌词，不过可能比一般人还要注重歌词。

在我看到的一段采访里，当陈小霞被问到“怎会走进这行”的时候，她的一段介绍可谓清楚地描述了自己的心路历程：

大学时候没修过一门课程是流行音乐，就算学作曲的，也没有流行音乐这一块。在过去来讲，这根本是个无中生有的行业，基本上是比较会乱想的小孩子才会去从事这行。刚踏进来开始写歌的时候不会想太多，没有想到说我可以发表作品，不过是那时才意识到，歌可以是靠凡人写出来的。我七岁开始写歌，当初感觉每个人都可以写歌，但是电视里看到的那些歌，那又是有另外一种特异功能的人才能写。小时候我认为每个人会作曲，你不会怀疑好像是只有自己会。一直到14岁那一年，我买了第一把吉他，有了吉他之后，就会有音感，自己会誊谱了，我写着写着也堆了一大堆，后来当我很清楚意识到不是每个人都可以写歌，我知道我是有点不一样的，我拥有一些别人没有的能力，在各方面都没有办法肯定自己的情况之下，我一直就抓着那个东西没有放。

让我纳闷的是，为什么她偏偏选闽南语来表达自己，莫非真的是在挑战自己？这在那段采访文字的最后也终于有了答案，当被问到“创作时国台语交错，可有困难否”的时候，她说：“台语歌现在来讲，比较难掌握的是歌词。……我一直觉得台语歌曲你要放入新的语法时要很小心，目前我看技巧上最纯熟的应该是武雄，……我自己也比较喜欢谱台语歌，因为对我来讲，那个是比较好玩的，做完之后比较有成就感的。”她还讲了这样的一件事，在做第一张专辑《大脚姐仔》的时候，她的台语是“歪勾兼七挫”（闽南语“很糟”的意思），而且是进了录音室才知道，因为自认为讲得很好，歌也写出来了，但录音室的麦克风根本就是个照妖镜，发现不但腔调不对、错字连篇，连发音都不正确，比方“你”和“我”的发音是录了半张才发现错了。所能做的就是从头开始纠正，找出正确念法。

为一种比较异样的成就感，呵呵，这是很多创作者一种不大不小的个性，为了这种挑战，放弃了重复那些熟悉的旋律，正因为如此，我们才看到一个如此特别的陈小霞，一个奉献了精美的“嫁衣”，并甘愿永远躲藏在风光的新娘子的背后的人，请不要吝啬我们的掌声和大拇指，为这样的气度，和这样的声音。

# 说的比唱的还好听

这里要说的几个音乐类型，都与说唱有关，包括早先台湾歌手的“口白式唱腔”、作为概念提出来的“饶舌乐”（Rap）、嘻哈（Hip－hop），甚至可以推广到以前的“快板”“评弹”等等。这种把唱歌和说话夹杂在一起的音乐类型，有时候可以造成一种“说的比唱的还好听”的效果。

在台湾流行音乐大举进入内地的那些年，我注意到一种比较有意思的唱歌方式，不妨可以称做流行音乐中的“说唱艺术”，后来看了一些评论，知道台湾称之为“口白式唱腔”。最典型的搞说唱的是李宗盛，玩吉他的人可能都模仿过他。“口白式唱腔”只是说他的唱，其实他是唱法作曲兼得的。或者可以说，李宗盛是在这个领域里发展得最彻底的人，他一直坚守着这一作曲法，缓慢地却也是卓有成效地将这一艺术推至圆熟之境。《生命中的精灵》（1986）和《李宗盛作品集》（1988）两张专辑可以说是这种说唱艺术的代表作。早期木吉他乐队出身的李宗盛擅长说唱式的歌曲创作，其作品以说唱为基础，旋律朗朗上口，歌词平凡质朴，感情真挚而不造作，很适合抱着吉他一个人自弹自唱。其实他创作的很多歌曲，虽非现在常说的 Rap 说唱音乐，但是音乐的旋律都是以说唱为基准而形成的，顺应歌词本身的声调起伏的，譬如《爱如潮水》的高潮部分，虽然情绪激荡，但是仔细一听就会发现，那痛彻心扉的深情感觉与其说是唱出来的，不如说是直接说出来的。另一个代表作《凡人歌》中，这一特点更为明显，某些句子如“多少男子汉”、“多少同林鸟”、“爱人不见了，向谁去喊冤”等，完全就是说出来的，造成呼喊的效果，引起听者注意，整篇歌词句式整齐，很像一首打油诗，内中却蕴含中年李宗盛所体会到的人生哲理，引发思考和共鸣，一旦听过就很难忘记。那时候 Rap 还没传开，所以不会发生歧义。现在一说反倒糊涂了，以为说“Rap”，当然不是 Rap，而是指曲艺中的那个“说唱艺术”。

所谓的 Rap，也就是“说说唱唱”、“边说边唱”的音乐，英文这个词也有“轻拍、急敲”之意，在美国俚语里是“谈话、讨论”。最早台湾把其翻成“饶舌乐”，大陆则译成“说唱”，现在很多人谈到这样的音乐类型就直接借用 Rap 这个英文单词。在欧美，Rap 最早起源于纽约黑人区的那种有节奏地讲故事的方式，后来正儿八经地进了音乐的大雅之堂，歌手们开始在录音棚里把这些剪辑的背景谈话作为音乐的一部分纳入创作的体系，通过语词的轻重、节奏的伸缩、旋律的上下，创造新型节奏和演唱方式，从而形成一种独特的音乐风格，在上个世纪九十年代初期，Rap 就成了国际乐坛的一大盛景。因此，换句话说，Rap 的趣味全在节奏，而“口白式唱腔”说唱艺术的趣味，在于音乐和语言的关系。

流行音乐除了风花雪月的纯情歌之外，还有一路就是要表露自我的苦闷，比如嘻哈（Hip－Hop）就是一个例子，往往充满攻击批判精神，充满对现实的反叛和青春期的种种怀疑。说唱（Rap）与嘻哈（Hip－Hop）一直是充满争议的音乐，在这其中，暴力、性、仇恨、歧视、反叛往往成为一种流行要素。这种音乐作为一种流派被提出之后，在处于青春期的年轻人那里很容易被接受。在这方面，王力宏最先做了概念上的尝试，他的某些说唱音乐可以看出对西方 Rap 的继承，类似的还有 S. H. E 的《中国话》、《借口》等等。在对这些音乐的评价上会有两种态度，一种是以支持的态度去肯定他们的真实，认为他们的音乐是对虚伪的挑战；而另一种则是家长式的、道德式的，认为它们太离经叛道，是一种坏音乐。因此不管是说唱、嘻哈还是其他类型的音乐，最主要的就是要处理好作品与受众的关系，比如在某些演出场合，现在还有些歌手一上台就喊“大家一起骂”，结果当然得不到回应。不能跟听众同步，这也是说唱、嘻哈以及其他类型的音乐（例如摇滚）还属于“亚文化”的原因。

也许有一些男人是注定不能唱别人的歌的，比如李宗盛，比如罗大佑，他们是用自己的才华在为嗓音加分，这和有的女人可以用声音来为自己的相貌加分，是同一个道理的。如果他们不是罗大佑不是李宗盛，他们的声音放在人群里一下子就会被淹没，而在他们带着普通的甚至有点小缺陷的嗓音演绎自己如日中天的作品时，相反地，那种味道就出来了，反而因为亲切与特点而被吹捧。同样道理，外表平平，其貌不扬的一个女子，有可能会因为她的作品而生动起来，比如在我的眼里，似乎会唱歌的爱唱歌的女孩子没有一个是丑的，哪怕相貌再怎么平凡。同样一首《寂寞难耐》，齐秦就唱不出李宗盛的那种幽默，虽然他的嗓音好多了。幽默，再加上深刻，男人的沧桑和粗糙，淡定如我者都觉得魅力十足，为之叫好，只是不知道“十七岁的女生”是否能理解这份厚重与深刻，或者在她们眼里只有奶油的小生和耍酷的帅哥，这样的老男人只是些搞怪大叔，只能等到她们二十七岁的时候再来欣赏和接受。类似的还有陈升、小黑（柯受良），粗糙中感受大男人的那种说唱的滑稽，令人忍俊不禁。甚至连功夫明星成龙玩起音乐来也来这么一下，他的那个“我要说声谢谢你，在我生命中的每一天”也被大家竞相模仿。

而 Rap 在中国大陆，有点类似那种插科打诨，真的是“说的比唱的还好听”，最早似乎可以追溯到崔健在《不是我不明白》里面的大段的快板，别有一番趣味，他的《解决》也创造了一种简单的手法，用汉语的特色来构建旋律，那种在乐句末尾的字突然上扬或下沉，形成了一种奇特的仅属于汉语歌曲的张力和个性。再后来我们也可以在一些隆重沉闷严肃有余娱乐不足的晚会上，偶尔看到个别北方的歌手操着方言顺口溜，在舞台上蹦蹦跳跳，比如解小东不停地念叨着“今个儿高兴呀真高兴”，毛宁、陈红数着“东西南北中五十六个民族”，还有个叫谢津的歌手干脆来了曲《说唱脸谱》“吸引当代的小青年”，里面加入了很多京剧元素，等等。作为一种丰富了音乐的唱法，也未尝不可，但当大家一窝蜂的只说不唱的时候，我敢大胆地猜测，Rap 在中国，也许注定如上世纪八十年代的那阵风靡一时的“迪斯科”之风一样，几年时间就会烟消云散，消失得无影无踪了。

从李宗盛等人的“口白式唱腔”，到周杰伦含混不清的说说唱唱，到名正言顺地 Rap 的王力宏、S. H. E，再到在广告歌曲里饶舌的潘玮柏，说唱的方式越来越多越来越各不相同越来越让人眼花缭乱。但我始终觉得它缺失了歌曲之所以作为歌的一个重要因素——旋律。单靠说话或节奏取胜，顶多只能是增添唱的趣味或成为 Hip－hop 街头舞蹈的最佳拍档。配合汉语的多种音调，流行歌也许可以继续在“口白式唱腔”上做更多的尝试，而 Rap、Hip－hop 等作为一种原生态的黑人艺术，还是让它回去附生在黑人兄弟的舞蹈里好了，这正应了一句老话：尘归尘，土归土，从哪里来就到哪里去。

# 死了都要歇斯底里

听“信乐团”已经是很后面的事了，在这个团队出道很久后直到解散了我才想到去品评一番。其实，我在刚开始听说这个乐团时是有点抵触的，认为他们的歌有点噪，让人心情烦乱，我本能地觉得自己应该不怎么喜欢这样的歌和演唱风格，直到我认真地听了，并听出了一些味道时，才发现原来本是同类人，他们歌里有我喜欢的东西，这样的一种演绎方式，其核心词“投入”和我的音乐观是一致的，它让我们明白什么叫做歇斯底里，什么叫做放声高歌，什么叫做情绪发泄，什么叫做信仰挣扎。那种激荡人心，让人心潮澎湃的唱法，绝决又空旷，夹带着一种彻底放声的声嘶力竭，是一种让人无法抗拒的男人的真诚……

闲话少说，先听《死了都要爱》，这个歌最早是通过我的一个朋友在K歌的时候进入我的耳膜的，当时觉得很好笑，后来就认真看着听了一下，其实这是一个挺不错的乐团，完美而不做作。主唱者的声音刚柔相济，有高音的尖锐和低音的温柔，他在这首歌里声音带着浓浓的哭腔，将后现代青年们那种敢爱敢恨诠释得贴切而到位，这在那些在什么方面都不怎么顺心的人们听来，可以说是彻底“爽”了一把，让人们在听惯当今越听越悲的靡靡之音时，突然间猛醒了一下。也许它最早没有进入我的耳朵，是因为我最先听的版本是一个网友的视频，很不好的演绎使得我连去看原唱的欲望都没有，这让我不禁想起上世纪80年代的港台歌星开演唱会的场景，或者说他们在舞台上那种投入极大地震撼了看惯了大陆歌手规矩呆板的演唱方式的听众，但在那阵风影响下成长的某些中年人在K歌的时候却呈现出一种不那么贴切的面目和成长背景的重现，他们的唱歌没有技巧，只有肆情的乱吼，怎么开心怎么唱，拿着话筒感觉似乎要将它吞掉，有的还会配合着面部狰狞、全身痉挛、躬腰跺脚等症状，将平日温文尔雅或深情款款的一面丢到无尽的咆哮里，进入一种完全发泄的真我状态，似乎即便是“死了”，“也要歇斯底里”一番。

后来看到采访，我发现“信乐团”的成员都已经不再年轻，都经历过许多沧桑的岁月，他们说的话很真实，不像某些善于做秀的明星，而看他们的演唱会，可以带来一种震撼，一种只有经历过很多事，看清很多事后才会有的感悟。他们关注的东西，也是很多成年人所关注所要面对的东西，比如现实的无奈、生活的压力、个人的渺小、朋友的关爱，等等。很多人听了他们的歌觉得这就是摇滚，但我觉得这与单纯的摇滚不太贴边，似乎还在流行处徘徊。当然这种归类的讨论或许是毫无意义的，唱摇滚的人需要愤怒，或许几个成员也曾经年轻过，也愤怒过，也一样留长发，一样喝酒，然后发泄自己的醉意……信乐团却似乎并不很愤怒。可能年纪大的时候就会知道，生命如果不符合他们的梦想，他们也只有自己去改变，去默默承受，去努力改变，其他的都是无用的。那一次看到“信乐团”上综艺节目，在电视上讲笑话、包粽子、吻毒蛇、做水果拼盘、被主持人恶搞……他们都毫无个性地忍了，似乎明白自己还是得坚持的做下去。我听到信乐团对自己的评价，因为他们知道在台湾做摇滚很艰难，但是他们依然不死心，觉得自己可以慢慢的来，把摇滚的感觉一点一点的渗透下去，令人颇感欣慰。

然而这样坚持似乎很快地到了头，据说“信乐团”已经解散了，很多人觉得可惜，但这也是我意料之中的，因为有生命力的乐团需要有创作，信乐团却似乎志不在此。没有创作的乐团想要长久地占一席之地似乎有点艰难。“信乐团”的歌是那么富有穿透力，那种狂野和豪放真的有一种直上云霄的感觉。有这样好的声音，如果还能有打动人的歌词或旋律的创作配合，肯定会一路红到底的。我们是否可以说，这样的音乐也许只是为了宣泄一种情绪而已，所以注定是短暂的。当那么多人为摇滚疯狂，其实或多或少影射了他们的一种想要发泄的心理，而当大街小巷想起了《死了都要爱》的时候，是否正在替许多无从发泄的人“歇斯底里”了一番，而发泄过后，就是冷静地各自过起自己的生活了。

这或许有点类似“成也萧何败也萧何”，有人不喜欢信乐团的歌，可能是那种歇斯底里的“死了都要爱”让他们觉得受不了；而有人喜欢信乐团的歌，就是喜欢那种歇斯底里的嘶喊，喜欢那种把自己心里的悲伤畅畅快快的喊叫出来。听《死了都要爱》也让我开了些眼界，原来表达哀伤和郁闷不一定只是浅吟低唱，有时候我们也要声嘶力竭也要歇斯底里，如果有悲伤有难过就把它们通通拿出来晒太阳，然后放一把火点燃了算了……

这里顺带提一下另一个叫“五月天”的组合，因为两者同是当红的来自台湾的摇滚乐团；同是五个男人的组合，连主唱的名字都一样；同样都称自己摇滚的风格不太吵；……由于两支乐队有惊人的相似点，经常被拿来对比。“信乐团”和“五月天”的歌迷之间的争执，有点类似当年香港曾有过的两派歌迷，互相攻击，各不相让，在我看来，这种矛盾有点令人费解，因为各自的听者定向非常清楚，“信乐团”和“五月天”的差异是不言而喻的，“五月天”显然是一个男孩子组合，而“信乐团”是一个成熟男人组合，这表现在宣传照上便是“五月天”的五个成员都穿着式样颜色花俏的衣物，而“信乐团”则一概是黑白衬衣；访谈节目上“五月天”调皮活泼，而“信乐团”则成熟稳重得多；“五月天”总是互相斗嘴搞怪，大爆彼此的猛料，而“信乐团”基本上是一派“详和”……

因此，作为一个沧桑成熟的男人，笔者更偏好哪一方，也就不言自明了，当然，我也不是什么高人，不过在听了“信乐团”的《北京一夜》，那些所谓的“高亢妖娆缠绵悱恻”和陈升厚实的原唱一比，就相形见拙了许多，无论是配乐还是演唱方式都令我苦笑。

# 他们到哪里去啦

在我学习吉他的那些岁月里，曾经不可遏止地爱过一些歌者的歌，那些作品时常带着叮叮咚咚的吉他声，在回忆中回响，即便时光飞逝，多年已过，那种感情依然不灭。在这样的一个题目的提问之下，我开始了一段声音的回溯，说说四个似乎是风马牛不相及的歌手。他们是台湾的马兆骏、曲佑良和内地的沈庆、丰玄。

说到马兆骏，我首先想到就是《会有那么一天》，这是一首注定属于地下歌手的歌，因为任何成名的人演绎它，只会破坏了它的意境，而默默无闻的吉他弹唱则可以演绎得十分动人。同样，另一首《我要的不多》也是讴歌小人物的生活的，可能好歌就是这样，让人记住的不多，但却记得很深刻。也许马兆骏不属于俊美的偶像派歌手，且在幕后的时间远远多过在幕前的时间，所以也毫不奇怪地被忽视。他创作过的歌曲数量很多，但大都还给流行音乐史档案了，由他自己唱红的作品，更恐怕只有百分之一。看来，对马兆骏和听众而言，双方都“要得不多”。据说他是个著名的穷人，上世纪末他那间未落成就在9·21地震中化作烟灰的音乐教室，是这位音乐人一天天节衣缩食搭建的。后来我看到新闻，说他去世了，但似乎都没听到什么深入的报道，只好在心里重温了自己曾经不止一次地爱过的老歌。

另一个销声匿迹的名字就是曲佑良。我是因为弹唱齐秦的那首《自己的心情自己感受》而注意到他的名字的。曲佑良出过的专辑似乎也有几张，我听过《英雄》、《飘》、《没有人像你》、《从来都没有》等等，当时也曾买了一盒他的磁带，不过觉得不好听给扔了，现在想起来怪可惜的，因为当时我们才 19 岁，当然理解不了一个“经历太多的”有着“三十年的沧桑”的男人。他给人的感觉是孤傲冷峻的，歌声总是带着苍凉和沙哑，这也是他最吸引人的地方。他的作品有点颓废，因为他的人生被岁月洗涤过，但又隐约透露出对人生的期待，适合有同样心路轨迹的人，在夜深人静的时候去细细品尝。我在一个网站上好不容易找到了他的小资料，大致了解了一下：“曲佑良，出生于台北市，一生经历坎坷。自幼热爱文学及音乐，系军人子弟，九岁因家庭变故，遂与老父相依为命共同生活。高中毕业后，曾以送报兼搬运工承担起家中所有生计。二十岁入伍，服义务兵役二年，于 1983 年退役回到台北，并开始以骑电单车，身背吉他，往返于当时在台湾盛极一时的民歌餐厅内演唱。很受年轻朋友们所喜爱，而称其为“曲子”，为人虽沉默少言，秉性却天真直率……”印象较深的是在 90 年代初的一本叫做《海外星云》的杂志上见过关于他的介绍，另外还有一些当时的娱乐杂志，说他赌博、吸毒、欠高利贷等，后来还说，曲佑良吸毒过量自杀了（?），各种传闻，都有鼻子有眼睛的。现在在网上很难看到他的消息，也有人说他目前在上海做生意……总之，他消失了。

接着说内地歌手沈庆，他让我想起了我多年前买的直到现在还在用的非常不错的一个变调夹，由于之前用过塑料的动不动就断了，后来终于买到这个厚重结实的铁夹以便上某个晚会时不出意外，当时弹的就是他那首把 capo 夹在第二品的《青春》，非常相似的吉他“扒带”，加上非常相似的嗓音，带着淡淡的忧愁和伤感，“让人心里堵的慌，感觉怪不舒服的”(用一个听过我的歌的女孩的话来形容再恰当不过了，不过她说还是很喜欢这样的声音)。1994 年，在《校园民谣》风靡之时，大家的目光被老狼磁性的嗓音和高晓松的故事点滴所吸引的时候，很多人都忽略了这样一个事实：这张专辑就是因为《青春》这首歌而做的。正如专辑的制作人黄小茂写到：“有一天，我在办公室里听到了一首歌，那首歌就是《青春》，我自己也想不明白，是什么在这首歌里，打动了我自以为不再会被轻易打动的心。也许正是这种打动，日后幻化成了我成为校园民谣制作人的原因。”

在那张合集里，另外的一首同样能打动人的就是沈庆在十九岁读中学时写下的《寂寞是因为思念谁》。沈庆后来推出了自己的一张专辑，里面有一首《岁月》，同样是回眸青春的淡然和回忆成长的感悟，可以称之为《青春》的姊妹篇。最值得一提的是《离别歌》，哭泣得很有哲理味，这也就是那种“让人听起来很难受”的歌，连我这么不介意“悲歌”的人，多年在我在音质不如以前的卡带里再次捕捉当年的声音，竟也有点“堵得慌”。一晃多年，当我忽然想问“他们到哪里去了”的时候，我在一个网站的讨论版块里，看到有个网友发了这样的一个帖：“我不知道沈庆这家伙怎么了……你再低调也不能这么样吧，赶紧给我们回个信吧……”有个网友附和说，“如果沈庆一直都做音乐的话他一定会红的，因为他的歌词写得很真诚……”在我看来，红不红倒不一定，相比之下，他是个作词能力优于作曲能力，沈庆创作上高人一筹的功力表现于他的词作中的人文精神和书卷气息，使我们能够以一种平和的心境在凝练斯文、恬淡悠远的真实记录中感受现实生活之平凡悲喜。但我总觉得想要做歌坛的常青树，一定要有非常深厚的作曲能力。可惜的是，这样的一个人似乎也如同局外人一样地挥别了过去的自己，听说现在是一个和音乐没什么关联的公司的副总裁。

最后说说一个叫丰玄的兰州女孩，她出过一张专辑《来自高原》后就消失了，我手头的她这张磁带专辑制作于1996年，那个时候没有互联网和mp3，80年后的很少有听到她的名字，甚至现在在网上也还找不到她可下载的作品。听她的歌，我会感觉到自己从那些充斥于大街小巷和卡拉OK包厢的熟悉的声音中解脱出来，那是一种用清淡、冷静、朴素、亲和等元素编织而成的网，直接罩住了听者的心。10首歌有8首自己写词，9首自己写曲，基本上全是丰玄个人的体验，歌者用她干净原始的嗓音和自我的态度，表达了一个有想法、有主张的女孩的真实情怀。《天堂》涉及到一次死亡，丰玄唱得平静、超脱，旋律随意犹如心泉摇晃；《来自高原》夹带着一股清新纯净的风向我们吹来；《北归的燕》里有凭窗怅望的质朴的心灵和常驻的幻想；《猎人故事》、《自己的壳》像是寓言，这种东西有助于我们单纯地感知生活并赋予它简单的浪漫；《打赌》和《在路上》干脆就在词语间尽显童心，随意而散淡，甚至类似在自说自话；而《这一次我又闯了祸》简直就是一个悠长朦胧的诗歌场景……在其他作品中也是如此，她的即兴感和并不十分准确的发音缔造了一种不加雕琢的真实和质朴。这一点非常难得，依稀记得，少年的我也曾这般飘忽地吟诵过，丰玄则更显得自在，喜怒哀乐家长里短皆可拿来涂抹成烟雾和阳光，自己哼着唱着并超越了包装、制作、加工等这些字眼。在这个歌星长命不衰，音乐被批量生产的年代里，丰玄如同一颗迅速滑过的流星，突然地出现又迅速地消失了。

或许这是个流行R&B、伪摇滚和口水歌的年代。每次黄昏，我路过学生活动中心的时候，都会听到不同层面的晚会，名目繁多却大同小异，只是不知道那些用心演绎的歌者，那些贴着“为你而歌”的吉他歌手，他们都到哪里去了？歌坛日新月异，短短的几年时间，这个世界已经变的天翻地覆，也许他们那样的音乐已不合时宜了。即便有听者的怀念，却也无可奈何，而对歌手而言，当唱歌已经不是一件让自己快乐的事时，又何必再唱呢？我们无法苛求，或许所有的结局都有其合理的一面，无须为之扼腕叹息。

那些优秀的有特质的歌手，在他们发出了第一声天籁般的啼唱后，就彻底地消失在人们的视线，有的是甘愿，有的是被迫，有的是因为无人捧场。听者依然在期待，只是歌者还有心吗？当事过境迁，我们是否在内心里默默谢谢过那些曾经用歌声爱恋着我们的知名和已经不再知名的歌者？当他们在深夜的浓黑里遥无归期时，我却无比的怀念起那些声音，想念那些不知到哪里去了的歌者，以及那些曾经在音乐里孤独盛放的灵魂……

# 我听这种声音的时候最用心

民谣就是音乐最初时的样子，是第一次拍照时的那张黑白老照片，是用真实与朴素酿制的第一杯酒，无论是欧美或港台哪种流派的音乐，其最初状态都会有一种类似人的童年的那种天真（Innocence）之气。下面我想结合自己成长的不同阶段，讲述给我影响较大的三种原生态的歌谣，分别是上世纪 80 年代的台湾校园歌曲、上世纪 50 年代的美国乡村音乐以及上世纪 90 年代的大陆校园民谣。

中学时代是一个人各种爱好的启蒙年代，当时风头正盛的台湾校园歌曲像一股清新的风一样催开了我对歌唱的兴趣。记得当时家里第一次有了一台录音机（小小的手提式的），整天播放的是香港歌手张明敏的一盒专集，里面的一些歌曲现在还能随手拈来，例如《乡间的小路》、《外婆的澎湖湾》、《龙的传人》、《送你一把泥土》、《垄上行》等等。在我初三年的一个黄昏，我平生第一次学会了通过简谱唱一支陌生的歌，二十年过去了，那个歌的名字我已经忘记了，但歌词和旋律依旧烙在我的脑海里，开头的几句是这样的："大海你来自何方，你又去哪里流浪，有谁知道你惆怅，有谁知道你寂寞……"。到了高中，在紧张繁忙的读书生活里更是"我多想唱"，依然记得当时坐在后面的一个爱唱歌的女生，总会在自习的时候悄悄哼唱最新流行的歌，那是一个禁锢的年代，也是一个禁锢的年龄，但歌声作为一种奢侈的享受和调剂，就这样不经意地连接了男女同学间最初的最懵懂的感觉。现在看来，那是一个由一些天真可爱的歌曲所充斥的天真可爱的年代，当时的歌曲大都是赞美自然、歌颂友谊或思念故乡的作品，显得无忧无虑健康活泼。上台演唱的歌手也大都是亲切自然淳朴率真毫不做作，更不会装 Cool 要大牌玩什么深沉或舞台花招，嗓音清澈明亮，传达了那个时代的审美取向。类似的歌曲还有《蜗牛和黄鹂鸟》、《童年》（省略了第二段歌词的版本）、《踏浪》等等，它们都埋没在一代人的童年记忆里，等着稍微不留意的时候被激活。

1989 年 10 月，我踏入了大学的校门，那时候台湾的校园歌曲也终于成熟，并形成一个大潮冲击了我们的日常生活。流行乐坛刮起了台港风，拥挤的歌手，拥挤的歌，此起彼伏，层出不穷，不胜枚举。同时，由于读的是英语专业，我不可避免地被另一种音乐所吸引，那就是美国的乡村音乐。美国乡村民谣其独特的音乐形式，固有的演唱风格给人以轻松、愉快之感。乡村音乐出现于 20 世纪 20 年代，它来源于美国南方农业地区的民间音乐，歌曲以表现美国西部乡村的爱情及生活风貌为主，最早受到英国传统民谣的影响而发展起来。早期的乡村音乐是传统的山区音乐，曲调简单、节奏平稳，带有叙述性。这里说一下几首我比较喜欢的，例如：《乡村路带我回家》（Take Me Home Country Road）、《答案在风中飘》（Blowing in the Wind）、《坚持到明天》（Carry on till Tomorrow）、《彩虹消失》（Gone the Rainbow）、《晨间逍遥游》（Morning Town Ride）、《试着去回忆》（Try to Remember）、《忠于你》（Devoted to You）、《花落何方》（Where Have All the Flowers Gone）等等，不一而足。同时，很多演唱乡村民谣类型的歌手才华横溢，他们赋于了音乐的艺术魅力和风采，迷倒了千万歌迷。约翰·丹佛、猫王、四兄弟、理查德·琼、波伯·玛丽、汉克·威廉姆斯等歌王演唱的曲目至今流行于世界各个角落，近千百首歌曲植根于全世界爱好音乐的人们之中。我更加偏爱那些忧伤的小调，从鲍勃·迪伦（Bob Dylan）到保罗·西蒙（Paul Simon），歌曲大都浅吟低唱朴素真挚，靠简单的吉他伴奏，并用完美的和声加以丰富，这让当时正在玩吉他和演唱组的我们爱不释手，从“扒带”模仿到自己创作，乡村民谣的影响实在不小。

大概是 1995 年左右那段时间，大陆也刮起了一阵阵风，如“打工歌”、“校园民谣”等，作为一个刚参加工作不久的“上班族”，在选择自己喜欢的歌曲时不可避免会怀旧，就自然而然地停留到那个相对清净的校园。和早先台湾的校园歌曲相比，大陆的这阵风显得更为成熟多元点，但其基调仍脱离不了“忧伤”这个关键词，先是老狼用“同桌的你”和“上铺的兄弟”把一大帮人硬生生地拉回到“冬季校园”，后来有沈庆用“青春”的“离别歌”又让很多毕业的人“心醉却不堪憔悴”，小女生赵节也唱着《文科生的一个下午》，告诉我们要《照顾爱情》，接着高晓松的作品集也顺势推出，把一个“青春无悔”的“白衣飘飘的年代”渲染得感伤而完美，让我喜爱的歌还有《寂寞是因为思念谁》、《我们相识》、《流浪歌手的情人》等等。那阵子我还留意到了一些女声，和那些炙手可热的在台上说着“爱的奉献”在台下数钱讲价的被商业浸润的女歌星相比，她们的表达是如此的干净与清纯，她们的声音是如此的透明而高洁，除了叶蓓，还有比如唱《故事里的树》的和声，以及音色纯净嘹亮有如天籁的丁薇，等等。

听的歌多了，我发现还是听这种声音的时候最用心，也许自己开始怀念那些已然消失的青涩的日子。在一个对面阳台飘来饭菜香味的黄昏，我又轻拨那把尘封已久的老吉他，沉浸于它带来的黯哑的或清脆的简单的声音颗粒，那些属于乡村的、自然的、朴素的、民谣的浅吟低唱，那些可以渗到心田深处的撩拨。怀念当年，那个甘愿封闭自己而不屑踏进歌厅舞厅半步的我，那些日子因为执着而变得可爱起来。那种感觉如同是一个人在现代传媒热闹非凡的轰炸下，眼睛耳朵以及心灵都开始疲劳的时候，突然觉得其实应该回归，收起网线、关了电视，重新捧起一本书，或铺开一张纸，找回最真实质朴的生活。

# 我在夜里反复地听

说不清是多久以前了，曾经在Channel［V］上听过一首歌曲，对旋律印象很深，但是不知道歌名，有几句却从来没忘记过“曾压抑按捺不去想，曾试着不去对你讲，我在夜里反复地想，没有了爱，这对你对我都是打击都是伤。曾压抑按捺不去想，曾试着不去对你讲，我在夜里反复地想，没有了爱，我只能和你拥抱好好的哭一场，别试着挽回这迷惘……”，这有点类似你也许被某个女孩深深地打动过，但却没有机会跟她表白，等到擦肩而过你醒悟过来时，她已经消失在你的世界里，你没有机会和她好好地认识、攀谈，甚至进一步成为知己，空留无尽的遗憾。

事情是如此的阴差阳错，也许是冥冥中注定会再碰到，在一个无所事事的夜晚，我点开了一个音乐网站，看到一首李蕙敏的《请你不要哭》，似曾相识，点开一听，这下不得了了，原来多年来烙在脑海里的这段旋律，居然就这样被我重新找回了。当我听歌的时候，我还留意了一下创作者，居然又是我越来越多注意到的一个名字：郑华娟。我不停地Repeat，带着一种久别重逢的感觉，并终于按耐不住地写下一个题目《曾压抑按耐不去写》，来评说一下这个我很久就想评论又一直没有动笔的创作者。

也许对很多不爱留意幕后创作人的听众而言，郑华娟是一个陌生的名字。但也许对这些歌曲并不陌生，例如陈淑桦的《聪明糊涂心》、林志炫的《蒙娜丽莎的眼泪》、莫文蔚的《单人房双人床》、陶晶莹的《太委屈》、张清芳的《加州阳光》等等，它们的背后都有一个共同的名字——郑华娟。有时候为了评说某种创作风格，我会把歌本当成散文或诗集来阅读，这时候演唱者的声音已经不那么重要了，自然会注意到词曲作者。又比如在 KTV 应酬时听人家唱歌，我也会注意到屏幕画面开头的作者信息。

郑华娟是写情歌的，她的情歌温婉柔顺却又带着一丝叛逆，真心坦诚又不乏些许质疑，很善于营造氛围，尤其是词的把握非常确切，看来毕竟是由一个女人写出唱出的，任由李宗盛等再懂女人解析爱情再精准犀利，都无法像女人自己来描述那样的到位，直击人心。《请你不要哭》是女人写给女人演唱的优秀作品，那种女子的似水柔情恰到好处地熨贴到听者心思的细微转折，成就了情歌的极致。我看了网友提供的其他那些歌的目录，都是我没有听过的，似乎也不好找，不免有点遗憾。很多创作型的歌手在出专集的时候，喜欢把以前给别的歌手唱过的再拿回来自己演绎一下，然而郑华娟没有这样做，我十分佩服又有点惋惜，比如不明白她为什么不唱《蒙娜丽莎的眼泪》，这首歌的词写的很不错，通俗而不庸俗，浪漫而不浪费，没有一定阅历的人是不会留心去倾听的，这首歌的主角人称分明，由一个男人来唱有点怪怪的。

郑华娟的作品很多，但个人本身却很少唱，不像一些大红大紫的制作人一样为人熟知，我唯一有印象的似乎只有出过一个“招牌歌”作品专辑，当时觉得如同天籁之音，匆匆地一闪而过，连名气还没打出来就收场了。在网上找也颇费了一番周折。听郑华娟唱歌，有点类似是一个亲切的姐姐在和你细说人生的体验，甚至让我想起了小时候那种总希望有个姐姐的少年情结。作为“招牌歌”的《漂泊的心停留在基隆港》，里面在这几句“你说你给了初恋情人你的心，在他的家乡结了亲，就在离家不远的地方，漂泊的心停泊在基隆港……”，曾经被我改了几个字放在一个小说里。郑华娟在歌里表达了一种女人特有的心情抒发，“曾好想好想和你一样，游遍天涯海角五湖四洋，远远地逃出忧伤，把内心的苦都遗忘”，令人不免动容，原来一个即便是睿智的才女在男权社会里，表达的情绪竟也是如此的无奈。

郑华娟写的《后悔》也是我很喜欢的由娃娃演唱的一首歌，好像是以前听的“中广流行网”的广告，我一直把那句“变来变去的世界没有绝对”误解为“骗来骗去的世界没有绝对”，觉得作为女人，能唱得那么有哲学味挺不简单的，直到下载了歌词才发现弄错了。“……变来变去的世界没有绝对，情场终究起误会，可是离开你，叫我后悔，和你去过的地方都最美。才知道理想像风吹，永远不能追，只有你的真情不虚伪……”，女性毕竟是女性，才会“情场终究起误会”，怎么可能写出“骗来骗去”这样富有批判意味的词呢。李正帆似乎很适合替郑华娟的歌编曲，简洁不罗嗦，却又营造了一种穿不透的气氛。这首歌比较适合失恋的女子听，一个人在晚上流点泪，让思念慢慢泛滥。回味点点滴滴的往事如水般拂过心田，有哀伤也有淡淡的甜蜜，因为终于知道，即便是曾经的“泪眼相对”也是种多么可贵的过往。也许“真情不虚伪”是每个女孩面对爱情时不自觉的态度，这样的态度比比皆是，甚至可以广泛类推到到万芳、辛晓琪、林惠萍、张清芳……

在一个大雨飘落的夜晚，雷声隆隆作响，我在网上费了不少周折辛苦地找到了郑华娟的这三首歌：《漂泊的心停留在基隆港》，以及由娃娃演唱的《后悔》和李蕙敏演唱的《请你不要哭》，循环往复不停地听，并在写下了上述的文字后把题目换成了《我在夜里反复地听》，用以表述我那种循环不止的感动。

# 许多的美丽与安静

许美静，一位普通含蓄的新加坡女歌手，没有抢人眼球的美貌，没有清新怡人的人气，没有空灵飘逸的唱腔，更没有“酷”与搞怪的花招，听她唱歌是什么感觉呢？平静、安详、从容、淡然、颓废、圆润、节制、矜持、纤细、深沉、敏感、聪慧……仿佛这些词都准确，又仿佛都不尽然。在一个温暖和风的午后，外面是辽阔天空，我久久地听着她的歌看着她的名字，并把她解读成了这样的一个题目。如果要问我哪个歌手最耐听，那我可能会先说是许美静，至少她的歌曾经带给我一段时间许多的美丽与安静。直到最近偶然读到一则关于她“发疯大闹酒店”被诊断患上精神分裂忧郁症的消息后，我终于想动笔写点关于她的文字。

我不知道什么类型的人会喜欢许美静的歌，应该是那类比较安详文静性格的吧。放眼当今的流行歌坛，充斥着各种咆哮的旋律、粗俗的歌词、狂乱的舞步和浅薄的喝彩，想找到一片符合自己口味的纯净天空，实在是难上加难。但是许美静是一个例外，她用纯净却略微暗哑的音色，表达出一种让人感到舒缓安静、回响在最贴心的地方的情感，尤其适合在忙碌的城市生活中打滚的人。在深夜的时候，一个人静静躺在床上，听她的低吟浅唱入眠应该是非常享受的时刻。我还记得很多年前在有次课上，有个同学到讲台上被提问，同学起哄要她唱歌，她大大方方地唱了一首《铁窗》，那是一首由忧伤的调子渐进，民谣般的清淡，最终高潮到爱到无路可退的凄楚，那也是我第一次听说这个新加坡歌手名字，后来特地去弄到了那张专辑，觉得里面的很多歌都很不错，动听极了，也许是以前不曾发觉，认真听听却突然感觉非常有味道的那种。几年前的某个暑假我在深圳体验生活，租来的房子里只有一个小录音机和一盒磁带（许美静的《快乐无罪》）陪我，幸好她的歌比较耐听，不会觉得腻烦。我最喜欢那首《边界1999》，在我准备离开那里的时候还反复地听。也许正好契合了那时候“忘记了你，都市变成寂寞的废铁”的心境，所以好感一直“荡漾”怎么听也听不够。这可以理解，假如要是一个都市美女在你耳边哼着“带我离开这里，到一个被遗忘的小镇……”，我想没有一个男人会不动容的。

对于男性听众而言，许美静的声音柔弱而随意，慵懒而性感，如同一个略微有点感冒的柔软温存的不食人间烟火的城市丽人，唱着对滚滚红尘花花世界最苍凉最真实的感悟和解说。后来我陆续听了更多她的歌和她的故事，从喜欢她的歌到喜欢她善良低调的性情，歌如其人，美丽而安静。真正的女人其实就是什么也不说，淡淡的一切尽在不言中，我不喜欢一切过分热闹的女人，张牙舞爪叽叽喳喳的很容易让人厌烦。我们很少听到过关于她的娱乐新闻什么的，各种音乐典礼晚会上很少见到她，网络上也很少看到她的负面报道，或许这种沉默比那些无谓的炒作更有杀伤力。据说许美静是模特，喜欢影视、摄影和MV创作，所以她穿衣服很有品味，在MV中所摆出的造型很有个性，也从事音乐创作、唱功研究、美术、文案等，可以说是多才多艺独树一帜。照片上的许美静一副素面朝天的落寞模样，却同时能透出一种遗世独立非同一般的气质。

记得几年前曾在某杂志上读过一篇题为《因为是女子》的散文，在作者看来，女性分为三种：女孩、女子和女人。女孩太轻太脆，承担不起稍具份量的人生；女人太沉太韧，烈焰红唇是风情的代称；惟有女子，如玉温润微凉，沉沉的都是故事。我印象最深的是文中对许美静的这样一句评价：“对于这个可以戴上‘女子’桂冠的歌手，但有一种直觉，她的感情路应该不会太顺畅。这样的女子，是沉潜的，有心魔，未必人人可以探知。”现在看来，果真让作者的“乌鸦嘴”给说准了，许美静后来的感情之路确实不顺。她爱上了一个看来是“不该爱”的男人，而且爱得专一而倔强。这个男人就是一直为她写歌的已婚男人陈佳明，他为许美静开启了通往歌坛的大门，把事业上的成功与爱情上的甜蜜带给了许美静，也把一份没有时间表的期待带给了许美静，伴随这份期待而来的是无尽的痛苦、焦虑、失意以至绝望。根据报道，许美静因感情问题在饭店情绪失控，闯入一对外籍游客房间发狂咆哮“Call Me God!”并要求对方向她叩头，后被警方拘留并送到新加坡心理卫生学院进行检查，被列为情况严重的危险病人，除直系家属外，外人一律被拒探望。一个柔弱得令人不敢对她高声说话发脾气的女子却爆发成那样，令我读后扼腕叹息，唏嘘不已。

尽管关于许美静个人生活的八卦新闻不多，但循着歌声我们照样可以触摸到她的心路历程。我相信也许在像许美静这样的“女子”们心里，爱情是至纯至真、至高无上、不受时空约束的永恒存在，给了一个人，便只能属于那一个人了，移情别恋是不可思议的。因此她们共同的特点就是拿得起却放不下，可以尽享花开的芬芳，却承受不了花落的伤悲。我们也可以从她忧郁迷离的双眸读出一种妩媚的悲情，与世无争，有点自闭，有点神经质，还有点偏执，也只有这样的女子才会“为了买你抽的烟跑遍镇上所有的店。”如果说许美静有心魔，这心魔就是她关于爱情的那份过于单一的感性化的认识，这种认识成就了她作为一名“女子”的无穷魅力，也注定了不同于凡人的悲剧性宿命。当然，也许如同《边界 1999》的 MV 的画面所表达的那样，她要的，只是那一霎那的绝美。

从刚出道时的青涩，到后来驾轻就熟“静式唱腔”的独特风格，许美静终于从一个小小的城市之国走向了全球华人的耳朵，而对我来说，最大的意义则莫过于让我接触到新加坡本土的音乐人那种清新自然的曲风和有点变异的华语歌词，以及现代都市年轻女性的生活际遇和内心感慨。回忆刚开始时的情形，许美静说道：“就是在那场比赛里认识了陈佳明老师，我们合作到今天。直到现在，他总有很多非常棒的创意。如果继续这种状态，我们还会一直合作下去。”因此从某个层面来说，我还是看好她跟着陈佳明走属于他们的音乐之路，只是当爱情似乎不可避免地发生以后，许美静的音乐风格就被完全定型，而且还要背着“第三者”的压力隐退，而且一退就是很多年，直到不久前当阿桑唱着“给你的爱一直很安静”，让人或多或少地想起当年的许美静。

据说痊愈后的许美静已经对热爱她的歌的人宣布即将复出，新专辑仍将由陈佳明操刀，其实在我看来，许美静也没有什么复出的必要了，她到底是重复自己走过的路还是一改旧的风格和人生故事呢？对于一个忧郁症患者而言，唯一自由的出路也许就是“选择在月光下被遗忘”，“飞奔到远方，离开这令人伤心的过往”。然而，再回头想想最初两人一起写下的“明知道爱你只是继续错，为何还如此脆弱？已经习惯有你，已经不能将你摆脱”，已经习惯有陈佳明的许美静，实在已经无法将他摆脱了，冥冥中似乎还真有那么点预言的色彩。

# 也来听袁惟仁弹吉他

那天偶然打开电视，发现 S. H. E 在 Rap 这样的一首新歌：《听袁惟仁弹吉他》，于是也萌生了这样的念头，说一说这个我曾经着迷过的创作人。最早知道袁惟仁，是在很早的一个组合“凡人二重唱”，由莫凡及袁惟仁两人组成。我在大四的时候听歌听得很泛，有一次偶然听到他们盒带专辑里的《杜鹃鸟的黄昏》，那时候觉得他们的歌好听而又感伤，尤其是这首主打歌末了的那段爱尔兰式的低声吟唱的合音，虽然只有短短的十几秒，却给歌曲增加了一道奇特的凝重感。一般人只关心歌手很少有人关心创作人，我个人的习惯是听到一首好歌就会去留意一下是谁写的，后来就开始注意起这样的一个名字：袁惟仁。

在网上查看他的创作生涯，大概是这样的：1991 年 12 月 31 日，“凡人”推出第一张专辑《杜鹃鸟的黄昏》。1993 年，袁惟仁发表作品《执迷不悔》的粤语版，由王菲演唱，隔年王菲以这首歌担任专辑主打歌进军台湾，立刻深受肯定。同年，第三张专辑《大伙听我唱支歌》推出，获重唱团体金曲奖。1994 年 1 月，“凡人”推出第四张专辑《心甘情愿》，获重唱团体金曲奖。1995 年，“凡人”推出第六张专辑《难兄难弟》，这也是两人合作的最后一张专辑。此后，两人分别开始担任音乐制作人。1996 年，袁惟仁进入上华唱片制作部担任制作人；2002 年加盟华研唱片担任制作部经理。在 1996—2004 年里，先后为艺人 S. H. E、动力火车、齐秦、迪克牛仔、熊天平、许美静、许茹芸、郑秀文、陶晶莹、张美琦、刘若英、张智诚等做专辑制作人。1998 年，为那英写下《征服》、《梦醒了》、《梦一场》等歌曲，其中《征服》入围金曲奖最佳作词最佳作曲。同年，与多位创作人一起推出《亚洲创作人原音大碟》，袁惟仁演唱个人作品《征服》，并被当月的音乐人交流协会选为最佳单曲。

2000 年 1 月，袁惟仁推出第一张专辑《袁惟仁同名专辑》，在这个专辑里，他的个人风格凸显无遗，“袁味”被等同于“原味”，作为一种概念被提了出来，我很喜欢那种 unplugged 形式的木吉他演绎的味道，非常的个人，非常的民谣，正如封面写着的“不知道为什么，袁惟仁的音乐，总让人联想到多年前孙越深夜冒着风雨去买咖啡的广告，现在开始流行”。《企图》是里面很有韵味的一首歌，前奏部分用雨滴般的吉他颗粒声不断溅落，让人还没听到歌者开唱就充满了期待，然后感觉歌声离你很近，越来越近，接着就慢慢和你走到一起，最后竟然进入了你的内心。同样出色的还有《坦白》、《既然爱过》等等，让人想不到一个男人的声音竟然也能如此悲伤、如此凄凉！“我变得像不懂事的小孩，求一个你不肯给的依赖，只是我没有爱，我什么都不爱，我怎么看不见我的未来……”，这首《坦白》唱到这里的时候，歌手的声音竟然有点哽咽，而听者则被他感染，也有了一种“想哭”的冲动。这就是情歌的魅力，毕竟，让人笑很容易，而让人哭却难上加难。听他的歌会让我想起我曾经暗淡的一段岁月，或许多年以后听这首歌仍然还是会回想起那些日子，很淡的悲哀，很涩的回忆，很纯的思念，那些情绪竟然和这些歌有了不离不分的感觉。“回忆像一首歌曲，忘了歌词却又哼唱得出旋律，洗不掉它也录不进去，自由地进出我而后的生命”（《回忆》），在歌声中，回忆开始不那么苦涩，变成了一种甜蜜和安慰，正如他说，“这张以木吉他为主的专辑，献给我的家人、朋友、爱，回忆让人年轻！”

袁惟仁的另一张专辑《你不知道的我》，我是从网上下载来的，也是好歌不断，让我听了感动迭起，几乎到了崇拜的地步了。袁惟仁也说，“这是一张适合在夜深人静时一个人好好聆听的专辑”，被他自己誉为最真我的专辑。他本人包揽了所有的词、曲创作，专辑中融入了对男性或女性内心情感经历、生活状态的描述。专辑中每一首歌曲，不管是在蛰伏与狂放间游刃有余的《梦醒了》，还是清灵飘逸的《旋木》，都有让人耳目一新的感觉。而网上的乐评人是这么写的："在这张《你不知道的我》中，袁惟仁用一把吉他、人声、极少的钢琴等少量的音乐元素就完成了整张专辑的制作，这张低成本唱片，给人一种难以服众的感觉，难道这个长相平平的胖子的个人魅力是如此不可抵挡？他的唱片凭什么可以卖到55元一张？"接下去，这个乐评人揭开了这个秘密：音乐品质。从《想念》（与齐秦的唱法大不相同，和一个甜美轻盈而"瘦弱"的女声的对唱，有一种特别楚楚动人的感动）、《你的温度》到《勇敢一点》，听着袁惟仁用他自己的方式，带着轻柔的声音和干净的木吉他，重新演绎那些捧红了别的歌星的作品时，我为作品所呈现出来的清新感和亲和力所折服，而《旋木》不同于王菲的空灵，他用最真实的声音还原了另一种伤心。在这些歌里，我找到了一种真实，一种能让我触摸到音乐本质的真实。它能让听者躁动的心安静下来，能让听者撕开面具看清自我。

"靠着窗半夜听着袁惟仁弹吉他，他认真创作的哼哼唱唱，一点一滴筑音乐的梦想，就要像他一样"，当我也"听袁惟仁弹吉他"在为大伙唱支歌，有时我也会想，究竟他的声音中有什么东西吸引着我呢？不论是歌词、旋律、沧桑的嗓音还是丰富的情感，是不是我在这些悲苦的情歌中找到了一种共鸣？或者不论是他自己唱的还是写给别人唱的，他音乐中的那种坦然与坦诚吸引了我？我说不清楚，但在他的富有磁性的嗓音里，在他行云流水的吉他中，在他低头专注弹琴的照片里，我看到了一种我无法用文字描述的东西，它感动着我，让我理解了"我不知道的袁惟仁"，也理解了"我不知道的自己"。一个音乐人能做到这份上，夫复何求？而作为听者，能够时不时地听到他高质量的作品，夫复何求？

# 在这个时间看娃娃

前不久偶然看电视节目《康熙来了》，碰巧看到的那一期是王杰和娃娃的访谈录，两个人同时被邀请是因为年纪一样，相差几天而已。在屏幕上，四十来岁的王杰魅力更充足了，健谈而活泼，而娃娃则和以前的样子判若两人（或许是我印象的差错，以前只是凭两张专集的照片而现在则是面对比较真实的她），典型的中年妇女，顶着个爆炸头也侃侃而谈。那个节目让我慨叹不已，曾经的“沧桑王子”王杰的变化还不足为奇，而娃娃也不可避免地像个家庭妇女一样唠叨着，则反差太大了。

流行音乐是每个爱唱歌的人的老照片，它总是带着你往回走，那些声音如同记忆的配乐，让你更真实地回到过去。娃娃最早引起我的注意应该是十多年前，在《大雨》那张专集里，好歌连连，《飘扬过海来看你》、《大雨》等等，我最喜欢里面有一首《在这个时间里》，传达了一种对爱的向往，令我心动不已。于是，在一个天气非常好的日子，窗外的阳光柔和又灿烂，我在动手做点家务的时候找到了娃娃的磁带，过了很多年，质量还是不错，屋子里全是娃娃充满磁性的歌声，让人感觉似乎是空气中有什么芬芳在怒放。

最为人熟知的可能要算《飘洋过海来看你》了，我在 KTV 的画面上看过，那个戴着黑色帽子的圆脸女孩的眼里，充满了哀怨、倔强和深深的忧伤。黑漆漆的空间里，只有痛楚在清晰地诉说一个女子的执着。也许在爱来临的时候，任何人都不能够免俗，半年的积蓄只为了看一面，陌生的城市熟悉的角落，一生相依是永远的期待。娃娃的声音说不上柔媚或婉转，声线略带沙哑，唱腔欲哭无泪，却因而更显执著无悔。听娃娃的歌，很容易就想到一种个性，直率天真、透明坚强，她对自己对不肯舍弃的东西，像小孩子一样倔强，即使没有退路也永不放弃。然而在主打歌之后，她却唱出了《想逃》，说“让我们就到这里好不好”，对爱情“无论如何努力也做不到”，让人心生怜惜。就是这样的一个女子，看到他和她在街头伫立，也会“完全没有主张”、“失去方向”，叫《大雨》带她“到没有爱情的地方”。然而，在几首温婉柔弱的小女子之后，娃娃很快地来劲了，露出一个柔弱女子的另一面：坚强。她声色俱厉地谴责《你不是一个好情人》、《Go Go 杰西》里的“Never Worry for Me”也让人耳目一新。在《我的朋友，我的情人》里面更是一开口就“我要吻你，要把收藏多年的深情很浓很烈地撒遍你全身”，“我要你，做我的朋友，我要你，做我的情人”，让人来不得半点的迟疑。到了最后，她又柔情似水起来，一丝哀愁变成绕指柔，在《我怕冷》里面让你体验那种“夜半醒来突然感到的莫名的悲哀”，最后一曲《旅店》甚至加入了大段口白，“缓缓地伸展纤细的腰，拨开柔软的发，睁开晶莹的眼，对你展现她千年不变的美丽的容颜……”。

可以说，整张专辑简直就是一部活脱脱的小女子的爱情心路的全过程，专辑的文案说这是娃娃成功转型的一张作品。随着年龄的增长，娃娃由之前的摇滚叛逆女子转变为温柔深情的都市女子。《飘洋过海来看你》出自李宗盛的妙笔，其他参与创作的还有王新莲、陈冠倩、罗宏武、张洪量等人，有这么多优秀音乐人的护驾，不成功才怪。我在这里喋喋不休的原因主要还是歌声携带着青春的印痕勾起了我的回忆，我想起了当时听这些歌的日子，那个和这张专集里娃娃的样子和性格都十分相像的初恋女孩。她纯纯地走进我的世界后又纯纯地走出我的世界远嫁他乡，如今一晃许多年过去了，我甚至无从得知她现在的样子，不知道她是否还能留有几分过去的影子。但许久以来，我对她的记忆一直定格在类似这张专集封底的那张娃娃的照片上，也是一样地低垂着头，圆圆的脸，尖尖翘起的下巴，直直的长发和稀疏的刘海。如今，隔了那么多年终于看到娃娃的庐山真面目，却得面对回忆起类似这样的一个女子的人生轨迹，感觉不胜唏嘘。娃娃也在《康熙来了》的节目里唱歌，声音也依旧在，只不过已经引不起当年听的那种感觉了，那种青春的泪水欢笑已经最终被生活的真相淹没了，这也许是每个人都要面对的必然变化。

据说，早已看开爱情，看清自己的娃娃（用了本名金智娟），正享受着女人该有的幸福生活。在走进结婚礼堂后正式脱离了演艺圈，从观众的掌声中退出，经历了心情的调试，金智娟决定扮演一个最称职的妈妈，照顾家庭与孩子。这位偶像歌手又创造了另一个话题，整天相夫教子下厨房做饭的她，把她多年的料理经验集结成册写成《冰箱开门·娃娃的快乐食谱》一书，她的笔就像她的歌一样充满了特殊风味。时代真的变了，娃娃的歌已经成了一种年代的记忆，包括对她自己本身而言也是如此，但一切还不错，她已经结婚生子，家庭和睦，生活美满，而那些着迷过爱情着迷过她的声音的那些人来说呢，过得似乎也不坏，现在的孩子们会不会也有如当初那样的情怀，会不会也有如当初那样的歌声陪伴，那也是他们自己的事了，不是吗？

# 第五辑

# 言词的冲动

# 爱上自己的快乐

在伍佰刚刚出道还是吴俊霖的时候，就甩着一头长发用少年家的生猛和力气唱出了“爱上别人是快乐的事”，可见，我们往往要的是爱而不是被爱，不计得失地爱别人，这也可以说是爱情很伟大也很可爱的一个特性。对于男人来说，爱别人更是很自然的事，是很多人年少时的追求，因为相比于被别人爱上，爱上别人的确是快乐的事。

爱上别人是快乐的事，那爱上自己呢？我听过一个小小的生活智慧的总结，那就是：喝酒七分醉，吃饭八分饱，爱人爱到九分就好，留一分来爱自己。看来，在爱的关系里，不管是男人还是女人，都应该记得不要全身心扑在对方身上甚至忘记了自己，恰恰应该留给自己这一分却无比重要，是不可或缺的。那天，我又一次看到别人在电视上点播那首熟悉的老歌《爱我的人和我爱的人》，我在揣摩现在的自己到底该怎么权衡爱与被爱的时候，忽然意识到，其实爱上自己，更是一件快乐的事，比爱上别人有过之而无不及。

我们都是作为独特的个体被创造到这个人间来的，完美的标准似乎很严格，所以每个人都或多或少地与完美拉开了距离，对一个苛求完美自身的人来讲，“自省”就是一个必不可少的品质。人的先天各不相同，但后天却可以成就不同的人生，只有时时地意识到自己的不足，并加以提升和完善，使自己成为一个具有人格魅力的人，才能谈得上真正的“爱自己”，从而达到内心的满足和快乐。记得从小时候开始我就对自己老是不满意，刚上初中那阵子每天都会把自己审视总结一番，然后得出结论，我一无是处，只有通过努力奋斗在各方面胜人一筹才是出路，年少的我就是那样在怀着对自己巨大的不满意中，一分一厘地把自己往那个可以自认为满意的状态拉，我常常在黄昏的时候爬到宿舍楼顶独自落泪，对着夕阳抒发那种早熟和离家的悲伤，然后在这种类似餐前祷告的自省后发奋苦读。除了学习力争第一之外，在一些体育竞技之类的，瘦弱的我也不甘示弱，记得刚开始自己好像长跑不行，老是被拉在后面，后来每天天不亮就起来锻炼，当时还没有手表看时间，黑糊糊的操场就我一个人硬着头皮在跑，据说那操场是解放前的刑场，晨跑时我总感觉后面有人在追，于是越跑越快，有时候跑完了好久天还没亮，那段时间黑暗中的操场见证了我的努力，功夫不负有心人，期末的长跑考试我终于遥遥领先所有的人一大截……

直到现在，我还时常想起很多年前的那个独自奋斗的我自己，那个在黄昏偷偷哭泣的少年，那个在清晨苦练长跑的孩子，倍加怀念那段奠定了我成长的日子。回想过去，我发现那时的我比现在还懂事勤奋、积极向上，我想我是爱那个自己的。我知道那些影响至今还在起作用，让我受益无穷。比如当我感到寂寞孤独，却发现自怜往往会转化成自爱和自重，寂寞酝酿了一种诗意，让人变得很有创造力，正如别人歌里所唱的“寂寞让人更加美丽”那样。因此，当我们需要与人相互安慰，却觉得没有一个可以具体去相互关爱的对象时，都不妨告诉自己：爱上自己，爱上自己是快乐的事。当我们爱上自己的时候，往往就是我们有所作为的时候，我们对自己的奋斗感到满意，感到没有虚度时光，感到那个可以让自己爱的自己是进取的，是对得起自己的。

问题是，大部分时间，人是谈不上爱自己的，很多人往往太懒而不思进取，得过且过随波逐流地活着，比如你抽那么多烟，喝那么多酒，莫名其妙地生气，都是在和自己过不去。很多时候，人都难免陷入一种“无聊”的状态。肖斯塔科维奇在其回忆录《见证》里谈到公共公寓生活的时候这样写道：“……比如说，不一定要枪毙或者罚苦役。你可以通过简单的事情，通过生活方式杀害一个人的内心，……”生活的真相也不可避免地流于粗俗、懒惰，有时候人都会有惰性，不再苛刻要求自己，放纵自己，我们往往就找不到那个可以“爱”的“自己”。爱上别人，爱上自己都是快乐的事，它会让人清新脱俗一下，因为这让我们在世间的存在变得有了那么一丁点所谓的“意义”，我常常想，假如我是女人，我会不会爱自己这样的一个男人？只有当我的答案越来越肯定，并越来越确定自己不是在堕入一个自恋的泥潭的时候，我才能活得比较心安。

爱上自己，就意味着寂寞，但寂寞一样能让人快乐地长大。当青年诗人卡朴斯在一封信里这样写道：“我在维也纳新城陆军学校的校园里，坐在古老栗树下读着一本书”，当他开始抱怨身边的许多人都和他疏远了的时候，里尔克给他回信说：“其实这就是你周围扩大的开始。如果你的亲近都离远了，那么你的旷远已经在星空下开展得很广大，你要为你的成长欢喜。”信中还说，“亲爱的先生，你要爱你的寂寞”，茨威格进而把里尔克这种特殊的生活观称做“纯洁生活艺术”。我所理解的“爱上自己的寂寞”，其实是对自己“纯洁生活”的肯定，是对抗击无聊的一种嘉奖，是一种内心自觉的认同。在《哈姆雷特》第二幕第二场有一句原文：“Man delights not me；no，nor woman neither”，意思是：“人不能使我喜欢；不，女人也不能”，这时候一个严峻的问题就来了，你必须学习着爱自己，才不至于连对自己也感到厌恶。因此，当那个孤独的歌手唱出了“孤独的人是可耻的”，他大概已经忘记了歌是怎么写就的，与其说他是睁着眼睛瞎唱歌在哗众取宠，不如说他在用一种修辞手法在说着反语，一边在深刻地反省着自己，一边仍然在为寂寞和孤独而唱。

常常有这样的时候，你的内心充满了怀疑和犹豫，你想找个人分享，你不知道该找谁？于是你继续抑郁，你闷闷不乐，你需要一种救赎，否则你简直过不下去了。这时你需要一种填充，需要一种让你觉得有趣的事情，来弥补你生命里那些闲暇的时光和那种一不小心就会让自己无聊的日子，而创造就是一种最好的消磨。我常想，如果不读书，我想我会去当木匠、雕刻师、建筑工之类的，只要跟创造有关的任何东西都可以；而读了书，写作对我来说就是一种创造，我快乐正是因为我的生命里不时地会有创意，能做出与众不同的东西。有个作家很早就借她的作品说过：“在没有人与人交接的场合，我充满了生命的欢悦。”我想，这种欢悦摆脱了对自我的否定，并让心智越来越强大，就是爱上自己的快乐。

# 叫着你的名字

有个小孩曾经给我出过一个“脑筋急转弯”的问题是：“什么东西是你的，但又都是别人在用?”我当时还想了半天，原来答案就是“名字”。其实我不爱对名字做太多联想，也不是很喜欢那种爱拿人家的名字说事的人，总觉得只是一种符号而已。巫启贤也唱过一首闽南语歌曲《叫阮的名》，大概是出自一个马来西亚歌手，让我有点印象深刻，如今动笔写这个文章，我首先的念头就是想到了这首歌。

名字的诞生有点尴尬，因为是身不由己的，古人还好，父母起完名字之后，往往在姓名之外还有个“字”，供朋友使用。现在也不错，自己名字不喜欢，上网的时候也可以发挥创意，给自己来个满意的网名。作为教师，我面临的第一个难题就是要记住很多学生的名字，我时常盯着一大班人名发呆，因为学生来自很多个不同的班级，每周只上一次课，而且太多名字重复，接触久了都似曾相识，有些名字让我一下子能感觉出到底是来自香港还是澳门，比如香港的很多有个“嘉”字，而澳门的很多有个“琪”字，似乎一方水土养一方人，也养一方名字。碰到相差一个字的，我往往会联想，这个学生会不会是那个学生的兄弟或姐妹之类的，如果这一届的和下一届的同名，我有时会瞬间有种不知道“今夕何年”的感觉。张爱玲在调侃完自己“恶俗不堪”的名字后，说到名字往往代表一种需要或期待，穷人的名字十有八九是叫“金贵”、“秀珍”之类的，因此出现这样的现象也不奇怪，名字粗俗的往往很有灵性，名字像小说的主角的反而个性乏味而呆板。对这一点我也有同感，有的人的名字通俗而土气，有的人的名字奇怪而生僻，但似乎都无法做到“名如其人”，但问题是，叫习惯了，大家都会觉得名字是自己的好，很少听到有因为名字不好把父母告上法庭的。

我对我的名字，不会太喜欢也不会不喜欢，只觉得作为一个符号马马虎虎凑合着。我的名字好像是上了小学才由老师给起的，之前，我一直是个无名的孩子，只知道根据风俗必须要和我大哥有一字相同，所以别人也只知道我的名字里必须有一个“汉”字，仅此而已。在村里所读的那一年给了我一生的回味。因为我的懂事和聪明而倍受宠爱，别人在读书的时候，我可以被派去帮老师煮稀饭或拣柴火之类的，做些其他的任何小孩子都会觉得比读书更舒服点的事情，所以我从小就似乎习惯了自己动手的自由。记得那个什么都教的老师还常常把课文编成歌让孩子们唱，当他有次想提问我的时候觉得有必要给我一个名字时，我也第一次有了自己的名字……

我也不知道这个名字有什么意思，以前很想名字中有个“刚”、“强”之类的字会比较“Man”一点，后来我读到《诗经》上的“维天有汉”之类的语句，于是翻起一本古汉语词典，才知道“汉”是“银河”的意思，记得当时还很高兴于这个发现，油然而生一种崇高的使命感。当时还在仰望夜空的时候，想要去找寻星空永恒的模样，才知道渺小如我是无法和那片浩瀚相比的。后来慢慢发现这名字也不错，挺有个性的，才慢慢地从心理上接受了。在互联网的时代，偶然用Google或百度搜寻一下自己的名字，居然发现没什么和我名字重复的人。从某种意义上讲，生命无法永恒，但名字却会超越生命永远地延续下去，因此，每个人都有义务让自己的名字在这个人世间闪亮一下，即便是繁星万千的夜空中那颗瞬间滑过天际的流星。再后来，我有了一个很普通的英文名字叫John，那是大一的时候口语课上，那位来自津巴布韦的老师Anderson给起的，当时起英文名字主要是为了呼叫方便，因为外国人在叫中国名字的时候几乎没人能把音调弄清楚，记得好像当时我们班上有好几个名字的拼音非常拗口，老让他叫得舌头打结，后来就给每位同学起英文名，问到我的时候我说要通俗点的，因此他就给我起了这个恐怕是英语里最最普通的名字，而且在俚语里面还有“厕所”的意思，但我也不想换了。我的第一首歌曲习作就叫John’s Christmas Song，是那年圣诞节的时候给老师的一个别出心裁的礼物。后来等到自己也当了老师时，我的学生们来自不同的国家，他们大都叫我“阿John”、“John Sir”、“John老师”等等，有的马来西亚的同学则常常叫“Teacher”或连名带姓加上“Teacher”，很少有人叫我的姓，我喜欢这样的五花八门的叫法，它们让我觉得亲切而随意，而且是一种活脱脱的多元文化的体现。

有的人对名字很讲究，起个名要斟酌半天。帮人起一个别人喜欢的名字，也是一种创造的快乐，比如我就曾经给人起过很不错的英文名字，而且那理由说起来让人爱不释手。萝卜青菜各有所爱，我喜欢普通的，也有人喜欢不普通的，所以帮忙起名的时候就得避开Mary、Joanana、Kathy之类的，考虑一些冷门点的，记得有次我给人家起了个Fiona，让她激动了好久。有时候上网，我会看到起古怪名字的一些新闻，也经常看到诸如求名字的帖子，例如“我中文名叫孟庆海想起个英文名请各位帮帮忙”然后我看到各种各样的回复，正经点有的说“Harley、Harvey、Henry、Martin”等，也有不正经的说“Hellen、Susan－Meng、Soft－sea”，还有直接起“Sea”让人看了觉得有点好玩。另外，也有人喜欢把名字和其他东西挂钩起来，比如我的母亲就在给我大哥的女儿起名字的时候，她说孩子缺水少木，起的名字应该含“水”含“木”，他们在讨论立户的时候，我还开玩笑说干脆学邻居的阿伯起个“水木”之类的名字吧，后来我想了一个字“霂”，以至于现在我侄女的名字和小名相差了很多。

文章的题目就是名字，好的名字往往能勾起读者的阅读欲望，当然，接下来的文笔也很重要，如果一个好题目下面是乱糟糟的内容，就有点类似与一个徒有其表却没内涵的人打交道一样。我写文章有点偏离汉语表达的习惯，往往需要先有个名字，题目弄好了，有创意的话，写起来就非常顺手。重要的东西先明确了，再展开来写，这似乎有点符合英文“演绎法”的行文顺序。按道理说，写完文章再起名字的比比皆是，汉语的“归纳法”往往让写作的人在写完文章后才有了起题目的必要。但我不行，我的习惯就是必须先有一个题目，而且要是一个充满创意的好题目就最好不过了，我曾经把一些文章结集打成目录，有个小学老师偶尔过来，拿着看了半天，说以为那是一首诗。

不妨再走远些来说说书名，我比较欣赏早先的一些书的名字，例如鲁迅的《朝花夕拾》、何其芳的《画梦录》等；当代的一些诗人给自己的书所命的名也往往不错，例如瞿永明的《纸上建筑》、西渡的《守望与倾听》等，到了新时代，连名家的书名也似乎还俗了，例如刘绍棠的《野婚》、池莉的《有了快感你就喊》等；而有些新生代写手，往往名字起得很响，但内容却不怎么样，例如《你说你哪儿都敏感》等等；至于说有人把《水浒传》包装成《3 个女人和 105 个男人的故事》，则纯属某些书商哗众取宠的无聊之作。

# 梦想的写作

写作往往需要进入一种不得不写的感觉，特别是那种有感而发的性情文字，更需要有一种源源不断的情绪流泻来推动，需要有一种不断驱使自己去表达的欲望来支配，有快感的写作乃是让写作持续下去的最好动力。然而，随着年龄的增长，这样的写作方式就越发奢侈了，情绪越来越稳，触动似乎越来越少，也许对我而言，写作最终也会如同梦想一样，成为一个越来越稀罕的举止。当然，这只是我个人的看法而已，别人的写作状态千差万别，实在无法揣测。

我不清楚那么多人在写，是为了什么形形色色的目的。我为自己写作寻找的一个重要的理由是，我有梦想。我时常感觉自己的内心被一种梦想中的生活和生活中的梦想共同充斥着，它们交相渗透搀杂在一起，多年来一直缭绕在我身边不曾离去。我很早就注意到梦的某些奇怪之处，尤其是当它与现实的生理现象夹杂起来的时候，比如小时候你梦到四处找厕所并终于找到了之后的结果，或是青春期你梦到和心仪的异性在海边浪漫缠绵的时候，那种梦的现实或现实的梦让你觉得有点不可思议。直到最近的一个暑假，有一次我大白天睡觉，梦到自己在参加野战训练，而当时窗外操场的学生正在接受军训走队列喊口号，那种真实的背景和虚幻的梦奇怪地交织在一起，让我在醒来的时候不禁发出了类似“鸡和蛋孰先孰后”的疑问：“到底是先有了梦再有现实，还是先有了现实再有梦？”

在我开始进入自觉写作前的那段岁月，我曾经一度着迷于去建造“一间自己的屋子”，为此我阅读了大量的建筑设计方面的书，接触了无数的构想和设计方案，但当这个念头最终被一个浅显的现实所击溃，我在世俗的考虑面前溃退下来，开始了对自己所梦想的“桃花源”的探询，开始了自己默默的耕耘和不由自主的写作行为。一个人的独居生活，让我获得了观察世界的最佳角度，我在自己的文字中也看到了一些独特性，看到了业余写点东西的那种从容和美，看到了一个由内心丰富的多样性所构筑起来的自己。我常常沉浸于对梦想的苦候中，例如对故乡和儿时的怀念，对未来家园的规划和人生宏图的想象，这些不切实际的和现实有点脱节的遐想让我的世界出乎意料地辽阔了起来，我也因此获得了更多继续坚持的勇气。我想，能和我产生共鸣的，一定也会带着一种如我一样的想放声歌唱的梦想。

我有时候会把有兴趣阅读我文字的人想象成一个“美人”，为了博得“美人”的一笑，我奋不顾身拿起了笔，记下我那些灵动过的困惑、感触与梦想，我想象她也是如同我一样活着，并有着这样那样的想法，而我能够说出一些她想说却没能说出的话，当她看到这些早已在心底存放着的话语被我挑出来说了，她是能够会心地一笑，这种会心的微笑就是阅读的最高境界，如同情人无言的眼神或通融的心犀一样，浅浅弱弱却足以颠倒我，足以淹没我在无休止的创意与构思之中。为了这样的共鸣，我宁愿不辞辛苦，废寝忘食，不要任何报酬或代言费也要写，尤其是在我还能写得动的时候。

语言专家认为人能够创造性地使用语言，如果说写作也类似一种谈话或表达，能把话说多好的人，理论上也能把文章写多好，因此说写作是一件简单的事，并没有错。毕竟，思想是如此地如影随形于每一个人的行动，在我们醒着的每一个瞬间，思想都在活动着，甚至弥漫到我们做其他事情的时候，在吃饭、走路、排队、喝酒、唱歌、聊天等所有的瞬间，我们的思想都无处不在，因此，写作也是无处不在的，我们只要把所想到的写出来，只要稍微训练一下，每个人都可以成为作家。但问题并不这么简单，我们说的话可能像一阵风一样吹过，但留下的文字却始终提醒着我们，语言可以进入听众的耳朵，但文字却必须指向读者的内心，而梦想就存在那里。

在某种意义上，梦想也往往是人们一种主动的选择，梦出于现实，现实也是为了梦，两者并不矛盾。我在进入写作状态之前就已经意识到，在一个浮躁急切、理想萎缩的年代，现实让我不去当一个梦想时代的寻梦者，但梦想却如同一个忠贞的爱人一样若即若离地陪着我，让我不至于被现实吞没，那些青春的心态和艺术的直觉也因此获得了一点艰难的保留。我的梦想本身就若有若无，只是一个寂寥孤单的，安详沉静的，洁身自好同时又深感艰难的边缘人的遐想。在生活的表象之下，我可贵地拥有了一些可以自我安慰的歌唱和写作的情绪，它们点缀了枯燥乏味的现实生活。我也得以在梦和现实的边缘，构筑一个相应独立的空间，一个艺术存在的空间，一个可以供我逃遁的空间，那是我的立足之地，让我随时可以躲藏进去自成一统。没有这样的空间，诗歌和文字对于我就无从谈起。

我写这写那，有一搭没一搭，但似乎都摆脱不了一个主题，那就是一个站在现实的人对梦想的理解和期待。梦想总是完美的，而现实却绝对是不够完美的，这就是创作的原动力。有时候我甚至设想，我苦候多年的所谓“合适”的爱情，也许会循着某种偶然的姻缘际会，从某些字句的同感，或某个情绪的共鸣，沿着文字和歌声铺就的路，轻易地进入我的灵魂，来喜悦我的喜悦，并哀愁着我的哀愁，我怀疑了那么久，应该可以放松一下接受所谓的宿命或安排了，因为除了人的灵性，我似乎什么也不笃信。灵性潜藏在每一个生命的深处，有的人多，有的人少，我只能等待那个和我差不多份量的人，也正因为如此，我只能通过持续的写作去展露自己的梦想以求得某种程度的共鸣，即便无法十分准确或恰如其分的表达，也要通过写作“秀”出来，我的心情有点复杂而矛盾，如同一个初为人体模特的女子，当她第一次在艺术面前褪去所有的衣物，那种飘忽的念头，肯定也是忐忑而又坦然，紧张而又嚣张。

阅读让人生活在别的作家的叙述里，写作却可以让人生活在自己的叙述里，我的写作过程本身正契合了我所说的不着边际的梦想，在这个长久的梦里，我用本来就存活在日常世界中的语词远离了日常世界，这有点类似一群一起远行的人里那个独自走得很深的人，等到他把团队远远地抛在一边时才发现自己也被众人远远地抛弃。但我喜欢这样的一种状态，自由自在、随心所欲，活在自己对世界的认识和判断里，而且带着一点不可告人的神秘。

# 为了忘却的记录

我不否认时间会淘洗去一些什么，尤其是一些鸡毛蒜皮的琐碎小事，因此在那些细枝末节仍未被岁月裁走之前，写作就成了一种刻意的保留和提醒，这种保留和提醒有点类似墓志铭在提醒别人一个生命曾经来过，为了忘却的写作就是一种埋葬，而埋葬却是为了提醒，而且埋葬还需要一块地，写作就是把思想埋在地里的过程，它的唯一价值似乎就是为了纪念。美丽的东西总是易逝的，而文本在某个程度上代表了一种恒久的提示。

当然，我不是专职的写作者，那些偶尔写下的文字或诗篇似乎更适合原封不动地收藏于自己内心深处，但是冥冥中的担忧告诉我，我会很快忘记那些梦想和思想的波动，而忘记那些和情绪灵感相关的东西更是一种罪过和不负责任。除了写点为了纪念也为了忘却的东西之外，似乎也没有什么别的更好的办法了。我对写作很享受，却很懒得去张罗发表，很多中文作家只要一动笔，首先想到的就是投稿到报刊杂志，而西方人一般是先签约再开始写或者一篇一篇地累积成书，再找出版社出版，我的写作接近于后一种西方人的作业方式，我只是傻傻地写，没想去从写作中获取什么，甚至觉得频繁的投稿会破坏自己的创作心态。我的写作就像某些人只是傻乎乎的赚钱然后存起来，却从来不去想理财，比如买股票基金等等。

我有时候会翻出自己多年前写的日记本子和文稿，曾经有好几次想过要把它们撕毁并处理掉，但又有点舍不得。因为我的笔迹独特地带上了不同时期的烙印，它们让我想起了心绪浮动的那些瞬间，那些我在心思浮动的时候随手记下的文字，例如我在旅途中的见闻感想、异乡的小酒馆里的思考、深夜床头孤灯下的阅读随笔、鸟语花香的故乡春天的心情、夏日的午后、寒风呼啸的夜，等等，陪我见证了自己昔日的心路历程。我有时候文思来了，就从那些手稿里抽出一些，如同从原料仓库里拿出材料一样，然后开始我的写作。然而，在一个连“死亡日记”都要在网上写的互联网时代，我敢断定这样保存手稿的习惯会越来越少，大家有了些什么想法都会在第一时间公之于众，并获取后续讨论带来的乐趣。因此，除非有自觉的作者，抑制住不断的小交流的乐趣，甘愿默默无闻，以爬格子为己任，做一些漫无目的的书写。

这个习惯应该说很不好，首先是安全问题，这些类似隐私的文字虽然让我体会到了记录的自由和快乐，却也成了一种负担，我得有个上锁的抽屉以便不要让它们轻易进入别人的眼帘，“不懂的人只会看笑话”，这有点类似那个情窦初开的少男少女总要想方设法地锁起日记，又期望着有一天能被人阅读，那中矛盾的心情本身就是一种奇怪的折磨。写作需要袒露，对于一个保守如我者，想到表现自己时其实心里还是会七上八下的。另一方面，文字记录下来的心情其实有时候不够准确，尤其是当我的笔尖不善言辞的时候，比如我现在翻看以前的日记，看到一首现在看来挺不错的名为《歌者》的诗：

最美的歌，是由生命本质的吟咏
酝造，心灵的巡回歌唱家
超越任何美声通俗民族唱法
超越歌唱和旋律本身

要破坏一座桥很简单，割断一河水
就不容易了，正如弹断一根弦的激动
是那么平常，而想弹尽弦外的声音
还有什么比这更为艰难

我相信日夜兼程的渴望并非因为寂寞
即使远方的理想一触即逝
没有灯盏的驿站遍地是清冷的月色
生命的漂泊依然与河流的方向一致

我甚至已经记不得当时是在什么样的心情里记下这样的文字，是年少时抄的还是自己写的，或者是抄抄写写改成的。诗歌词曲也许是灵感瞬间的迸发，可以表达得最到位但也最容易遗忘，因此，只靠文字来完全还原自己到那个已经过去的场景里难度很大，这可以在我整理文章的时候体会出来，我当初按耐不住的激情所记录下的文字已经被时间所淘洗，变成了毫无感情的痕迹。更何况那些有时候需要用声音、图片等多种手段保存的感受与情感，岂能是区区一堆文字能够呈现出来的呢？

每个人都在寻找梦，有的人想找却从未启程，有的人走到一半就知难而退。写作也是一个寻梦的过程，如同一个梦飘在世俗生活的上端，时不时地来骚扰一下。这可以理解，无论你是什么样的生活状态，也许你都有很多不得不做的事情，衣食住行和柴米油盐时的家务、走路、排队、开会，甚至打球锻炼身体、旅途的火车上等等，我常常在做这些事情的时候产生了灵感和想法，产生写作的感触，我的这些思考让我变成一个没什么效率的人，懒散而不够专注，但也让我不至于流向平庸和烦琐，并进一步逼近我所认为重要的东西，比如思考、做梦、感慨、歌唱、写作等等。但这样的时候不是时时围绕在你的生命里，它们只是偶然来探访一下，转眼就消失了，大部分时候头脑是懒散的，而越积越多的生活琐事只会慢慢消磨掉那些偶然的情绪迸发灵感侵袭的瞬间，并最终埋没于岁月的洪流之中……

在键盘上敲着那些以前用情绪写下的东西，有整本的日记随笔，有散落的片言只语，我常常会因为走神而进入一种焦灼状态。因此，最好的办法似乎就是尽早尽可能完整地记录，然后尽快地忘却，我猜想那些多产的作家，可能都是遵循着这样的方式，在奋不顾身地奉献着。但我知道这似乎有点不可能，尤其是当写作成了一个必须的宿命的时候。我不知道我什么时候灵感会枯竭，但目前似乎只能认命。我想在把有用的东西录入之后将这些底稿全部销毁，也许这才是它们最好的归宿。我面对它们如同面对着自己用理智和情感调制的一杯鸡尾酒，它五彩缤纷也五味俱全，最终也只能由我独自来慢慢地饮下。在这个越来越浮华势利的人世间，我的那些青春的心情如同孤魂野鬼一样地游荡，居无定所。我想整理完这些，我才可以为它们找到一种合适的处所和方式埋葬，并钉上墓志铭，或许我也可以从此放心地离去，去过一种轻松惬意的世俗生活。

# 舞厅、公车和聊天室

大凡一个人在一个小圈子里固定久了，都会不自觉的有点封闭自己，转向寻找一种更趋向内心的寄托。按我的性格和工作居住的环境来讲，如果不是有意寻找，生活甚至也可以单调固定到所谓“三点一线”之类的，“三点”就是“住处——教室——餐厅”，而“一线”就是走向球场的那条路。把标题里的三个元素放在一起，是因为它们比较醒目且有点意思，其实这样的题目换成“在公共场所”之类的也完全可以。对我来说，无非想说明人的一个共性，那就是走入人群的渴望。自从我爱上了写作，发现我必须得找一些融入人群的方式，否则我就写不出雅俗共赏的文字。我认为这三种场合正是面对众生的好机会，而对一个想通过生活提炼思考并写作的人而言，面对众生是一种必须。

我习惯在周末去舞厅转转，在音乐里散散步，让心情放松一下，偶尔和陌生人聊聊，常常也能捡到不少可以让我感慨一番的情绪。舞厅是一个浓缩的社会，各式各样的人集中到了一起，在那里你可以看到三教九流，带着各种各样的气质，豪放开朗的、扭捏作态的、自视甚高的、胆怯畏缩的、放浪轻佻的、含蓄温婉的、有的跳得优雅大方，有得跳得古怪滑稽，比如很多人会有些属于他们自己特有的姿势，有的人动作特别夸张让人看了非常难受，笑话里说的那种如同抽筋的大猩猩，的确描述得非常形象非常到位。舞厅里翩翩起舞的人各有心绪，有时候确实可以看出一种乐趣，有时候我也很爱观察某个男人跳得一本正经或某个女人跳得自我感觉无比好的那种可笑的样子。当然，两个人在一起共舞，如果不是特别相契合的，那也是很令人扫兴的，情绪低落的时候，我往往没有跳舞的兴致，只是静静地看着，当大部分人都在翩翩起舞，在一边旁观对舞厅的气氛而言是不合时宜的，但有的舞伴没半点乐感让人觉得很难受，动作不协调地随便乱舞一通，根本谈不上放松，还不如不跳，而旁观却让人获得一种特别清醒的思考，当我在角落听着音乐，往往会有写点什么的情绪和灵感。

让我很尴尬的一个事实是：我只有在人群中才会觉得孤独。一个人的时候，我的生活被阅读、写作、创作和歌唱等各种各样的爱好或习惯填得满满的，即便是最心不在焉的运动，也让我的生活丰富充实。要寻找创作所需要的孤独感，反而是需要在很多人的场合，我才会觉得特别寂寞，获得一种特别的与众不同的感受。有一段时间，我还挺喜欢坐公交车，当时如果不是在市区接了个课，我几乎没什么机会可以体会类似城市上班族的生活方式，这也使得每次一到要去上课心情都会有点激动，我总是早早去车站，等着公车。一个人开车或打车其实是很寂寞的事，这和自己做饭有点类似，在公共餐厅吃饭，不仅可以节省了买菜做饭和洗碗的时间和劳累，而且有时候在餐厅还可以和同事朋友做点交流，使得吃饭又经济又便捷，而且增长了见闻，同样的道理，搭乘公车从经济上来说划算了不少，特别是在偶尔应酬喝酒时也省却了不少麻烦。在公车上，你可以见到不同的人，五大三粗的壮士，娇小优雅的淑女，青春焕发的学生，老态龙钟的长者，有时候可以遭遇到一些有意思的对谈，公交车里的广播也生动地为你上了关于民生的最生动新鲜的一课。我的灵感常常在这样的时候不期而来，有时候思考进行得太深了，写作构思得太投入了，甚至偶尔会忘了要下的站。有时候，我喜欢随便跳上公车毫无目的地乱转，特别是到了一个陌生的城市，这样的旅游方式我觉得是最快捷最便利的，它带你领略一个陌生城市的风貌、人情、习惯和气氛。

再说一下网上的聊天室，应该说大都很没意思，这可以从那些聊天的人的话语看得出来，普遍的一种焦躁的情绪，有些人纯粹是出于无聊而去的，想骂人发泄，想寻找刺激，但好像又落不到实处。刚学上网的那段时间，我喜欢挂在一些有固定主题的聊天室里，看人家都在讨论些什么，或者等人家来跟我搭话，大部分时间我会继续做我的事情，直到头昏脑涨脖子酸。某些专门话题的聊天室还是可以凝聚一些有共同爱好的人。我最早用电脑上网练习打字，主要做的事无非就是进聊天室泡泡，到“英语角”陪人家练习口语，帮中学生做点翻译作业的难题，有时候还到“脑筋急转弯”里去跟一帮小孩子猜个不亦乐乎，或者去什么卡拉 Ok 练歌房，听人家一天到晚都在唱些什么。有一阵子我想写个“中国英语”的文章，于是想搜集一些语料，经常到新浪 UC 的一个英文聊天室瞎逛，提取了不少生动的语料和例证。有时候也用麦克风的语音功能，进那个聊天室的似乎都是些想学好英文口语的，对我尊崇有加，我也经常呆在里面谈天说地，聊音乐聊文学聊艺术偶尔还推荐一下英文歌，似乎什么话题都有得说，可以想象当时自己的人气有多旺，那些网友对我羡慕得不得了，加上那阵子还有个口语也很不错的“海归派”成熟人士，经常和我互相吹捧一下，搞得大家都尊我们为老大。我自己也飘飘然地以为是个人物，大把的时间都投掷在聊天室了。后来就不了了之了，不知道是什么原因，好像是电脑重装的问题，就自然淡忘了，也就没再上了，也许任何爱好都是一种生活习惯吧，做与不做，习惯了就好。

搞音乐的可以对美术一无所知，搞画画的可以对唱歌五音不全，搞懂汉字研究的可以不懂外文，但一个作家不可以停留在文字和口才的游戏里打转，一个文学批评者也不能老是干巴巴的那么几句，从头到尾酸溜溜的毫无生气，不管怎么说，一个有社会责任感的写作者必须走进人群，长期地囚禁自己在斗室中，只会让文思更加枯竭，写出的东西更不合乎人情，例如我所钟爱的美国诗人艾米莉·迪金森，其创作主题似乎只能永远地停留在“爱”与“死亡”等那些“我们所无法猜出的谜”上了。为了更有生命力的文字，作者需要的是走出去，从人群中获取更多的不一样的故事，不一样的生活，不一样的人生，那不是为了满足对比之下的幸福感或多愁善感的自怜癖，而是为了看到被遮蔽的现实，为了倾听那些来自各个层面的微弱声音。只有不断地面对不同的素材，文字才能越来越真实。因此，接近那些没有机会表达或不懂得表达的平凡人群，把那些大多数人心底的沉默记录下来，为人们提供更多的作出选择的依据与思考的空间，这也是作者对整个社会的权力和责任。

# 掀起作者的盖头来

买书的时候我通常不怎么看前言，因为往往感觉比较假，客套与虚伪并存，特别是那些请别人代作的序言，有时候更是牛头不对马嘴，按道理写在最前面的文字，我想大致应该交代些诸如写作的出发点和动机之类的话。在我看来，那种请名人代序，这样的出发点和动机本身就有问题，冷暖自知，有谁能比作者本人更清楚一本书的来龙去脉和本身所蕴涵的创作磨练的历程呢？其实只有作者自己最了解自己的作品，最有义务做这样的事情，在前面对整本书的脉络向读者作一个整体交代，但由于出版业的规矩，这样的文字常常会被放在最后。很多作者习惯在后记里，把为什么要写交代清楚，这似乎成了一个不能绕开的问题。

因此，我更喜欢一下子翻到后面，在作者的背影守候，对他们的后记文字往往更感兴趣，我还有个爱好，在查阅长篇论文的时候，品读一下那些后记文字；有时候逛书店，就专门挑那些后记来阅读或比较，无论是出自学者还是作家，结尾的文字通常都是一些感性的抒发，是一些肺腑之言，尽管都免不了要客套一番，但是那种作品完成后的放松也感染了我。他们谈写作的心得，说感谢的话，这有点类似一个演员在表演完毕之后，在后台对采访的记者所说的话，书本的后记就是作为演员的作者在离开舞台（即书的正文）后的访谈录。因此，即便是一本不那么真诚的书，后记也是值得期待的真诚流露。可以说，这是通往作者真相的最快捷径，也是进入作者不被了解的另一面的最佳起点，并可以一起享受一下作者的创作乐趣，那种付出了辛苦和努力之后终于有所成就，令读者也心有戚戚焉。我们也可以想象一个刚跑完马拉松全程，在冲破42公里后的终点线后，满头大汗地接受着采访，我想一个累坏的人大概没有什么心思去说假话大话，那种感言听起来最朴素最实在。

比如我看过一本由周海波和杨庆东合作的著作，后记是这样写的：

> 能凑成这样一本小书出版，我们实在是觉得不好意思，因为它既不成规模，也不成体系。……我们共同拜师于朱德发先生门下，三年读博士的时间里，我们相互间曾有过无数次美好的谈话，谈学问，谈人生，谈家庭，谈事业，也曾有过数不清的打牌、喝酒。现在不经意间出版了这样一本小书，也可以作为我们博士生活的一种纪念吧。

当然，也有的书干脆就没有后记，和读者玩起虚的，有的书更“酷”（特别是小说），什么序言后记，通通没有，在选择时间有限的情况下，于是读者只好快速地去选择读或者扔。正如一个蒙着盖头的新娘，在经历了婚礼的那一道道烦琐的程序之后，终于人潮散去，坐在床头，等着最关键的那一幕出现。从后记入手，有时候你能够取巧地先掀起作家的盖头来，从而避免了时间的浪费和揭幕之后不满意所带来的无尽的追悔。掀起作者的盖头，无不一目了然，细心的读者也得以从文字中勾勒出作者的思想和品味的真面目，即便是编故事的小说家，他讲故事的能力和品味如何，躲藏在文字后面的感想也不再高深莫测，思想是否深刻是否有趣，或者是虚伪的作家，话多了也难免流露出率真的一面。

基于这样的认识，我往往就可以很感性地决定要不要买书，从这个出发点再去品读作者，不管是聪慧的、痴傻的、大气的、无聊的、高洁的、媚俗的、宽容的、刻薄的、崇高情操的、低级趣味的、才华横溢的、灵气枯竭的，无不一目了然。尽管文字的表露也有可能不是一个完全真实的作者自己，但凡话说多了，真相也都会慢慢浮出水面，于是，我们读才子的文章，看的是风趣和眼界；读诗人的文章，看的是艺术和意境；读小女子的文章，有时候可以看到幼稚和杂碎；读学问家的文章，往往可以看到渊博和积累……也正因为如此，我比较欣赏那种能甘于寂寞，持续而专注地做着自己认为有价值的事情的人，在那样的作者写出的文字里，我往往能欣赏到一种从容不迫的气度，一种厚积薄发的深刻，和一种启迪思考的收获。当然，书看多了就忍不住要比较品评一番，按理说学者的文字，往往可以更直接地反映一个人的品位、情趣、真实的内心世界等，然而我经常可以从他们的文章读到一种狭窄与乏味，即便偶然间买到了不错的书，还是可以在鸡蛋里挑出一些骨头，比如我最近买了几本赵鑫珊写的《天才与疯子》、《人·屋·世界》等等，不禁为他的文字和做学问的劲头所吸引，然而，我还是看出了他在所难免的偏见，我比较不理解的就是他对流行歌曲的理解也是如此的狭窄和先入为主。

英国散文家兰姆在说到读书的时候，把亚当·斯密、马尔萨斯等都嘲笑了一通，说这些思想家们的文字缺乏美感。叔本华则更为挑剔，他对同时代的德国学者、作家都表示不屑一顾，无论从思想还是文字本身。我深信，一本真正的书就是一个作者的个人隐秘世界的暴露，作者的思想品位随着文字走到不同的书架或床头而被公之于众。我想我不能绕开自己的写作只说别人，从一定意义上来说，我的写作就是我精神内在的曝光，自身的思想状态与智力状况，都因此得到充分的揭示。因为这的确需要一点勇气，读者很容易在那些文字中看到一个真实的作者，或才华毕露的，或高洁亮丽的，或大方豁达的，或小家子气的，种种不同的人格跃然纸上。尽管我在日常生活里很不爱袒露自己的矛盾或焦灼，但在文字里我可能藏不住，我的不足就是容易露出的马脚或狐狸的尾巴。让别人读这样的文章，其实也是一种冒险，明智的人也许可以一眼就看出我的性情和品味的底蕴的同时，读出我在某些时候所表达出的焦虑和失落。

我常常觉得，人与人之间的交往效率其实很差，这是因为我们的表象生活里充满了太多表象的错觉和谎误，它们妨碍了我们走到另一个很融洽的人际关系中，你无法快速地拨开那些不着边际的迷雾，找到与你最心灵相通的人。当你在书店里逛，偶尔看到某本书，那其实纯粹是一种偶然，就如同那些偶然闯入你生命里的缘份一样。然后你不经意地把书拿了起来，翻开看了看目录，你发现自己很喜欢，这时候你也许会看看定价，想想要不要买它，这是一个知识爆炸资讯发达的时代，书倒不一定非买不可，有时候书买多看多了反而把自己弄得一团糟。也许这个世界信息的丰富性和多样化，鱼目混珠，泥沙俱下，于是你开始掂量文字的价值，毕竟这个时代耐读的文字不多了，有收藏价值的就更是寥寥无几，能碰到就是一种幸运。

我对自己的文章不想评价，也许你不知所云，也许你会对这样的东西喜欢得不得了，我期待的当然就是后面的结果，我期待这些文字能够走得更深远些。此外，我习惯在文章书本的末尾，表达一下自己这样那样的一些小小的渴望，我希望这些文字，能代替我去说点什么，因为我已经懒得去解释和表白了。我感觉自己似乎一直活在一个众人的假象和误解里，也许在文字里我反而很真，但这不是我的错，我也管不了那么多，毕竟我不需要承担宣传自己的任务。

# 译并创作着

作为语言的花朵，诗歌是各种语言中最简练最精华的部分，不是随随便便可以互相转换的，这就决定了诗歌翻译的难度。如果说翻译诗歌是“明知不可为而为之”的艰难事，那么一个不写诗的人是翻译不了诗歌的，诗歌翻译在某种程度上真正类似于戴着镣铐跳舞，要忠实于原文的镣铐，又要把诗意真正舞动起来，这不亚于另外一个写作的过程。翻译和创作一样艰难，都需要“痛并快乐着”，既然如此，那我何必辛辛苦苦当个翻译匠呢？还不如另起炉灶，混个“诗人”的美名。我想，这可能是很多翻译诗歌的人在做这一艰巨工作的时候很容易油然而生的一个想法。这倒不是我自己的小人之见，实际上，诗歌翻译对诗歌创作的影响，无论如何高估也不嫌过分。已故的卞之琳先生曾经发表过一篇论述诗歌翻译对中国新诗之影响的长文（题目记不清了，只记得是在上个世纪八九十年代登在《译林》杂志上），以诗人兼翻译家的双重身份详述了中国新诗主要源于翻译西方诗歌的史实。

毋庸置疑，中国新诗的体式大部分都是舶来品，包括比较“好写”的最流行的自由体以及各种各样的外来格律体（例如十四行诗、三行诗、俳句等），都是对外来诗歌的借鉴。实际上，这样的情形在英语新诗也出现过，近代英语中绝大部分诗体都是来自古希腊、罗马等的外来品，而这些诗体的引进最初也都难免与翻译有关，例如，被后人尊称为“英国诗歌之父”的乔叟就从法语移植了英雄双行体、怀亚特和萨利伯爵从意大利语移植了十四行体和连环三行体，等等。所以换句话说，没有翻译就没有近代英诗。美国也有类似的情况，惠特曼的自由诗体很有可能学自翻译文献，因为从惠特曼的诗作和传记材料可知，他对这类翻译文献颇为熟悉，而且在他写作的时代，东方宗教和神秘法术在美国相当流行，尤其是印度教和佛教的经典被大量译介入英语，其中有些韵文被译成英语时，化繁为简，变成了分行的散文。因此我想，从翻译到原创这也无可厚非，套用齐秦唱过的一首歌《痛并快乐着》，“译并创作着”，何乐不为呢？关键是在翻译并借鉴的过程中怎样走出来，走得更彻底，成为一种真正意义上的“原创”。

我们再来看一个有趣的例子，大家知道，庞德（Ezra Pound）是西方诗人中扛起东方文化大旗的代表人物，除中文之外，庞德还“翻译”了不少日语文献。他的著名的 In a Station of the Metro（《在地铁站》，1916年）就借用了日本的诗体，照录并翻译如下：

> The apparition of these faces in the crowd,
> （人群中几张脸幻影般闪现，）
> Petals on a wet, black bough.
> （湿黑的树枝上，花瓣数点。）

这首诗可以说是庞德向中国和日本的古典诗词学习获得成功的典型例子，它把复杂、丰富的感觉凝缩在两个准确鲜明的意象里，即，人群中一张张美丽女子的“脸”，与湿漉漉的黑色枝条上的“花瓣”，这两个并置的意象及其间的联系对比引起了读者无穷尽的想象，既然用言语无法说清楚，还不如让人们自己去想象，这和东方古典诗里“言有尽而意无穷”或“意在言外”的美学原则是一致的。很明显，这两行诗句之间省略了构成明喻关系的系介词“好像”或表示暗喻关系的系词“是”。其实，庞德很可能并非有意省略，我并不十分相信庞德改了多少遍才写好这个诗的传闻，或许是在某次酒喝得有点多了，意识恍惚之中照搬了日本俳句的句法而已。我们可以断定，如此感兴趣东方的诗和文字的庞德，作此诗前想必读到过日本俳句的英译，甚或亲自尝试过翻译日本俳句。中国古诗在语法上往往有所省略，但我们阅读时会自动地在头脑中补足阙省的语法成分而使语法还原，所以并不会觉得不自然。但当不懂中文的庞德、奥登等人看到那些从汉语翻译到英文的古诗时，那些彼此关系暧昧的英文单词却产生了一种特别的、不同寻常的美感和意蕴。于是，他们的创作中出现了大量成分残缺的不完全句，使用古汉语里不含动词、不合英语语法的写诗方法，这个最早是由庞德提出来的方法在奥登手中愈发成熟。后来，这种“句法的错乱”被唐纳德·戴维概括为现代主义的一大特征。而在拉丁化的跨行句盛行了数百年之后，阿瑟·韦利又通过翻译模仿中国古诗的行尾停顿句，一时也令人耳目一新。

同样，我们可以从上世纪 20 年代的那些中国新诗诗人那里，看到不少这样的例子。我们耳熟能详的徐志摩、卞之琳、戴望舒、穆旦、冯至、闻一多等，正是通过对外国诗的借鉴，成就了中国新诗首批最出色的产儿。他们在阅读了不少西方诗歌以后，对原诗的风格、口吻、语言特质，都有了深入的体会，选择引进自己有感觉的原诗，在翻译诗歌后也影响了自己，他们的翻译，可以说是很不错的，由于翻译和创作并举，一旦自己动笔创作，难免有那些原作的影子存在，稍微对西方诗歌有点研究的人都不难发现这一点，很多诗篇在有意无意间甚至可能原封不动地把语言、意象等元素移植过来。例如，很多研究者都已经指出了徐志摩的《黄鹂》与雪莱的《致云雀》、《杜鹃》与济慈的《夜莺颂》之间的亲缘关系。读徐志摩的诗论，也常常让人有似曾相识的感觉，原来答案都可以在雪莱的《为诗辩护》（Defense of Poetry）里面找到。此外，我们也可以在卞之琳身上看到艾略特与瓦雷里，从戴望舒那里读出法国的象征主义，从穆旦读出奥登，从晚年的何其芳那里看到了浓浓的异国情调……

回到更近点的当代新诗，我们甚至可以把目光投向海峡对岸，翻开为台湾诗人余光中在岛内外获得巨大声誉的诗集《白玉苦瓜》卷首之作《江湖上》：

一双鞋，能踢几条街？/一双脚，能换几次鞋？/一口气，咽得下几座城？/一辈子，闯几次红灯？/答案啊答案/在茫茫的风里……

这是四节诗的头一节，其余三节是头一节的翻版，所谓举一反三。我在开篇就读到这样的顺口溜式的“现代诗的经典”，不免有点扫兴。稍微有点了解美国乡村民谣的人都不难联想到那首《答案在风中飘》（Blowing in the Wind），何其相象啊，不信自己去听听。20世纪50年代以后的二三十年，中国的现代诗在台湾得到了传承，但只要所谓“横的移植”观念还在，出现这样的“译并创作着”就非常自然，需要诗人自己的严格把握，甚至和诗人自身创作的职业道德有关。

翻译是一种深层次的阅读，一种理解和阐释，一种通过译者的语言媒介“再生产”出诗来的工作，甚至可以说，也是一种真正意义上的写作。直到现在，中国诗人对西方诗歌（或者西诗的汉译版）的模仿学习仍然是乐此不疲，有些人甚至信手拈来生吞活剥，对汉译中的某些句式、词语搭配等一概不管。正如翻译英诗的名家袁可嘉曾不无感慨地说过，有种现代诗“晦涩得太容易”，我想他所指责的那种诗，也许就是那些作者在读了不少拙劣的翻译作品或者甚至是自己在拙劣地翻译了不少作品后有感而写的。

# 用文字潇洒走一回

有一次，我的一个好朋友的父亲突然辞世，我平生第一次去参加追悼会和遗体告别仪式。在殡仪馆里转了一圈，找到好友，我什么都没有说，只是紧紧地握了一下他的手，拍拍他的肩膀，当时我实在不知道该说些什么安慰他，也许我无声的到来本身就是一种安慰。当我看到很多人走近灵堂鞠躬志哀，而逝去的人则毫无反应地静静躺着，我突然感到一种从未有过的寒意，那种冰凉的感觉让我在刹那间对生命的热乎乎的温度的体验更加深刻。我在想，那种因为灵魂和思考而产生的热，该借由什么传下去呢？

不妨再举个例子，村里的一个老婆婆去世了，他们在办丧事的时候儿孙满堂哭着喊着，请来的鼓乐队也在热闹地吹着打着。当然，哭闹吵嚷都无可非议，这是很典型的死亡场景。但我忍不住很有感慨地想，有的人死了，就真的死了。他日，我该会在什么样的情形下告别自己的生命呢？我又该以怎样的一种优雅又充满自主的方式让生命延续呢？

克洛德西蒙在《弗兰德公路》中的一句题记：“人们以为是在学习生活，其实是在学习怎样死亡。”也许当我也僵冷平直地合上眼睛的时候，我才会更加真切地体会到什么都是一场空的道理，我会多么希望能有些东西作为“提示物”（Reminder），陪伴我挚爱的亲人和朋友，继续接替我表达一些诸如“意义”的思索。那时候，我想到的是诸如一本书，一首歌，或是一些艺术品之类的媒介。面对无可避免的死亡，生命只能徒劳地挣扎，因此，每个人都想延续自己的生命，比如生儿育女、比如敛财聚宝、比如沽名钓誉等等，我也一样地曾想过那样去延续，但后来发现那种方式的延伸根本不适合我，我就是要做那种借由文字的灵性仍然活着的人。

我们生活过的大千世界以及我们的生命，就是这么一回事，即使曾经如花盛开过，如云绽放过，如光璀璨过，如霞绚丽过，如风如影，如诗如梦，如同你可以想象到的任何美好的喻体。一切都会过去，好的坏的，统统都会过去，不管你的金钱、权力有多大，位置、头衔有多显赫，人死了一切也都随风而去。那种靠权位、金钱换来的尊重其实是虚假的，都会随着它们的褪去去烟消云散，但有的人却赢得了长久的怀念和尊敬。他们死了，仍然活着（这和鬼神之类的故事并没有关系），他们借由他们所创造的文学、音乐或艺术把灵魂留了下来，后人在他们的作品的喜怒哀乐里沉浮。正因为如此，我们遗忘了多少皇帝将相达官贵人，但却把一些才子佳人的名字和他们的文字烙印在心里。

正如《黄河谣》唱的那样："就是这么走的，就是这么过的。"作为共同的结局，我们没有理由不关心这一回该怎么潇洒地走过。我们必须承认，自然意义上的生命都如同一阵风，吹过了就真的消失得了无影踪，而那些真正能借由我们的缅怀而存活下来的，往往是那些能够表达我们灵魂鲜活时的东西，通过那些作品，死者才可以仍然有灵性地活着。这也是写作的意义所在，哪怕是一个私密的不为发表而作的文本。也许多年之后，在我死后，你依然可以看着我写下的文字，你对我文字的阅读其实就是在与我对话，你的情绪在我的文字中波动，如同我的情绪也曾经波动一样，只不过我也许替你说了你没有说出的话，或许你也曾替我说出了我没有说出的话，我们的灵魂在这些文字中共舞，你继续写更多的感想传了下去，我也因此而获得了延续。只有这样，我们试图被延续下去的愿望才变成可能，才有了点永恒的意义。

偶然翻开少年时代的日记，许多早已淡陌的往事一下子被拉到了眼前，那些青春鲜活的人与事突然间被激活。日记的文字，就是一种重生的手段，没有了它们，那些年少的心情可能真的就"被雨打风吹去"了。因此，要潇洒就得如司汤达那样：活过、爱过、写过、唱过、被共鸣过，这一切才足够。至于潇洒走了一回之后的事，就是如何面对“离去”，因此，我们对死亡的探讨不妨可以再宽容点，真正有意义的问题似乎就是如何优雅地走，我们总是觉得世事匆忙，很少有人能冷静地坐下来想自己的后事，因此大部分的人都是带着遗憾走的。除了自杀之外，能够有准备地去世，不带着遗憾地走应该是一种很理想的方式，而最好的为生命的告别而做的准备（或定格）就是著书立说。我不止一次地设想过自己的离去的最理想的方式，我想我若能留下我的灵魂来过的证据和灵性歌唱过的证据就很知足了。文字也好，声音也好，它们都是有感情的。人死了，如果作品能够触动人与人之间的心灵默契，引发后来者的共鸣，这在某种程度上达到了一种永恒。

当然，在文字里袒露自己，这是需要勇气的，这也是很多写了不少东西的人死之前仍然要交代销毁掉他们的作品的原因。毕竟，我们这个时代充满了许多明哲保身随时准备说笑嘲讽跟喝倒彩的旁观者，但整个社会文明需要那些勇敢一些的人来延续和推动，尽管和沉默的大多数相比，勇敢的人成了少数，成了“弱势”的一小撮，但正是这少少的一小撮，给我们的生命带来了激情，让我们反抗了平庸。用生命去书写的人，其实是最无私的人。他们记录下的灵魂的悸动和震颤，启发了他人，启迪了后世。正如农村中过着艰辛生活的汉子，偶尔会主动喝醉了，胡言乱语一通，给家中老小左邻右舍带来一点小小的骚动刺激和茶余饭后的谈资笑柄，作者的一丁点小痛苦就是农村汉子口中难以咽下的苦酒，但却意义非凡。

一个写作的人应该相信，在他（她）找到的知音里，哪怕只有一个后来者能从中受益，其意义就足以压倒所有的耻笑。有人经常拿张爱玲的晚年和去世来说事，觉得那样孤苦伶仃连死都不为人知很不值得，但我想这也许是对死亡的认识上的差异，其实她是“比较喜欢那样的收梢”，早在1937年她就借《霸王别姬》的女主角表达过自己的态度了。在中国文化关于死亡的观念熏陶下，许许多多老人毫无意义地热闹地死去，但张爱玲却只有一个。

三十来岁，我就早早地揣测了生与死的意义，并让自己的生命以一种从未有过的美好感觉潇洒地往前行进，我的生活也逐渐从晦涩走向澄明，从被动走向自觉，这样的认识突破似乎有点不容易，但对我而言似乎是水到渠成，我想不管日子再怎么凄凉孤寂，我都会认真地过每一天，从青春犹在的英年，到淡定安祥的晚年。此外，我希望能够在告别世界的时候，把所有有用的健康的器官都摘除，给那些有需要的人，从而让自己的肉体也能以另一种独到的方式延续，不妨想象一下，眼角膜可以帮助另一个重获光明，心脏可以继续跳动在另一个躯体，这是一件多么奇妙的事啊，即便剩下的肌体残余一无是处，也还是可以作为有机物肥料，不妨找一块贫瘠的土地，把它们深深地埋进去，再在上面种一棵树，春天来的时候，我依然能以某种形式让自己沐浴在春光里。

# 主要参考文献


1. 庄锡昌等:《多维视野中的文化理论》，浙江人民出版社，1987年版。
2. 程文超:《寻找一种谈论方式》，中山大学出版社，1997年版。
3. 《多种视角——文化及文学法比较研究论文集》，南开大学出版社，1995年版。
4. 俞可平、黄卫平主编:《全球化的悖论》，中央编译出版社，1998年版。
5. 郭建中编:《文化与翻译》，中国对外翻译出版公司，2000年版。
6. 摩罗:《耻辱者手记——一个民间思想者的生命体验》，内蒙古教育出版社，1998年版。
7. 筱敏:《成年礼》，太白文艺出版社，2001年版。
8. 梁镛主编:《跨文化的外语教学与研究》，上海外语教育出版社，1999年版。
9. 余开伟:《文学的蜕变》，湖南文艺出版社，1997年版。
10. 李常磊编著:《英美文化博览》，世界图书出版公司，2000年版。
11. 胡文仲:《跨文化交际学概论》，外语教学与研究出版社，1999年版。
12. 高尔泰等:《评论的评论》，浙江文艺出版社，1988年版。
13. 林大津:《跨文化交际研究》，福建人民出版社，1996年版。
14. [法] 费尔南多·莫塞:《英语简史》，外语教学与研究出版社，1990年版。
15. 颜治强:《世界英语概论》，外语教学与研究出版社，2002年版。

16. 李常磊编著：《英美文化博览》，世界图书出版公司，2000年版。
17. 杜学增：《中英（英语国家）文化习俗比较》，外语教学与研究出版社，1999年版。
18. 《英语外来语拾趣》（Fun With Words），新加坡《星期日时报》辑，联邦出版公司 & 世界图书出版公司，1992年版。
19. 洪惟仁：《台湾方言之旅》，中国台北：前卫出版社，1992年版。
20. 高一虹：《语言文化差异的认识与超越》，外语教学与研究出版社，2000年版。
21. 高晓松：《写在墙上的脸》，现代出版社，2000年版。
22. 喻云根主编：《英汉对比语言学》，北京工业大学出版社，1994年版。
23. 赵杰：《东方文化与东亚民族》，北京语言文化大学出版社，2000年版。
24. 厦门大学中国语言文学研究所汉语方言研究室主编：《普通话闽南方言词典》，福建人民出版社，1982年版。
25. 周海波，杨庆东：《传媒与现代文学之间》，中国社会科学出版社，2004年版。
26. 李世琦：《谈文论艺》，内蒙古教育出版社，1997年版。
27. 傅道彬：《中国文学的文化批评》，黑龙江人民出版社，2000年版。
28. 郜元宝：《在语言的地图上》，文汇出版社，1999年版。
29. 李皖：《听者有心》，生活读书新知三联书店，1997年版。
30. ［俄］尼古拉别尔嘉耶夫：《人的奴役与自由——人格主义哲学的体认》，徐黎明译，贵州人民出版社，1994年版。
31. 赵鑫珊：《天才与疯子——天才的精神分析》，江苏文艺出版社，2003年版。
32. 王彬彬：《为批评正名》，时代文艺出版社，2000年版。
33. 谢泳：《逝去的年代——中国自由知识分子的命运》，文化艺术出版社，1999年版。
34. 王为松：《文字的诱引》，文汇出版社，1999年版。
35. 韩石山：《路上的女人你要看》，中国华侨出版社，2001年版。

# 后　　记

在这个关于文化评论和文艺批评的小册子终于杀青的时候，我突然有了一种领悟，我意识到，我的世界观、人生观以及生命观等，原来早就已经定型了，我的哲学之树也已经早就在我的心中萌发成长得不可撼动了，让我无力自拔地任其摆布。我的评论文章的写作就是这样的一种表现，也算是一种理性的自觉和感性的抒发的结合，这可能会让很多搞文艺批评的嗤之以鼻，但我无所谓，我只是需要这样的一种写作的态势，让我区别于某些在本质上枯燥无聊的写作，并借此战胜一种无所事事的庸常。

我想起自己在前言中提到的先辈们的批评文章，似乎都能给人一种淋漓尽致的感觉，不像我这样有所保留。那似乎是一个学术的盛世，比较有利于精神文化的发展，那种繁荣即便在战乱中也没有停止过，西南联大的辉煌和奇迹就是一个活生生的事例。反观现在，经营性消费性的物质生活五花八门，诱惑太多，加上研究制度和学术体系评价的某些不合理，使得大家都小心翼翼地维持着一种虚的繁荣，批评文章越来越不痛不痒，往往就是干脆高唱凯歌或者发一些"持平之论"。我们不得不承认，有思想的、能震撼人的佳作如凤毛麟角。而我之前也一直在学习隐忍的功夫，都以为可以做个"忍者神龟"什么的，终于有天我意识到"我不能让自己再装聋作哑"，因为"沉默的表达代价太傻"的时候，我想到了如此这般的文艺批评。但直到写完此书，我才恍然大悟，原来真正的文艺批评是会带给人

（包括自己）痛苦的，我忽然发现自己对他人对自身的否定，都强烈得可以。在评论别人时，声讨、控诉、谴责都很容易，但自责也随之而来，我对自己的拷问也有过之而无不及，我知道自己关于“写的代价”的论述也许又可以加上沉重的一笔了。

一个学期又快过去了，从之前的诗集文集教材专著一直到文艺评论，在孤寂的日子里，书一本本地写了，每一种创作与尝试都是一次成长的蜕变，这一次停笔，我也该进入另外一个轻松点的人生状态了，或许可以做点翻译度日。在我写作这篇后记的时候，2007 年已经快要结束了，空气中弥漫着即将到来的新年气氛，这时候我收到一个不知名的学生发来的贺年短信：“能听着老师您的课，觉得很开心，可惜这种感觉来日无几……”这种由衷的祝福和表达让我感到欣慰，虽然听起来也有点伤感。关于文化与艺术等的评论，我本不想在这个领域着笔，因为灵感的加工、感觉的捕捉、想象力的运用、对语言的雕琢等，一切似乎都是训练的结果，这种专业训练却是我以前所欠缺的。然而我知道，也正是这样的欠缺，造就了我的风格，所以在心底里我是庆幸这样的欠缺的。最重要的是，我通过这样的文字超越了自己，抓住了思考、感叹、审美等我认为重要的东西。我的心中埋藏着一个模糊却又严厉的意向，鞭策我去完善这一切。我知道，假如我没有发出自己的声音和见解，假如我没有一种让我看得起自己的东西，假如我没有做点让我暗自佩服自己的事，我永远都不可能自尊自重，永远都不可能有真正的幸福或快乐。

我有时候也会看一看别人的文化批评文章，正反两方的观点罗列出来，甜俗地肯定，皆大欢喜，而我却有意无意地要避免落入这样的俗套，并且有时候为了不至于“空对空”，总忍不住要加点自身或周遭的具体事例。我知道我也会遭遇“评论的评论”，我的周边也充满了许多“熟悉的陌生人”，就像我最亲爱的父母亲也曾经用他们的观念阻止我去建筑“一间自己的房子”和梦想的家园一样，我失落至无语。多年来在各个学科的涉猎与探索终于殊途同归，汇成一股坚强的力量，支持我屹立在自己的批评视野中，让我发出的审美声音不至于太微弱而被外界吞没。

我有时候会设想那些看得起我的人，那些有兴趣阅读我的文字的人，应该也是和我差不多品味的那一类人，对社会观察兴趣有加，对他人宽容有加，对生活自由散淡，对文字苛刻挑剔，对音乐有些主见，对理想孜孜以求，心中也一样埋藏着很多很深的完美的期待。我是一个不喜欢哗众取宠的人，偶尔忍不住说一些，却也能走进别人深切的感动之中，我珍惜这样一些鼓励的话语，珍惜这些大胆表达出来的留恋和怀念，正如我也这样面对过让我感动的却来不及表述的感激一样，我只有更好地做好我该做的事，但愿我的文字能给他们带来快乐和共鸣，替我捎去一些吝于表达的谢意，也代我表示该有的那些缺位的感激。

此书完稿的时候，包括人文精神、科学精神、批判精神、卓越精神和宽容精神等在内的大学精神正在我所在的大学得到倡导，“会通中外，并育德才”的办学方针，“宽容为本，和而不同”的管理理念正被学校的决策者所重视着，显示了一种跨学科的高度，令人颇感欣慰。大学的灵魂在于它的包容，没有了它，一切成果都是免谈，我想我还是先写到这里吧。几句类似致谢的多余的话罗列于此——

依然要先跟自己说声辛苦了，因为我本来可以什么都不做的；感谢能走进我的文字世界，给我真正的鼓励与帮助的人；感谢在精神探索中相遇的灵魂，感谢他们的倾听，即便他们也只是听听而已，如同我有时候在听别人那样，倾听但却从不接受；感谢那些给了我写作冲动的人与事，好的坏的都无所谓，对于灵感来源，我的爱博大而精深；感谢这个用宽容精神来立校的大学，使我在被碎梦的同时依然能够继续逐梦；同时，也感谢那些给我否定与阻力的人，因为正是否定，让我能做得更好从而肯定自己，因为正是阻力，给了我更多持续前行的动力。